信用证业务规则解读
与案例分析

王洪艳　著

北京工业大学出版社

图书在版编目（CIP）数据

信用证业务规则解读与案例分析 / 王洪艳著 . — 北京 ： 北京工业大学出版社， 2023.2
ISBN 978-7-5639-8289-9

Ⅰ . ①信… Ⅱ . ①王… Ⅲ . ①信用证－原始凭证－研究 Ⅳ . ① F830.73

中国版本图书馆 CIP 数据核字（2022）第 048519 号

信用证业务规则解读与案例分析
XINYONGZHENG YEWU GUIZE JIEDU YU ANLI FENXI

著　　者：王洪艳
责任编辑：张　娇
封面设计：知更壹点
出版发行：北京工业大学出版社
　　　　　（北京市朝阳区平乐园 100 号　邮编：100124）
　　　　　010-67391722（传真）　bgdcbs@sina.com
经销单位：全国各地新华书店
承印单位：三河市腾飞印务有限公司
开　　本：710 毫米 ×1000 毫米　1/16
印　　张：14.25
字　　数：285 千字
版　　次：2023 年 4 月第 1 版
印　　次：2023 年 4 月第 1 次印刷
标准书号：ISBN 978-7-5639-8289-9
定　　价：84.00 元

作 者 简 介

　　王洪艳，女，1974 年 5 月出生，山东省莱州市人，毕业于山东经济学院，管理学硕士，现任东营职业学院副教授。研究方向：国际贸易、区域经济。主持并完成省、市级科研项目六项，发表论文十余篇。

前　言

信用证是国际贸易中常用的结算方式之一，它与汇付、托收等结算方式的一个主要不同点在于信用证是一种银行信用，银行承担着第一位的付款责任。信用证在一定程度上解决了进出口双方互不信任的问题，为进出口双方提供了安全收款或付款的保障，以及资金融通的便利，有利于双方业务的达成和合同的签订。国际商会（ICC）的相关调查发现，虽然近年来信用证业务占比在下降，但绝对值仍在增长。近几年，国际环境的不确定性增加，尤其是在当前全球新型冠状病毒肺炎疫情仍在持续、国际物流不畅、外贸企业应收账款延期风险不断增加等大环境下，信用证作为一种银行信用，成为越来越多外贸企业首选的结算方式。

信用证除了具有银行信用的特点外，还有一个重要的特点：信用证是一种单据交易。银行在信用证业务中付款的唯一依据是出口商提交的单据，只有全套单据与信用证条款、信用证国际惯例的规定一致，并且全套单据的内容互不矛盾时，银行才会承担付款责任。目前，信用证相关国际惯例主要是国际商会制定的《跟单信用证统一惯例》（UCP600）和《关于审核跟单信用证项下单据的国际标准银行实务》，简称《国际标准银行实务》（ISBP745），前者被称为"信用证结算的圣经"，后者作为前者最重要的补充，被视为"信用证审单的圣经"。在国际贸易实际业务中，有些出口商因为不懂信用证、不了解上述惯例、不敢接受进口商信用证结算的要求而影响新业务的开发。所以，掌握信用证的基本理论，深入理解 UCP600、ISBP745 的条款内容，准确制单、及时交单，是每个外贸从业人员，尤其是单证人员应该具备的基本技能。

UCP600 和 ISBP745 由国际商会银行委员会修订，分别在 2007 年 7 月 1 日和 2013 年 4 月 17 日正式实施。实施伊始到现在，大量专家学者以及信用证一线业务人员，从理论、实际业务等不同角度，对两个惯例进行了解读，大大提高了进出口企业的信用证业务能力。本书没有按照两个惯例的条款顺序进行逐条解读，而是另辟蹊径，从跟单信用证专家（CDCS）考试练习题目解析、国际商会意见（ICC

Opinion）解读两个角度，对涉及的信用证业务问题结合惯例条款进行针对性分析，并进一步以信用证实务中遇到的相关或类似问题为例进行拓展分析。跟单信用证专家是由国际商会授权、由伦敦银行与金融学院（LIBF）和国际金融服务协会（IFSA）开发并在全球共同推出的认证，是对国际贸易、金融特别是银行等领域从业人员的理论和操作水平的专业认证，代表着该领域的国际水平；国际商会意见是国际商会对各国信用证实务中遇到的争议问题及时而权威的解答，有助于厘清疑难、达成共识。

本书的撰写角度与框架安排既有助于学习者精准理解信用证国际惯例的相关条款，也有助于学习者进行 CDCS 考试复习，更能提高学习者信用证业务的处理能力，尤其是信用证项下制单、审单能力。

作者在写作本书的时候，对很多专家学者的专著、文章等进行了学习和借鉴，但由于参阅的资料众多，部分资料比较零散，所以并没有一一罗列在参考文献中。在此，谨向所有使作者受益的专家、学者、朋友、同人致以诚挚的谢意！

因作者水平有限，书中难免存在不足之处，敬请各位专家与读者斧正！

目　录

第一章 信用证及相关国际惯例

第一节 信用证概述

一、信用证的演进与含义

（一）信用证的演进

1. 信用证的产生与发展

信用证作为一项金融产品，其设计的初衷是服务于贸易的。追溯贸易发展的历史，我们发现，最初的贸易形态是"以货易货"，然后出现了如"贝壳"等买卖双方均认可的等价交换物质，最后形成一般等价物，如钱币（纸币、黄金、银、铜等）作为交易媒介。对于钱币价值的认识是全人类最广泛的共识，它为全球贸易发展奠定了基础。另外，人类最初的贸易仅发生在同部落之间，随着物质慢慢丰富及需求增加或多元化，贸易的物理边际一直在不断扩大，最终形成了我们所熟知的如"丝绸之路""河西走廊""茶马古道"等经济带。大航海时代亦是人类拓展贸易边际的伟大探险旅程，因此才有了当今世界贸易格局，使得货物、人才、资金、技术在全球范围内自由流通。

随着贸易的发展，贸易支付工具逐渐票据化；伴随着货物在全球范围内的流转，智慧的商人又创造性地发明了"提单"，实现了货物的单据化。提单货权凭证的属性，授予了提单持有人转让、设置抵押等自由权利，提单持有人仅凭提单单据即可完成货物转让、质押等行为，而无须在物理空间交付货物，极大地便利了国际贸易货物流转。

我们将贸易拆分来看，它主要包括交货与付款两大部分。在贸易活动中，卖方通常希望"先收款、后发货",买方通常希望"先收货、后付款",对于远隔重洋的不同国度的进出口双方来说,"一手交钱、一手交货"的传统贸易方式受制于双方遥远的空间距离、海关、税收等因素,在国际贸易中并不易实现。进出口企业对商业信用关系可靠程度的担忧,一度阻碍了贸易的发展。但是当货币票据化、货物单据化在国际贸易实践中出现之后,信用证业务随之出现,上述困境便迎刃而解了。

信用证引入商业银行后,扮演着通知行、交单行、议付行等角色,银行成为交易双方沟通、信息确认的桥梁。相对于传统的电汇、托收国际贸易结算工具,信用证具有结算、控货和担保三大功能,由银行作为买卖双方均信赖的第三方提供银行信用担保。信用证使进口方与出口方的商业信用关系转变为商业银行与进出口方之间的银行信用关系,解决了贸易中进出口双方相互不信任的问题。进口商付款后,不用担心收不到货;出口商交货后,不用担心收不到款,出口方安全系数大幅提升,大大免除其先发货的后顾之忧。

公元前 5 世纪中叶,古罗马法对商品的物权和债权做了规定:在商品和货币交换过程中可采用文字书写的信用证件,以示交换双方的商业信誉。

一般认为,历史上最早出现在中世纪欧洲的跟单信用证并非由银行签发,而是由商人签发的。当时,在意大利的一些贸易城市中出现了一种类似于票据的信用证,取代了现金付款。这种票据的功能与现在的汇票相似,其作用是纯粹的付款,并不带有单据。随着时间的推移,由于银行信用的介入,这些商人信用证逐渐演变为银行信用证。

现代意义上的跟单信用证首次亮相于 19 世纪中叶,是由英国商人创造的。19 世纪 80 年代,在英国,信用证首次作为国际贸易中清偿货款的支付手段。但当时对跟单信用证并未形成一个明确的概念,可能还没有出现提交特定的单据就必须付款的方式。第一次世界大战促使国际贸易方式发生了深刻的变化,这一时期,跟单信用证正式登上了历史舞台,并得到了长足的发展。"一战"前,贸易通常是在相互了解并相互信任的双方之间进行的。战争爆发后,旧的贸易关系被破坏,必须重新寻找新的贸易合作伙伴。但当时国际市场很不稳定,且新的贸易合作伙伴之间并不完全相互信任,所以,跟单信用证得到了广泛的推广和应用。

跟单信用证的目的在于通过运用一个或多个银行的金融技能及信誉,加速国际付款和交货的进程:买方可以从信用证规定的单据中获得安全收货的保障,而卖方只要提交无瑕疵的单据就可以保证从银行取得货款。在"一手交单、一手付款"的前提下,以银行信用嫁接买方信用,对买卖双方都有保障,这是跟单信用证的生命力之源。

从产生之日起至今，信用证的主要作用一直是解决贸易双方交易信息不对称的问题，建立交易信任机制。信用证凸显的功能优势使其被广泛应用于国际贸易中，成为国际贸易中不可或缺的工具。到 20 世纪 70 年代前后，全球约 85% 的国际贸易采用信用证结算。信用证是国际金融领域天才般的设计，甚至曾有"贸易的血液"的美誉。信用证交易方式促使国际贸易迅速而平稳地向前发展；反过来，国际贸易的蓬勃发展对信用证的不断发展和完善也起着巨大的推动作用。

2. 信用证的发展现状

历史上，信用证及其附属衍生产品很好地解决了贸易的效率问题，但这只是相对特定时代而言的。在全球经济一体化的今天，国际贸易对时效的要求已经变得更高，信用证开立、审单、承兑等一系列流程显然难以满足更高时效的要求。效率以外的交易成本也是一个问题。从经济学的角度看，市场交易主体天然地希望不断降低交易成本。而信用证的交易成本显然并不是最优的，企业使用信用证要承担开证费、电报费、承兑费等，在信息不对称问题已经可以得到解决的场景下，显然没有必要采用更高交易成本的方式。

信用证出现和兴盛的根本原因是其在国际贸易中协助解决了贸易双方信息不对称的问题，为买卖双方建立了较好的信任机制。一旦时代的发展和科技的发展能够更好地解决信用证曾解决的问题，确保信任机制的运行，信用证就可能丧失继续发展的根本动力。随着现代科学技术的发展和日新月异，现代通信技术使信息流通变得越来越透明，各种数据越来越容易被获取，科技使跨境物流越来越快，使世界连接越来越紧密，在理论上信用证生存的空间正变得越来越小。

信用证在过去 30 年的发展进程也表明了这一点。20 世纪 80 年代前后，全球通信技术和物流科技迅猛发展，远洋交通的便利程度超过了历史上任何一个时代。而信用证经过多年的发展，其原理基本没有改变，其缺陷也依旧未得到根本完善。所以，从 20 世纪 80 年代末开始，随着其他国际贸易结算方式的兴起，全球贸易国际结算中信用证的使用占比开始持续减少：到 2010 年前后，该数值约为 40%；到了 2018 年，下降到 20% 以下。信用证结算量的减少，不是因为信用证自身的原因，信用证还是原来的信用证，贸易还是原来的贸易，只不过时代已经发生了改变，今天的进出口商比历史上他们的同行有更好的信息获取渠道和校验渠道，乃至有更完善的信用机制，使得信用证的刚需下降。

科技的进步是不可逆的，信用证的发展空间受到压缩也是不可逆的。信用证在国际贸易结算量中的占比几乎没有理由再逆势增长，维持或下降是必然趋势。进出口企业对信用证的依赖将继续下降，银行也无法通过单纯的信用证业务获取持续增长的高业务收入。但经国际商会的调查发现，虽然信用证业务占比在下降，但绝对值仍在增长。近几年，国际环境的不确定性增加，尤其是在当前全球疫情仍在持续、国际物流不畅、外贸企业应收账款延期风险不断提高等大环境下，信用证作为一种银行信用，又重新成为众多外贸企业首选的结算方式。

（二）信用证的含义

1.信用证的定义

信用证（Letter of Credit，L/C）是一种有条件的银行付款书面承诺。它是指银行（开证行）应申请人（一般是进口商）的要求并按其指示向受益人（一般是出口商）开立的载有一定金额、在一定的期限内凭符合规定的单据付款的书面保证文件。信用证是国际贸易中最主要、最常用的支付方式之一。

2.UCP600 中关于信用证的定义

《跟单信用证统一惯例》（Uniform Customs and Practice for Documentary Credits，UCP）虽经多次修订，但包括 UCP500 在内的所有版本，均未对信用证的概念进行系统定义。在 UCP500 的制定过程中，不少国家委员会曾要求对 UCP 的概念进行定义，由于担心如此会"引起许多国家委员会之间的争议"及"不能够保证这些定义能取得国际的一致认可"，最终将此视为一个"可怕的尝试"而放弃。UCP600 最终艰难地迈出了一步，在第二条中特别设立了定义条款，明确了信用证关键概念的基本特征，其中就包括了中心概念"信用证"。UCP600 第二条给出的信用证定义是"Credit means any arrangement，however named or described，that is irrevocable and thereby constitutes a definite undertaking of the issuing bank to honor a complying presentation."。（信用证指一项不可撤销的安排，无论其名称或描述如何，该项安排构成开证行对于相符交单予以承付的确定承诺。）

对上述信用证定义的理解，着重把握以下几个方面。

（1）如何理解"无论其名称或描述如何"

本条指出，跟单信用证可以"无论其名称或描述如何"（however named or described），意思是说，判断一个安排是不是信用证，并不是看其名称，而是看其本质。不论开证银行用什么词句来描述一项安排，只要这项安排的内容同时具备了信用证本质所要求必须具备的各种基本要素，就认定它是一个跟单信用证。

比如，一家银行开立了一份名称为"irrevocable documentary payment credit"的信用证，虽然未叫"irrevocable documentary credit"，但是如果其具有信用证的基本要素，就是一个跟单信用证。

（2）何为信用证的"可撤销"与"不可撤销"

信用证一经开出，即成为一个开证行与受益人双方共同的单据交易安排，该安排构成了开证行对受益人的凭单付款承诺。"不可撤销"（irrevocable）就是指开证行在开出信用证这一承诺之后，不可以随心所欲地单方面取消或者收回这一承诺，也不可以修改该承诺，因为修改相当于取消了原有的承诺重新出具了新的承诺。相反，如果允许开证行可以单方面取消或者修改信用证，便是"可撤销"（revocable）信用证。可撤销信用证对受益人来说是极为不利的，信用证的可撤销性质从本质上影响了信用证安排下开证行承诺的确定性。对于受益人而言，持有一份可撤销的信用证相当于自己的头上悬了一把剑。

但是可以撤销的信用证在 UCP600 之前的 UCP 版本中确实是存在的，UCP500 第八条中规定："可撤销的信用证可以由开证行随时修改或撤销，而不必事先通知受益人。"显而易见，可撤销信用证具有很大的不确定性，在实务中，几乎没有受益人愿意接受可撤销信用证，银行也极少开立可撤销信用证。许多银行的单证人员从事了一二十年的单证工作，也没有遇到过一次可撤销信用证。有鉴于此，本着与时俱进的精神，UCP600 在第二条定义中，直接废除了信用证可撤销的规定，同时也表明了保持信用证交易公平、公正的愿望，增强了跟单信用证开证行承诺责任的完整性和可靠性。

下面我们来看一下 UCP400、UCP500 与 UCP600 关于信用证可撤销和不可撤销规定的变化。

① UCP400：

In the absence of such indication the credit shall be deemed to be revocable.（无此项注明，该信用证应视为可撤销的。）

② UCP500：

Article 6 Revocable v. Irrevocable Credits （第六条 可撤销信用证与不可撤销信用证）

a. A credit may be either（信用证可以是）

i. revocable, or （可撤销的或）

ii. irrevocable. （不可撤销的。）

b. The credit, therefore, should clearly indicate whether it is revocable or irrevocable.（因此，信用证上应明确注明是可撤销的或是不可撤销的。）

c. In the absence of such indication the credit shall be deemed to be irrevocable.（如无此项注明，该信用证应视为不可撤销的。）

③ UCP600：

Article 3 Interpretations （第三条　释义）

A credit is irrevocable even if there is no indication to that effect.（信用证是不可撤销的，即使信用证中对此未做指示也是如此。）

从上述条款演变可以看出，UCP400 默认信用证如未注明"不可撤销"字样，均视为可撤销信用证；UCP500 对此做了根本性的修改，规定凡信用证未注明可撤销或不可撤销字样的，应视为不可撤销信用证；UCP600 则直接取消了可撤销信用证这一种类，规定所有的信用证均为不可撤销信用证。UCP 规定的演变反映了实务中对可撤销信用证态度的变化，从信用证未注明时视为可撤销到视为不可撤销直到现在的信用证就是不可撤销的，信用证作为开证行对受益人的承付承诺，更加具有实用性。UCP600 的这项修订，一方面增强了对受益人利益的保护，另一方面加大了开证行的责任，对国际贸易的发展产生了巨大的促进作用。

信用证的不可撤销性在 UCP600 Article 10 Amendments 条款中也有所体现。

Article 10 Amendments（第十条　修改）

a. Except as otherwise provided by article 38, a credit can neither be amended nor cancelled without the agreement of the issuing bank, the confirming bank, if any, and the beneficiary.［除第 38 条另有规定者外，未经开证行、保兑行（如有的话）及受益人同意，信用证既不得修改，也不能注销。］

下面选取跟单信用证专家（Certified Documentary Credit Specialist，CDCS）的相关题目进行具体分析。

【CDCS 题目分析】开证行撤销信用证的效力

※Question

An issuing bank notifies the beneficiary that the applicant has ceased trading and that the documentary credit is cancelled and that cancellation shall be effective ten days after the date of the issue of its cancellation notice. The beneficiary presents documents to the issuing bank that fully comply with the credit terms fifteen days after the date of the cancellation notice.

The issuing bank _____.

Select one：

A. is obliged to honor the documents

B. may refuse the documents as more than ten days have elapsed since the issue of its cancellation notice

C. may simply return the documents unchecked as the credit has now ceased to exist

D. should hold the documents unchecked and seek further instructions from the beneficiary

※ 解析与答案

本题考查的是开证行有没有擅自撤销信用证的权力，判断依据是 UCP600 Article 10 a 款的规定。

题目中提到，开证行通知受益人，申请人已停止交易，跟单信用证被注销，注销自注销通知发出之日起十日后生效。受益人在注销通知之日起十五天后向开证行提交完全符合信用条款的单据。开证行该怎么做？

选项 A：开证行有义务承付单据；

选项 B：开证行可以拒收文件，因为自发出注销通知之日起已超过十天；

选项 C：开证行可以干脆地退回未经检查的单据，因为信用证现已不复存在；

选项 D：开证行应持有未经检查的单据，并寻求受益人的进一步指示。

UCP600 Article 10 a 款规定：除第38条另有规定者外，未经开证行、保兑行（如有的话）及受益人同意，信用证既不得修改，也不能注销。因此，在未获得受益人同意之前，开证行的注销通知是无效的，原信用证对开证行依然有约束力。受益人既然向开证行提交了完全符合信用条款的单据，开证行就要按规定履行承付（honor）责任。故选项 A 正确。

※ 拓展分析

在 UCP600 框架内，广义的信用证撤销（revocation）行为包括信用证的修改（amendment）、注销（cancellation），也包括信用证下的转让（transfer）。信用证撤销必须经过信用证基本当事人——开证行和受益人的同意。从受益人的角度来说，之所以选择信用证作为结算方式，很大程度上是因为信用证是一种银行信用，相对于商业信用，其可信度和安全性更高。信用证一经开出，开证行就受其约束，不能随意撤销，只有这样才能筑牢信用证"银行信用"的根基。如果根基动摇了，那信用证所带有的"信用"光环就没有了。

（3）什么是"相符交单"

按照 UCP600 对信用证的定义，开证行承付的条件是"相符交单"（complying

presentation）。什么是"相符交单"呢？

理解"相符交单"之前，首先来看一下什么是"交单"，然后再来理解在什么情况下的交单是"相符"的。UCP600第二条对交单所下的定义是"Presentation means either the delivery of documents under a credit to the issuing bank or nominated bank or the documents so delivered."。（交单指向开证行或被指定银行提交信用证项下单据的行为，或指按此方式提交的单据。）

从上述规定中可以看出，交单包含两层含义：一层含义是指向开证行或被指定银行提交单据的行为；另一层含义是指被提交的单据本身。同时，"交单"的定义中对交单的对象也有一个非常明确的规定，即必须是开证行或被指定银行。只有向开证行或被指定银行提交单据的行为或者被提交给开证行或被指定银行的单据才是"交单"，向开证行或被指定银行之外的其他银行提交单据的行为，或者被提交给其他银行的单据都不是UCP所定义的交单。"指定银行"的定义在UCP600第二条中也有明确规定："Nominated bank means the bank with which the credit is available or any bank in the case of a credit available with any bank."。（指定银行指信用证可在其处兑用的银行，如信用证可在任一银行兑用，则任何银行均为指定银行。）指定银行的地位，来自开证行在信用证安排中的明确授权。

UCP600第二条对相符交单的定义是"Complying presentation means a presentation that is in accordance with the terms and conditions of the credit, the applicable provisions of these rules and international standard banking practice."。（相符交单指与信用证条款、本惯例的相关适用条款以及国际标准银行实务一致的交单。）

"相符交单"是UCP600首次提出的一个新概念，高度概括了信用证审单标准。UCP500时期对于审单标准的描述，可以概括为"单证相符、单单一致"八字箴言，或"单证相符、单单一致、表面相符"十二字箴言，在实务界流传甚广，影响力非常大。在UCP600的规则之下，"十二字箴言"仍然可以适用，只不过被"相符交单"这一概念替代，"单证相符、单单一致、表面相符"这一审单原则直接或间接地体现在UCP600"相符交单"的定义中，或其他有关条款中。

UCP600中的"相符交单"强调单据本身或交单行为必须与信用证条款、UCP600条款以及国际标准银行实务一致，这三个一致是判断交单是否相符的三个依据，也是实务中判断交单是否相符的操作顺序。同时要注意，这里所说的国际标准银行实务，是广义的，并不局限于国际商会的出版物《关于审核跟单信用证项下单据的国际标准银行实务》（*International Standard Banking Practice for the Examination of Documents under Documentary Credits*, *ISBP*），它的涵盖面更广，并会随着实务的发展而不断发展。没有一个出版物能够预想跟单信用证可能使用的全部条款或单据，或者穷尽在 UCP 下对其所做的解释及 UCP 所反映的标准做法。国际商会银行委员会甚至各个国家委员会对信用证实务中出现的相关问题所做的解释、解答或决定等，都可能成为新的 ISBP。

【CDCS 题目分析】什么是相符交单？

※Question

A complying presentation is defined as one which is in accordance with all of the following except _____.

Select one：

A. international standard banking practice

B. Uniform Customs and Practice for Documentary Credits

C. the terms of the documentary credit

D. the terms of the underlying contract

※ 解析与答案

本题问的是根据定义，相符交单应该符合哪些条件。判断的依据是 UCP600 Article 2 中对相符交单的定义：相符交单指与信用证条款、本惯例的相关适用条款以及国际标准银行实务一致的交单。

从上面的定义可知，相符交单是指所提示的单据必须满足三个条件：符合信用证条款的规定；符合本惯例的规定（即 UCP600）；符合国际标准银行实务的规定（ISBP745 及其他实务）。

四个选项中，A 是指国际标准银行实务，B 是指跟单信用证统一惯例，即 UCP，C 是指信用证条款，ABC 都是对的，只有 D 除外，故此题答案为 D。选项 D 要求与合同条款相符，这是不符合信用证要求的。信用证一经开立，就与原合同独立，不再受原合同的约束。

关于信用证与合同的关系，参见 UCP600 Article 4（a）的规定。

A credit by its nature is a separate transaction from the sale or other contract on which it may be based. Banks are in no way concerned with or bound by such contract, even if any reference whatsoever to it is included in the credit. （……就其性质而言，信用证与可能作为其开立基础的销售合同或其他合同是相互独立的交易，即使信用证中含有对此类合同的任何援引，银行也与该合同完全无关，且不受其约束……）

※ 拓展分析

信用证规定提交发票"three originals"，出口商实际交单发票为"one original and two copies"，或者信用证规定交单期为"15 days from bill of lading date"，出口商实际交单在"16 days from bill of lading date"，上述行为都与信用证条款不一致；如果信用证规定提交发票，但未表明正副本，也未表明份数，实际提交单据为"three copies"，就属于与 UCP600 条款不一致，因为 UCP600 Article 17 Original Documents and Copies（正本单据和副本单据）（a）规定："At least one original of each document stipulated in the credit must be presented."。（信用证规定的每一种单据须至少提交一份正本。）

（4）什么是"承付"

"承付"，顾名思义，就是承诺付款的意思，概括了信用证下开证行的"终局"性付款责任。以下是 UCP600 第二条对"承付"所下的定义。

Honor means：（承付意指：）

a. to pay at sight if the credit is available by sight payment.（如果信用证为即期付款信用证，则即期付款。）

b. to incur a deferred payment undertaking and pay at maturity if the credit is available by deferred payment.（如果信用证为延期付款信用证，则承诺延期付款并在承诺到期日付款。）

c. to accept a bill of exchange ("draft") drawn by the beneficiary and pay at maturity if the credit is available by acceptance.（如果信用证为承兑信用证，则承兑受益人开出的汇票并在汇票到期日付款。）

从这里的定义可以看出，UCP600 的承付方式包括三种：即期付款方式、延期付款方式和承兑付款方式。后两种同属于远期付款方式。即期付款方式下，履行付款责任的银行（开证行、保兑行和其他指定银行）收到信用证项下的单据，在规定的时间内审核并认定相符，应立即付款，且付款是终局性的，没有追索权。即期付款信用证可以要求提交汇票，也可以不要求提交汇票。延期付款方式下，履行付款责任的银行收到信用证项下相符的单据后，按规定的延期付款期限到期后付款。延期付款信用证不要求汇票，没有承兑环节，但相关银行仍须在收到相符单据后 5 个工作日内确认到期日，在到期日做出延期付款承诺的银行必须付款，付款后对受益人没有追索权。承兑付款方式下，履行承兑责任的银行收到信用证项下相符单据及汇票后，对汇票进行承兑，承诺在到期日付款。到期日做出承兑的银行必须付款，付款后对受益人没有追索权。承兑信用证必须要求提交汇票，这是与延期付款信用证的最大区别。在法律意义上，承兑付款方式要求带有远期汇票，从而适用票据法，受益人的利益受 UCP 保护的同时，也受票据法的保护。

可以通过下列表格来总结信用证的含义。

表 1-1　信用证含义总结

含义的要素	内容	特征或具体描述
信用证的本质	一项安排	不可撤销的确定承诺
信用证的名称	无论如何命名或描述	信用证的英文名称包括：Documentary Credit，Documentary Letter of Credit，Commercial Letter of Credit，Letter of Credit，Commercial Credit，Credit
应……的要求开立	申请人	一般是进口商
开立者	开证行	一般是进口地银行
接受承诺的对象	受益人	一般是出口商
承诺的条件	相符交单	向开证行或被指定银行提交单据的行为；被提交的单据本身
		与信用证条款、UCP600 的相关适用条款以及国际标准银行实务一致
		单证相符、单单一致、表面相符
承诺的行为	向受益人承付	即期付款
		承诺延期付款并在承诺到期日付款
		承兑受益人开出的汇票并在汇票到期日付款

二、信用证当事人及其责任

（一）信用证相关当事人、关系人

信用证有两个基本当事人，即开证行和受益人，若二者缺一，则不能称其为信用证。除了基本当事人，信用证中还有其他当事人，如通知银行、保兑银行、指定银行、转让银行、偿付银行等。这些其他当事人，可以看作开证行和受益人两个基本当事人的代理，一旦接受委托，便须按照信用证规定的委托内容行事。严格来说，申请人不是信用证的当事人，而是信用证的关系人。申请人并没有参与信用证开证行与受益人的承诺和兑用过程，也不承担信用证安排下的责任，但信用证是由申请人发起的，信用证交易结果往往与其有最终的关系。

1. 申请人、开证行、受益人

UCP600 第二条关于三者的定义如下。

Applicant means the party on whose request the credit is issued.（申请人是指要求开立信用证的一方。）

Issuing bank means the bank that issues a credit at the request of an applicant or on its own behalf.（开证行是指应申请人要求或代表自己开立信用证的银行。）

Beneficiary means the party in whose favour a credit is issued.（受益人是指接受信用证并享受利益的一方。）

在国际贸易实践中，信用证申请人通常是进口商，开证行一般是进口商所在地银行，信用证受益人通常是出口商。

申请人是信用证安排的发起人或原始指示方，申请人的要求体现为开证申请书，而开证申请书是进口商以进出口双方签订的贸易合同为基础填写的。开证行根据开证申请书开立信用证。开证行与申请人之间的关系是建立在开证申请书基础上的契约关系。信用证一经开出，开证行与开证申请人之间的契约关系即告成立。开证行按约定将信用证及时通知至受益人（通常通过通知行），并需对相符提示的单据承担付款责任；开证申请人应按期向开证行付款赎单，若到期不赎，开证行有权处理单据及单据项下的货物。开证申请人与受益人在一笔信用证业务中的关系是建立在销售合同基础上的契约关系，销售合同是约束其在合同项下行为的基础契约，开证申请人与受益人必须履行合同义务并享有合同赋予的权利。

从条款内容看，开证行是因开立了信用证而得名，但其实开证行为并不是开证行的本质特征，开证行的本质特征在于其开立信用证从而构成了信用证安排下其不可撤销的承付承诺。这一承诺是对受益人做出的。只有受益人才有权要求开证行兑现付款承诺，且开证行对受益人的付款是无追索权的。

2. 通知行、保兑行、指定银行

UCP600 第二条关于三者的定义如下。

Advising bank means the bank that advises the credit at the request of the issuing bank.（通知行是指应开证行要求通知信用证的银行。）

Confirming bank means the bank that adds its confirmation to a credit upon the issuing bank's authorization or request.（保兑行是指根据开证行的授权或请求对信用证加具保兑的银行。）

Confirmation means a definite undertaking of the confirming bank，in addition to that of the issuing bank, to honour or negotiate a complying presentation. （保兑是指保兑行在开证行承诺之外做出的承付或议付相符交单的确定承诺。）

Nominated bank means the bank with which the credit is available or any bank in the case of a credit available with any bank. （指定银行是指信用证可在其处兑用的银行，如信用证可在任一银行兑用，则任何银行均为指定银行。）

一般情况下，通知行是开证行在受益人所在地的分行或代理行，或受益人的往来银行，其责任是核验信用证的表面真实性和表面准确性，并把它通知给受益人。需要注意的是，通知行的通知必须得到开证行的通知授权，在实务中，这种授权会体现在开证行开出的信用证正本中。开证行与通知行之间属委托代理关系，两者间通常签订了业务代理协议。开证行是委托信用证通知的委托人，通知行是接受开证行的委托，履行信用证通知义务的受托人。通知行接受通知委托后，应立即证明信用证印鉴或密押的真实性，并迅速、准确地将信用证内容通知受益人。通知行对受益人不负有除通知责任以外的信用证责任，开证行无权强迫通知行向受益人偿付款项，或承担其他角色，如议付行、保兑行等。如果开证行对通知行进行了以上角色的授权，通知行是有权拒绝的。

保兑行应开证行在信用证中的邀请而加具保兑的行为，产生了保兑行承付相符交单的确定承诺。换言之，如果受益人选择向保兑行相符交单，保兑行就必须承付或无追索权议付，然后从开证行获得偿付。需要注意的是，跟开证行的承付责任相比，保兑行的责任不是第二位或次要的，也不是备用或附加的，而是区别和独立于开证行的。通俗地说，在保兑信用证项下，保兑行与开证行的付款责任都是第一性的，没有先后之分，受益人可以选择将全套单据直接寄给保兑行要求付款，保兑行不能声明其只在开证行拒付等情况下才履行付款责任。信用证为什么需要保兑呢？保兑主要是由开证行的资信不足引起的，如果受益人对开证行的信用不够信任，就可以找一家资信比较强的银行加具保兑，这样该信用证就具有了开证行和保兑行的双重保证。

在信用证实务中，开证行常常会在信用证中指定另一家银行，授权其付款，或代为承付，或允许议付。这里所说的"另一家银行"就是指定银行。根据开证行授权的不同，指定银行可能是付款行、议付行、偿付行等，保兑行也可以看作一家特殊的指定银行。指定银行的地位来自开证行在信用证安排中的明确授权。但经指定产生的指定银行，并不必然意味着其将按指定行事，指定银行面对开证行的授权，有是否接受的选择权。

【CDCS 题目分析】通知行不能履行的角色

※Question

Which of the following roles cannot be performed by an advising bank?

Select one：

A. Confirming bank.

B. Issuing bank.

C. Negotiating bank.

D. Transferring bank.

※ 解析与答案

本题问的是通知行不能履行哪个角色。判断的依据是 UCP600 Article 2、Article 3 的规定。

UCP600 Article 2 对通知行的定义是"通知行，指应开证行要求通知信用证的银行"。

通知行是开证行以外的另一家银行，其主要责任是核验信用证的表面真实性和表面准确性，并把它通知给受益人。实务中通知行通常是开证行在受益人所在地的分行或代理行，或受益人的往来银行。

UCP600 Article 3: Branches of a bank in different countries are considered to be separate banks.（一家银行在不同国家的分支机构被视为不同的银行。）

从这条规定中可以非常明确地看出，如果开证行选择自己在另一国家的分支银行作为通知行，该银行将被视为开证行之外的另一家银行。所以议付行不可能是开证行。

通知行作为信用证项下的指定银行，按开证行的通知授权向受益人通知信用证，是其在信用证交易中最基本的使命，如果通知行愿意按照开证行的指示承担其他不同的角色，它所承担的使命就会有所不同，在信用证业务中扮演的角色也就不同。比如，如果通知行愿意在开证行的授权下对信用证加具保兑，那它就可以是保兑行（confirming bank）；如果通知行愿意按授权对信用证进行议付，它就可以成为议付行（negotiating bank）；在可转让信用证中，通知行还可以按照开证行的转让指示承担转让行（transferring bank）的角色。

综上所述，通知行不能履行的角色就是开证行，故答案是 B。

（二）信用证业务中相关银行的责任

1. 开证行的责任

UCP600 Article 7 规定了信用证业务项下开证行的责任，包括对受益人相符

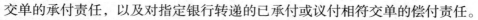

交单的承付责任，以及对指定银行转递的已承付或议付相符交单的偿付责任。

Article 7 Issuing Bank Undertaking（开证行责任）

a. Provided that the stipulated documents are presented to the nominated bank or to the issuing bank and that they constitute a complying presentation，the issuing bank must honour if the credit is available by：（只要规定的单据提交给指定银行或开证行，并且构成相符交单，则开证行必须承付，如果信用证为以下情形之一：）

i. sight payment, deferred payment or acceptance with the issuing bank；（信用证规定由开证行即期付款、延期付款或承兑；）

ii. sight payment with a nominated bank and that nominated bank does not pay；（信用证规定由指定银行即期付款但其未付款；）

iii. deferred payment with a nominated bank and that nominated bank does not incur its deferred payment undertaking or, having incurred its deferred payment undertaking，does not pay at maturity；（信用证规定由指定银行延期付款但其未承诺延期付款，或虽已承诺延期付款，但未在到期日付款；）

iv. acceptance with a nominated bank and that nominated bank does not accept a draft drawn on it or, having accepted a draft drawn on it, does not pay at maturity；（信用证规定由指定银行承兑，但其未承兑以其为付款人的汇票，或虽然承兑了汇票，但未在到期日付款；）

v. negotiation with a nominated bank and that nominated bank does not negotiate.（信用证规定由指定银行议付但其未议付。）

※ 解读

本款说明：信用证下开证行承担责任的条件是受益人相符交单；在受益人相符交单的条件下开证行承担的是承付责任，具体是指即期付款、延期付款或承兑并付款，以及议付信用证下，指定银行未议付时，开证行也将根据该信用证是即期议付信用证，还是远期议付信用证以及是否附有汇票来承担相应的承付责任，注意不能称之为议付责任。

【CDCS 题目分析】承兑信用证下开证行的义务

※Question

Which of the following statements is incorrect?

Provided that the stipulated documents are presented and that they constitute a complying presentation, the issuing bank must honour if the credit is available by acceptance with a nominated bank and _____.

Select one:

A. that the nominated bank does not accept a draft drawn on it

B. that the nominated bank does not purchase a draft accepted by it prior to the maturity date

C. that the nominated bank having accepted a draft drawn on it, does not pay at maturity

D. the beneficiary presents documents direct to the issuing bank

※ 解析与答案

本题指出信用证兑用方式是承兑（by acceptance），问在承兑信用证下如果受益人相符交单，在指定银行哪些行为下开证行必须进行兑付？

本题的判断依据是 UCP600 Article 7 开证行责任。

下面逐一分析四个选项：

选项 A：指定银行没有承兑以自己为付款人的汇票。这属于 Article 7a（ⅳ）款中描述的情形，A 表述正确；

选项 B：指定银行没有在汇票到期前买入已经承兑的汇票。指定银行购买已承兑的汇票，这是一种贴现行为，在汇票到期日前预付资金给受益人，不论是指定银行还是开证行，都没有提前买入汇票付款的义务，只要保证到期付款就行。B 表述错误；

选项 C：指定银行承兑了以自己为付款人的汇票，但到期没有付款。这属于 Article 7a（ⅳ）款中描述的情形，C 表述正确；

选项 D：受益人直接将单据交给开证行。在任何信用证下，受益人都是有权利直接向开证行交单的，因此，如果受益人没有向指定银行交单而直接向开证行交单并相符，那么开证行就必须兑付，D 表述正确。

综上所述，本题答案为 B。

b. An issuing bank is irrevocably bound to honour as of the time it issues the credit.（开证行自开立信用证之时起即不可撤销地承担承付责任。）

※ **解读**

本款表明开证行对受益人的承付责任是从信用证开立之时生效的，什么时候结束没有明确提出。一般来说，信用证一经兑用，开证行对受益人的承付责任自动结束；或者信用证未经兑用，但信用证过期，即超过信用证的有效期或规定的交单期，开证行对受益人的承付责任也就结束了。

c. An issuing bank undertakes to reimburse a nominated bank that has honored or negotiated a complying presentation and forwarded the documents to the issuing bank. Reimbursement for the amount of a complying presentation under a credit available by acceptance or deferred payment is due at maturity, whether or not the nominated bank prepaid or purchased before maturity. An issuing bank's undertaking to reimburse a nominated bank is independent of the issuing bank's undertaking to the beneficiary. （指定银行承付或议付相符交单并将单据转给开证行之后，开证行即承担偿付该指定银行的责任。对承兑或延期付款信用证下相符交单金额的偿付应在到期日办理，无论指定银行是否在到期日之前预付或购买了单据，开证行偿付指定银行的责任独立于开证行对受益人的责任。）

※ **解读**

本款规定了信用证业务项下开证行对指定银行的偿付责任。开证行对指定银行的偿付责任开始于指定银行承付或议付相符交单并将单据转递开证行之时，偿付责任的前提条件是相符交单、指定银行、按指定行事；开证行的偿付责任在到期日办理；开证行对指定银行的偿付责任独立于对受益人的承付责任。比如指定银行代为承付或议付了受益人的相符交单后，发现受益人涉嫌欺诈，只要指定银行为善意第三人，便有权根据欺诈例外的"例外"原则，向开证行索偿，开证行有义务偿付指定银行。

2. 保兑行的责任

UCP600 Article 8 规定了信用证业务项下保兑行的责任，包括对受益人的承付或议付责任及起点，保兑行的偿付责任和索偿权利，以及银行不接受开证行加具保兑邀请时的责任。

Article 8 Confirming Bank Undertaking（保兑行责任）

a. Provided that the stipulated documents are presented to the confirming bank or to any other nominated bank and that they constitute a complying presentation, the confirming bank must：（只要规定的单据提交给保兑行，或提交给其他任何指定银行，并且构成相符交单，保兑行必须：）

i. honor, if the credit is available by...（承付,如果信用证为以下情形之一：……）

ii. negotiate, without recourse, if the credit is available by negotiation with the confirming bank.（无追索权的议付，如果信用证规定由保兑行议付。）

※ **解读**

Article 8a（ⅰ）下提到保兑行对相符交单承担承付责任的 5 种情形，跟开证行相似，在此没有将 UCP600 条款全文列出。在保兑信用证项下，保兑行跟开证行一样，对相符交单承担第一位的付款责任。Article 8a（ii）明确了保兑行可以兼有指定银行的角色，所以相比较开证行只能承付，保兑行在承付责任的基础上增加了议付，但与一般指定银行的议付对受益人有追索权不同，保兑行的议付是没有追索权的。

【CDCS 题目分析】开证行和保兑行的责任

※Question

Which of the following banks must honour a complying presentation under a documentary credit?

1. An issuing bank with which the documentary credit is available by acceptance.

2. A nominated bank under a freely negotiable credit payable at sight.

3. A confirming bank where the credit is available by sight payment and the nominated bank does not pay.

4. A reimbursing bank that has issued a reimbursement undertaking.

Select one：

A. 1 and 3 only.

B. 2 and 3 only.

C. 1, 2 and 3 only.

D. 1, 2 and 4 only.

※ 解析与答案

本题问的是在跟单信用证下，哪些银行必须承付相符交单。

1. 承兑信用证下的开证行，属于 Article 7a（iv）款中描述的情形；

2. 即期自由议付信用证下的指定银行，没有义务承付相符交单，可做议付；

3. 即期付款信用证下的保兑行，指定银行没有付款，属于 Article 8a（i）款中描述的情形；

4. 出具了偿付承诺的偿付行。偿付行对于信用证下的相符交单没有承付义务，它的偿付义务来自自己出具的承诺，受偿付承诺的约束，而不是相符交单。

综上分析，1、3 中的银行必须承付相符交单，所以本题答案是 A。

b. A confirming bank is irrevocably bound to honour or negotiate as of the time it adds its confirmation to the credit.（保兑行自对信用证加具保兑之时起即不可撤销地承担承付或议付的责任。）

※ **解读**

本款表明保兑行对受益人承担承付或议付责任的起点，从保兑行对信用证加具保兑之时起。实务中保兑行多为通知行，通知行如对信用证加具保兑，通常会在给受益人的通知面函上做出说明，此时就可视为保兑行对受益人承担承付或议付责任的开始。

c. A confirming bank undertakes to reimburse another nominated bank that has honoured or negotiated a complying presentation and forwarded the documents to the confirming bank. Reimbursement for the amount of a complying presentation under a credit available by acceptance or deferred payment is due at maturity, whether or not another nominated bank prepaid or purchased before maturity. A confirming bank's undertaking to reimburse another nominated bank is independent of the confirming bank's undertaking to the beneficiary. （其他指定银行承付或议付相符交单并将单据转往保兑行之后，保兑行即承担偿付该指定银行的责任。对承兑或延期付款信用证下相符交单金额的偿付应在到期日办理，无论指定银行是否在到期日之前预付或购买了单据。保兑行偿付指定银行的责任独立于保兑行对受益人的责任。）

※ **解读**

本款表明，其他指定银行承付或议付相符交单后，如果把单据转递给保兑行，保兑行要对其承担偿付责任。当然，如果受益人选择将单据直接转给开证行，则保兑行不用承付；保兑行作为一家特殊的指定银行，在对其他指定银行履行承付责任或对受益人议付后，有向开证行索偿的权利，开证行有责任偿付保兑行承付或议付之后转递给它的相符交单。

d. If a bank is authorized or requested by the issuing bank to confirm a credit but is not prepared to do so, it must inform the issuing bank without delay and may advise the credit without confirmation. （如果开证行授权或要求一家银行对信用证加具保兑，而其并不准备照办，则其必须毫不延误地通知开证行，并可通知此信用证不加保兑。）

※ **解读**

本款表明，保兑行作为特殊的指定银行，需要得到开证行授权并实际保兑了信用证，才能成为真正意义上的保兑行。实务中开证行的保兑授权通常体现在 SWIFT 信用证的第 49 场 "Confirmation Instructions（保兑指示）"，共有三项选择：confirmed、may confirmed、without，分别代表要求收报行加具保兑、收报行可以加具保兑、不要求收报行加具保兑。要注意，在第49场为"confirmed"的情况下，被授权或邀请保兑的银行，可以选择加保，成为保兑行，也可以选择不加保，但必须把不加保的情况毫不延误地告知开证行，然后可以向受益人通知信用证。要注意本款中两个关键的助动词，一个是 must，一个是 may。

【CDCS 题目分析】通知行不打算对信用证加具保兑后，应该怎么做？

※Question

On receipt of a credit, an advising bank is not prepared to add its confirmation in accordance with the instructions of the issuing bank. Which of the following best describes the actions that the advising bank should take?

Select one:

A. It must revert to the issuing bank for further instructions and inform the beneficiary of its actions.

B. It must advise the credit to the beneficiary without adding its confirmation and inform the issuing bank of its actions.

C. It must without delay revert to the issuing bank for further instructions but need not inform the beneficiary of its actions.

D. It may advise the credit to the beneficiary without adding its confirmation and without delay inform the issuing bank of its actions.

※ 解析与答案

收到信用证后，通知行不打算按照开证行的指示对信用证加具保兑，通知行应该怎么做？

本题的判断依据是 UCP600 Article 8 d 款。通知行如果不想对信用证加具保兑，它必须要做的事是毫不延误地告知开证行，并且可以把这份未保兑的信用证通知给受益人。

来看下四个选项：

选项 A：通知行必须回复开证行并要求开证行进一步指示，并通知受益人自己不加具保兑的行为。很显然，选项 A 提到的两种必须做的行为，在 UCP600 Article 8 d 款中都没有提到，A 表述错误。

选项 B：通知行必须将未加具保兑的信用证通知给受益人，并通知开证行自己不加具保兑的行为。选项 B 前半句话错误，可以通知信用证，而不是必须通知；后半句正确。

选项 C：通知行必须毫不延迟地回复开证行并要求开证行进一步指示，但不需要通知受益人它不加具保兑的行为。选项 C 主要错在前半句，"without delay"是对的，但"revert to the issuing bank for further instructions"不是必须要做的，只要告知开证行其不加具保兑就行。

选项 D：通知行可以不加具保兑只通知受益人该信用证，同时毫不延误地通知开证行自己不加具保兑的行为。选项 D 表述的意思和表述的规则完全符合 UCP 600 Article 8d 款的规定。

综上所述，本题答案为 D。

上述在分析信用证业务中银行责任时，提了承付、议付、偿付等词语，这几个词表面看着都是付款的意思，在实际应用中却有着微妙的不同。为避免混淆，特结合 UCP600 相关条文进行对比分析。

对比 1：承付与议付

UCP600 第二条中对二者有明确定义。

承付（honour）：A. 如果信用证为即期付款信用证，则即期付款；B. 如果信用证为延期付款信用证，则承诺延期付款并在承诺到期日付款；C. 如果信用证为承兑信用证，则承兑受益人开出汇票并在到期日付款。

议付（negotiate）：指定银行在相符交单下，在其应获偿付的银行工作日当天或之前向受益人预付或者同意预付款项，从而购买汇票（其付款人为指定银行以外的其他银行）及 / 或单据的行为。

在上述定义中，承付的概念只针对了即期付款、延期付款、承兑信用证这三种信用证进行解释，而议付显然是在议付信用证下的一种行为。那么，在议付信用证下，银行是否能行使承付的行为呢？ UCP600 第七条开证行的责任中提到，只要规定的单据提交给指定银行或开证行，并且构成相符交单，则开证行必须承付。结合这两条定义，可以看出，在相符交单的情况下，开证行对受益人的付款行为都可以称为承付，开证行无法议付自身开出的信用证；而其他银行（包括保兑行或其他指定银行）的行为可能是承付或者议付。

下面，我们具体分析两者的不同之处：

①性质不同：承付是一种付款承诺，议付是指定银行购买汇票 / 单据的行为，其实质是一种融资行为。

②行为主体不同：承付行为的主体可以是开证行或指定银行（包括保兑行），议付行为只能由指定银行行使，开证行无法议付其自身开立的信用证。

③付款时间不同：承付的付款时间一般在到期日当天，而议付往往是在到期日之前进行，若议付行为失效，则转化为开证行的承付责任。

④付款金额不同：承付的付款金额一般为受益人索偿的金额，议付的金额一般低于索偿金额，是扣除过议付行在垫款期间的利息、手续费等费用后的折扣金额。

对比 2：偿付与承付或议付

UCP600 中没有条款对偿付（reimbursement）有明确的定义，但是我们可以从 UCP600 第 7 条、第 8 条和第 13 条中找到偿付的身影，其中第 7 条中规定偿付为：指定银行承付或议付相符交单并将单据转给开证行之后，开证行即承担偿付该指定银行的责任。因此，开证行对指定银行的偿付责任取决于指定银行是否按照开证行的授权进行承付或者议付。

另外，UCP600 第 13 条中规定了银行之间的偿付安排，这种安排是基于信用证中有第三方银行专门承担偿付行的角色，如果信用证中规定了偿付银行却没有规定偿付适用规则，则需要按照本条例进行偿付。从上述规定可以看出，偿付是银行之间进行款项索要的一个概念，指的是银行与银行之间的一种付款行为。偿付行为的本质是信用证下银行之间的付款行为。

三、信用证与合同、单据

（一）信用证与合同

关于信用证与合同的关系，在 UCP600 第四条中有专门说明。

UCP600 Article 4 Credits v. Contracts（信用证与合同）

a. A credit by its nature is a separate transaction from the sale or other contract on which it may be based. Banks are in no way concerned with or bound by such contract, even if any reference whatsoever to it is included in the credit. Consequently, the undertaking of a bank to honour, to negotiate or to fulfil any other obligation under the credit is not subject to claims or defences by the applicant resulting from its relationships with the issuing bank or the beneficiary.（就其性质而言，信用证与可能作为其开立基础的销售合同或其他合同是相互独立的交易，即使信用证中含有对此类合同的任何援引，银行也与该合同无关，且不受其约束。因此，银行关于承付、议付或履行信用证项下其他义务的承诺，不受申请人基于与开证行或与受益人之间的关系而产生的任何请求或抗辩的影响。）

b. A beneficiary can in no case avail itself of the contractual relationships existing between banks or between the applicant and the issuing bank.（受益人在任何情况下

不得利用银行之间或申请人与开证行之间的合同关系。）

c. An issuing bank should discourage any attempt by the applicant to include, as an integral part of the credit, copies of the underlying contract, pro forma invoice and the like. （开证行应劝阻申请人试图将基础合同、形式发票等文件作为信用证组成部分的做法。）

※ **解读**

UCP600 Article 4 条文内容说明信用证一经开立，就独立于其产生所依据的基础合同，不受其约束，这体现了信用证的独立性原则。信用证的独立性原则是信用证制度的基石。基础合同可能是货物销售合同，也可能是与货物销售有关或无关的其他合同，依单据背后基础合同的标的而定。基础合同仅约束申请人与受益人双方，并不约束未参与签订基础合同的开证行。同时，该条文也表明，UCP针对将基础合同、形式发票等文件作为信用证组成部分的行为予以劝阻，这样可以保证开证行开立信用证内容的简洁，同时也降低了受益人出具单据及银行审核单据时的人力、物力、时间成本。

【CDCS 题目分析】信用证与基础合同的关系

※Question

Which of the following is discouraged under UCP600?

Select one:

A. A copy of the purchase order is provided to the issuing bank for information purposes only and the goods description field of the credit application includes details of the purchase order.

B. A copy of the sales contract is submitted with the credit application to the issuing bank and there is no reference to such attachment within the credit application.

C. The additional conditions field states that this credit is relative to sales contract XYZ and that all documents must state "details per purchase order 123 and contract XYZ".

D. The goods description field states "goods per the copy of the pro forma invoice appended to the credit which forms an integral part of the credit".

※ 解析与答案

题目问：UCP600 不鼓励下列哪一项？本题考查信用证的独立性，可以依据 Article 4 的相关规定进行回答。

选项 A：向开证行提供一份采购订单，仅供参考，信用证申请书的货物描述栏位含有采购订单的详细信息。向开证行提供采购订单，作为其开证参考，属于正常的开证流程，可以接受。

选项 B：销售合同随信用证申请书一起提交给开证行，信用证申请书中没有提及此附件。只是将合同交给银行，没有要求作为信用证的组成部分，不影响信用证的独立性，可以接受。

选项 C：信用证附加条件里声明信用证与合同 XYZ 相关，并要求所有单据须显示"详见采购单 123 及合同 XYZ"。这只是对单据填写内容的一项要求，将来受益人制单的时候在单据上注明上述文字就行，这一规定没有影响到信用证的独立性，可以接受。

选项 D：货物描述栏指出"货物以随附在信用证项下的形式发票为准，且形式发票作为信用证不可分割的一部分"。UCP600 Article 4 b 款规定：开证行应劝阻申请人试图将基础合同、形式发票等文件作为信用证组成部分的做法。很显然，选项 D 的做法违背了信用证的规定，影响了信用证的独立性，是银行应该劝阻的行为。

综上所述，此题答案为 D。

【CDCS 题目分析】如何理解信用证的独立性？

※Question

Which of the following statements is incorrect regarding the independent nature of documentary credits?

Select one:

A. An issuing bank is required to make payment if all the terms of the documentary credit are met.

B. Payment is conditional upon receipt of goods by the applicant.

C. Payment is made against presentation of complying documents.

D. There is no responsibility on the issuing bank to determine if the terms of the underlying contract have been met.

※ 解析与答案

本题问的是关于跟单信用证的独立性，以下哪种陈述不正确？判断依据主要包括 UCP600 Article 2、Article 4 等条款的规定。

A. 如果符合跟单信用证的所有条款，开证行必须付款。根据 UCP600 Article 2 的相关规定，开证行付款的条件是相符交单，也就是选项 A 中的"all the terms of the documentary credit are met"，选项 A 表述正确。

B. 付款以申请人收到货物为条件。这个说法错误。开证行付款的条件是相符交单，而不管申请人是否收到了货物。

C. 付款是依据相符交单做出的。该说法与选项 A 的意思是一样的，相符交单是 UCP 规则下银行付款的条件，选项 C 表述正确。

D. 开证行没有责任确定基础合同（underlying contract）的条款是否已得到满足。依据 Article 4 的相关规定可知，就性质而言，信用证与可能作为其依据的基础合同，是相互独立的交易。即使信用证中提及该合同，银行亦与该合同完全无关，且不受其约束。因此，开证行在决定是否付款的时候，没有责任去确定合同的履行情况，并且，合同顺利履行与否，对开证行的付款行为也没有影响，选项 D 表述正确。

综上所述，本题答案是 B。

（二）信用证与单据

Article 5 Documents v. Goods, Services or Performance （单据与货物、服务或履约行为）

Banks deal with documents and not with goods, services or performance to which the documents may relate. （银行处理的是单据，而不是单据可能涉及的货物、服务或履约行为。）

※ 解读

本款强调了信用证的抽象性。银行在决定是否承付时，只以单据为依据，不考虑单据背后可能涉及的货物、服务或履约行为，尽管单据通常源于基础合同下的货物交易。只要且只有在相符交单即"单证一致""单单一致"或者在开证行接受不符点的情况下，开证行才承担付款的义务，而不以买卖合同的实际履行情况为付款条件。

信用证的抽象性原则非常科学地平衡了与信用证相关的各方利益。首先，为受益人提供了保护。在信用证项下，只要受益人提交了符合信用证要求的单据，就应得到付款。其次，为开证行提供了保护。开证银行作为第一付款人，其义务只在于审核单据，不考虑受益人是否履行了基础合同项下的义务，不必对基础合同、合同的履行等进行审核。

【DOCDEX Decision No.330】受益人可以已履约交货为由要求开证行付款吗？

※ 案例背景

本案例涉及开证行付款条件和单据的不符点认定等问题，在此主要描述跟 UCP600 Article 5 相关的案情。

2011 年 12 月 15 日，开证行开立一份 MT700 格式的不可撤销备用信用证给受益人，信用证最高金额为 200 000.00 美元，在开证行处以付款方式兑用。备用信用证中的货物描述为 "Bogavante Vivo — Partida Arancelaria 030000 — CIF Madrid"。

2012 年 2 月中旬，开证申请人通知受益人，它将无法支付尚未支付的发票，包括已经收到的货物。理由是西班牙税务当局扣押了其应收款。随后受益人停止了后续货物的发运。

2013 年 4 月 5 日，受益人根据备用信用证向开证行索赔，包括 2011 年 12 月 22 日至 2012 年 2 月 2 日期间发送的 11 批货物的价值，总计为 193 809.37 美元。

2013 年 4 月 13 日，开证行拒绝了该索赔，理由是发票、空运单等单据存在三个不符点。

受益人提出的其中一个主张是 "On the general premise that documentary discrepancies were invalid once those discrepancies have presented no obstacle to successful performance of the beneficiary under the standby letter of credit."。受益人认为，在备用信用证下，只要单据的不符点没有对卖方成功履约造成阻碍，单据上的瑕疵是无关紧要的。既然卖方已成功地将货物交付给了买方，开证行不能以单据不符为由拒付。

※ 国际商会意见

货物是否已经交货与开证行拒付的决定无关。如果单据不符合 UCP600 条款所要求的相符交单，开证行可以拒绝承付。

※ 点评

本案中支付方式采用的是备用信用证，同样适用 UCP600 规则的约束，受益人得到银行承付的前提也是相符交单。本案中的银行不会越过单据表面去核实受益人在基础合同项下的履约状况，而是仅以受益人是否提交了满足信用证规定的单据来确定是否履行付款责任。信用证是一种精细的结算及融资工具，受益人在选择使用信用证作为结算工具之前，需要对信用证本身及其规则进行全面的了解，才能迅捷、安全地获得款项。

四、信用证的修改

Article 10 Amendments（修改）

a. Except as otherwise provided by Article 38, a credit can neither be amended nor cancelled without the agreement of the issuing bank, the confirming bank, if any, and the beneficiary. 〔除第 38 条另有规定者外，未经开证行、保兑行（如有的话）及受益人同意，信用证既不得修改，也不得注销。〕

※ **解读**

本款首先对第 38 条的规定进行了排除，因为第 38 条是专门规定信用证转让的，信用证转让下需要对信用证部分条款进行修改；信用证的修改和注销必须得到开证行和受益人这两个基本当事人的同意；在保兑信用证下，保兑行可以自由决定是否把自己的保兑责任范围延展到信用证修改的部分。不论保兑行保兑责任延展与否，都不会影响该修改在开证行与受益人之间的效力。

【CDCS 题目分析】如果要变更受益人，开证行应怎么做？

※Question

At the request of an importer, an issuing bank issued a documentary credit in favour of ABC Co. After being informed that ABC Co. is not a reputable company, the importer requests the issuing bank to cancel the credit and issue another credit to XYZ Co. Which of the following best describes the action the issuing bank should take?

Select one:

A. Issue an amendment to the credit making XYZ Co. the beneficiary.

B. Issue the documentary credit to XYZ Co. after receipt of cancellation acceptance from ABC Co.

C. Issue the documentary credit to XYZ Co. and simultaneously issue an amendment to ABC Co. to cancel the credit.

D. Issue the documentary credit to XYZ Co. immediately.

※ 解析与答案

本题考查的是信用证的注销问题，判断依据主要包括 UCP600 Article 10 a 款的规定。

根据题目，在进口商的要求下，开证行开立了一份以 ABC 公司为受益人的信用证。之后被告知 ABC 公司信誉不佳，进口商要求开证行注销该信用证，并另外出具一份以 XYZ 公司为受益人的信用证，那么，开证行最该采取什么措施？

进口商要求银行开立信用证，不论是在银行有保证金，还是有银行的授信额度，对银行来说，只承担一笔信用证金额的付款责任。既然银行向 ABC 公司开立了信用证，只要 ABC 交单相符，开证行就必须付款，因此，如果要开立另一个以 XYZ 为受益人的信用证，银行只能先获得受益人的同意，把开立给 ABC 公司的信用证注销。

下面逐一分析四个选项：

选项 A：出具信用证修改书，把 XYZ 公司作为受益人。原信用证是以 ABC 公司为受益人的，按照 UCP600 Article 10 a 款规定，未经受益人 ABC 公司同意，开证行不得修改也不能注销信用证，选项 A 错误。

选项 B：在收到 ABC 公司同意注销信用证的通知后，开立给 XYZ 公司的信用证。该做法符合 UCP600 Article 10 a 款规定，开证行在收到 ABC 公司同意注销信用证的通知后，对 ABC 的付款责任就解除了，可以开立新的信用证，选项 B 正确。

选项 C：开立给 XYZ 公司的信用证，同时向 ABC 公司出具修改书要求注销信用证。开证行这样做不妥当。一方面，只要未收到 ABC 公司同意注销信用证的通知，该信用证就始终有效；另一方面，向 XYZ 公司开立信用证，开证行又增加了一项承付责任。如果最终 ABC 公司不同意注销信用证，开证行就要承担双倍的承付责任，对开证行不利，选项 C 错误。

选项 D：立即开立跟单信用证给 XYZ 公司。在原证没有注销依然有效的情况下，又开立一个新证，这样做也会导致开证行承担双倍的承付责任，选项 D 错误。

综上所述，对开证行最有利的行为是 B，先按程序注销原信用证，再开立新的信用证。

b. An issuing bank is irrevocably bound by an amendment as of the time it issues the amendment. A confirming bank may extend its confirmation to an amendment and will be irrevocably bound as of the time it advises the amendment. A confirming bank may, however, choose to advise an amendment without extending its confirmation and, if so, it must inform the issuing bank without delay and inform the beneficiary in its advice.（开证行自发出修改之时起，即不可撤销地受其约束。保兑行可将其保兑扩展至修改，并自通知该修改时，即不可撤销地受其约束。但是，保兑行可以选择将修改通知受益人而不对其加具保兑。若然如此，其必须毫不延误地将此告知开证行，并在其给受益人的通知中告知受益人。）

※ **解读**

本款在 a 款的基础上进一步明确了信用证修改下开证行的责任和保兑行的权利与责任。开证行不可撤销地受信用证修改内容的约束，修改对开证行产生效力的起点是开证行发出修改之时；保兑行有权利选择是否扩展保兑至修改的内容。如果保兑行选择不将其保兑扩展至修改，则保兑行必须毫不迟延地告知开证行和受益人。此时，保兑行对原信用证的保兑仍然有效，并不受修改的影响。

c. The terms and conditions of the original credit （or a credit incorporating previously accepted amendments）will remain in force for the beneficiary until the beneficiary communicates its acceptance of the amendment to the bank that advised such amendment. The beneficiary should give notification of acceptance or rejection of an amendment. If the beneficiary fails to give such notification, a presentation that complies with the credit and to any not yet accepted amendment will be deemed to be notification of acceptance by the beneficiary of such amendment. As of that moment the credit will be amended. ［在受益人表明通知修改的银行接受该修改之前，原信用证（或含有先前被接受的修改的信用证）的条款对受益人仍然有效。受益人应提供接受或拒绝修改的通知。如受益人未能提供告知，当交单与信用证以及尚未表示接受的修改的要求一致时，即视为受益人已做出接受修改的通知，并且从此时起，该信用证被修改。］

※ **解读**

本款表明，接受修改与否是受益人的权利。受益人表示接受修改之前，原信用证继续有效；受益人一旦表示接受了修改，修改就此生效，原信用证相关条款因被修改而失效。在实务中，受益人收到修改通知后，有可能并不急于表态是否接受修改，受益人如果没有明确向开证行做出接受或拒绝修改的通知，则可以根据受益人将来的交单行为来判断其态度。如交单与修改的内容一致，即视为受益人接受修改，并且从此时起，该信用证被修改。

【CDCS 题目分析】根据受益人交单行为判断其对信用证修改的态度

※Question

A documentary credit is issued for USD300 000 covering 300 TV sets CIF New York, partial shipments allowed available by negotiation with Bank N. The credit is amended to USD280 000 covering 350 TV sets FOB Hong Kong.

Documents are subsequently presented direct to the issuing bank by the beneficiary for USD280 000 covering shipment of 280 TV sets CIF New York. No other correspondence has been received from the beneficiary or from Bank N. What action must the issuing bank take?

Select one:

A. Contact the applicant requesting their instructions.

B. Pay USD280 000.

C. Return the documents to the beneficiary requesting presentation through Bank N.

D. Send a notice of rejection indicating discrepancies.

※ 解析与答案

本题考查的是如何根据受益人的交单行为来判断其对信用证修改的态度，即接受还是拒绝。判断依据主要包括 UCP600 Article 10 c 款的规定。

根据题目，原信用证的基本内容如下：信用证金额——USD300 000，货物数量——300 TV sets，贸易术语——CIF New York，允许分批装运，指定 N 银行议付。

修改的内容包括：信用证金额——USD280 000，货物数量——350 TV sets，贸易术语——FOB Hong Kong。

受益人交单行为：受益人直接将单据交给了开证行，金额——USD280 000，货物数量——280 TV sets，贸易术语——CIF New York，没有收到受益人或 N 银行其他信息。

问针对上述情况，开证行必须怎么做？

下面逐一分析四个选项：

选项 A：联系申请人并要求其指示。信用证项下开证行的付款责任是独立的，不受申请人的约束，只要受益人相符交单，开证行就必须付款，所以无须要求申请人的指示，选项 A 错误。

选项 B：支付 USD280 000。从原信用证金额和货物数量可以计算出货物的单价是 USD1000/set CIF New York。受益人交单时单据显示 USD280 000 covering shipment of 280 TV sets CIF New York，受益人实际发运了 280TV sets 并提供了相应单据，因为原信用证允许分批装运，说明受益人是按照原信用证规定的单价、贸易术语发运货物并制单，按照 UCP600 Article 10 c 款的规定，"当交单与信用证以及尚未表示接受的修改的要求一致时，即视为受益人已做出接受修改的通知，并且从此时起，该信用证被修改"，本题中受益人的交单行为恰恰相反，与原信用证的内容一致，说明其未接受修改，原信用证继续有效，所以开证行要支付 USD280 000 给受益人。至于受益人没有通过 N 银行议付而是直接交单给开证行，按照 UCP600 Article 7 a 款对开证行承付责任的相关规定，也是允许受益人这样做的。选项 B 正确。

选项 C：将单据返还受益人要求其通过 N 银行交单。按照 UCP600 Article 7 a 款对开证行承付责任的相关规定，议付信用证下，受益人有权向开证行直接交单。选项 C 错误。

选项 D：发注明不符点的拒绝通知。从受益人交单行为看，受益人的交单符合原信用证的内容，说明受益人没有接受信用证的修改，开证行需按原证审单，交单相符的，开证行必须付款，不能拒付。选项 D 错误。

本题答案为 B。

d. A bank that advises an amendment should inform the bank from which it received the amendment of any notification of acceptance or rejection. (通知修改的银行应将任何接受或拒绝的通知转达发出修改的银行。)

※ 解读

本款说明受益人是通过通知行来向开证行转达其对修改的态度的。

e. Partial acceptance of an amendment is not allowed and will be deemed to be notification of rejection of the amendment. (对同一修改的内容不允许部分接受，部分接受将被视为拒绝修改的通知。)

※ 解读

本款表明，同一份信用证修改书中如果包含了多项修改，那受益人接受全部修改时该修改才有效。受益人如果仅对部分修改表示接受，将被视为全部拒绝。对一次修改中的多项内容而言，"部分接受＝部分拒绝＝全部拒绝"。实务中，受益人如果只能接受修改中的部分内容，可与申请人和开证行等有关当事人协商另行开立新的修改书。

【CDCS 题目分析】信用证修改与保兑行责任

※Question

An amendment is advised by a confirming bank to the beneficiary, extending the expiry date and reducing the credit. The beneficiary notifies its acceptance of the extension of the expiry date only and at the same time presents documents that comply with the full unamended credit. What action must the confirming bank take?

Select one:

A. Confirm to the beneficiary that the credit value reduction part of the amendment will be disregarded.

B. Deem the amendment to have been rejected by the beneficiary and honour the presentation.

C. Effect payment for the reduced credit value only and forward documents on an approval basis for the balance.

D. Request the issuing bank to contact the applicant immediately to seek clarification.

※ 解析与答案

本题考查的受益人对信用证修改表示接受或拒绝，包括部分接受所产生的效力，以及保兑行的付款责任。判断依据主要包括 UCP600 Article 10 e、Article 8 等条款的规定。

根据题目，保兑行向受益人通知了一份信用证的修改，修改的内容有两点：延长信用证的有效期；减少信用证的金额。受益人表示，只接受信用证延期，不接受信用证金额的减少。与此同时，受益人提交了与原信用证未修改内容完全相符的单据。保兑行必须采取什么行动？

下面逐一分析四个选项：

选项 A：跟受益人确认修改书中的减少金额将被忽视。不论是 UCP600 Article 8 中关于保兑行责任的描述，还是 UCP600 中的其他规则，均没有提到保兑行的这项责任，故选项 A 错误。

选项 B：视为该修改已被拒绝，并对交单进行承付。按照 UCP600 Article 10 e 款规定：对同一修改的内容不允许部分接受，部分接受将被视为拒绝修改的通知。本题中受益人表示只接受信用证延期，不接受信用证金额的减少，很显然是部分接受，可以视作受益人拒绝了整个修改，保兑行只需要按原证内容审核单据并承付即可。选项 B 正确。

选项 C：仅对信用证减少的金额付款，并基于核准的余额交单。这一做法不符合 UCP600 或 ISBP745 的规定，选项 C 错误。

选项 D：要求开证行立即联系申请人寻求澄清。不论是 UCP600 Article 8 中关于保兑行责任的描述，还是 UCP600 中的其他规则，均没有提到保兑行的这项责任，故选项 D 错误。

本题答案为 B。

【CDCS 题目分析】信用证的多次修改与受益人的表态

※Question

A documentary credit issued for USD100 000 requiring presentation of commercial invoices, packing lists and a full set of bills of lading, and allowing partial shipments, is amended by way of three separate amendments as follows.

Amendment 1：The credit amount is reduced to USD80 000 and weight certificates are now required instead of packing lists.

Amendment 2：Only 2/3 bills of lading are required and an additional condition is included requiring 1/3 bills of lading to be sent to the applicant.

Amendment 3：A certificate of origin is added to the documentary requirements.

The beneficiary presents documents accompanied by their rejection of amendment one and their acceptance of amendment two, but gives no specific indication as to whether or not they have accepted amendment three. Assuming all other conditions of the credit are met, which of the following presentations could be considered to be in compliance with the credit terms?

1. Documents value USD100 000 accompanied by invoices, packing lists and 2/3 bills of lading.

2. Documents value USD100 000 accompanied by invoices, weight certificates and a full set of bills of lading.

3. Documents value USD80 000 accompanied by invoices, packing lists and 2/3 bills of lading.

4. Documents value USD80 000 accompanied by invoices, packing lists, 2/3 bills of lading and a certificate of origin.

Select one：

A. 1 and 3 only.

B. 1, 3 and 4 only.

C. 2 only.

D. 2 and 4 only.

※ 解析与答案

本题考查的是信用证的多次修改，以及受益人表态后修改的效力。判断依据主要包括 UCP600 Article 10 c 等条款的规定。

题目给出的内容包括：原信用证金额为 USD100 000，要求提交商业发票、装箱单、全套的清洁提单，允许分批装运。

该信用证先后有三次单独的修改。

修改 1：金额减少到 USD80 000，用重量单代替装箱单。

修改 2：只需提交 2 份提单，附加条件里要求另一份提单径寄申请人。

修改 3：单据要求里增加原产地证书。

受益人交单时随附对三次修改的意见：拒绝修改 1，接受修改 2，对修改 3 没有明确表态接受与否。

如果信用证其他条件都满足，那么以下的哪几种可以被认为符合信用证条款？

下面逐一分析问题中的四个选项：

选项 1：单据金额 10 万美元，随附发票、装箱单和 2 份提单。根据 UCP600 Article 10 c 款的规定可知，受益人拒绝了修改 1，所以信用证金额仍为 10 万美元，仍需提交装箱单，接受了修改 2，所以只需要提交 2 份提单；没有提交原产地证，说明受益人用交单行为表示拒绝了修改 3。选项 1 中受益人提交的单据种类没问题，金额符合要求，交单相符。

选项 2：单据金额 10 万美元，随附发票、重量单和全套（3 份）提单。结合选项 1 的分析，因为受益人接受了修改 2，提交的提单份数应该是 2 份，所以选项 2 的交单是不相符的。

选项 3：单据金额 8 万美元，随附发票、装箱单和 2 份提单。因为信用证允许分批装运，所以提交 8 万美元金额的单据是相符的，随附的单据种类和数量符合要求，选项 3 的交单也是相符的。

选项 4：单据金额 8 万美元，随附发票、装箱单、2 份提单和原产地证书。选项 4 比选项 3 多了一个原产地证书，受益人用交单行为表示接受了修改 3，其他单据的种类和份数，以及单据金额符合要求，所以选项 4 的交单也是相符的。

综上分析，选项 1、3、4 的交单都是相符的，故本题答案为 B。

※ 拓展分析

本题信用证中提出了 3 次独立的修改，受益人可以分别表示接受或拒绝，受益人的表态独立发生作用。一定要注意信用证修改的次数，与每次修改中包含多项修改内容，是不同的概念，效力也不一样。就同一次修改中包含多项修改内容而言，受益人只能全部接受或全部拒绝。如果部分接受，视同全部拒绝。

f. A provision in an amendment to the effect that the amendment shall enter into force unless rejected by the beneficiary within a certain time shall be disregarded. （修改中关于除非受益人在某一时间内拒绝修改否则修改生效的规定应被不予理会。）

※ 解读

本款表明受益人对修改的表态没有时间限制。如果开证行为了督促受益人尽

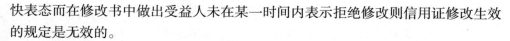

快表态而在修改书中做出受益人未在某一时间内表示拒绝修改则信用证修改生效的规定是无效的。

【CDCS 题目分析】信用证修改规定受益人表态的时限

※Question

An amendment reducing the amount of a documentary credit from USD100 000 to USD80 000 is advised stating that the amendment shall enter into force unless rejected by the beneficiary within five banking days.

Ten banking days later, the beneficiary presents documents for USD100 000 to the confirming bank which comply fully with the credit in its original form. In accordance with UCP600, the confirming bank must _____.

Select one:

A. forward the documents to the issuing bank on a collection basis

B. pay documents to the value of USD 80 000

C. pay documents to the value of USD100 000

D. reject the documents as non-complying

※ 解析与答案

本题考查的是开证行开出的信用证修改附有要求受益人做出接受或拒绝表示的时间限制。判断依据主要包括 UCP600 Article 10 f 款的规定。

题目中提到，开证行将信用证金额从 USD100 000 减少到 USD 80 000，在将修改通知给受益人时声明：受益人如果没有在 5 个银行工作日内表示拒绝，这个修改就生效。

10 个银行工作日后，保兑行收到了受益人的交单，金额为 USD100 000，与原信用证条款完全相符，问此时保兑行必须采取什么行动？

选项 A：以托收的方式将单据交给开证行。这个表述是错误的，因为保兑行对于受益人的相符交单有承付的责任。

选项 B：按 USD80 000 付款。这个表述错误，因为受益人交单金额是 USD100 000。

选项 C：按 USD100 000 付款。这个表述正确，因为 UCP600 Article 10 f 款规定：修改中关于除非受益人在某一时间内拒绝修改否则修改生效的规定应被不予理会。因此，开证行对信用证的修改对受益人并未生效，受益人是否接受修改，要从受益人的交单内容来判断。本题中受益人的交单跟原信用证条款完全相符，说明受益人拒绝了开证行对信用证的修改，根据 UCP600 Article 10 c 款的规定，原信用证继续有效，所以保兑行要按 USD100 000 来付款。

选项 D：拒绝单据，因为与信用证内容不相符。根据 C 的分析，从受益人的交单行为看，原信用证继续有效，所以受益人的交单是相符的。

综上分析，此题答案为 C。

【CDCS 题目分析】关于信用证修改的几个注意事项

※Question

With specific regards to amendments to credits，which of the following statements are incorrect?

1. An amendment only becomes binding on the beneficiary after it has been advised to the beneficiary.

2. A beneficiary that presents documents that comply with the terms of an amended credit is deemed to have accepted that amendment.

3. All amendments must either be accepted or rejected by the beneficiary within a month of issue otherwise they are deemed to have been accepted.

4. Separate amendments can be accepted or rejected regardless of the order in which they have been issued.

Select one:

A. 1 and 3 only.

B. 1 and 4 only.

C. 2 and 3 only.

D. 2 and 4 only.

※ 解析与答案

本题要求在四个选项中找出 2 个关于信用证修改的错误表述。判断依据主要包括 UCP600 Article 10 c、e、f 等条款的规定。

下面来分析题目中的选项：

选项 1：信用证的修改在通知给受益人时就只约束受益人。这个表述是错误的，受益人收到信用证修改的通知，并不表示受益人已接受或一定要接受修改。

选项 2：如果受益人提交的单据与修改后的信用证相符，即表明受益人接受了信用证的修改。符合 UCP600 Article 10 c 款的规定，表述正确。

选项 3：所有修改，受益人必须在 1 个月内同意或拒绝，否则就默认信用证的修改已被接受。这个表述是错误的。因为对修改的接受，并没有时间限制，而且根据 UCP600 Article 10 f 款的规定，修改中关于除非受益人在某一时间内拒绝修改否则修改生效的规定应被不予理会。

选项 4：可以接受或拒绝独立的修改，而不必考虑这些修改的开立顺序。这句话的意思是如果信用证被修改了多次，受益人可以接受或拒绝其中的几次，不管修改书发出的顺序如何，这种做法是允许的。

综上所述，错误的选项是 1 和 3，故本题选 A。

五、MT700 报文栏位

环球同业银行金融电信协会（Society for Worldwide Interbank Financial Telecommunication，SWIFT）是国际银行同业间的国际合作组织，目前全球大多数国家大多数银行已使用 SWIFT 系统。SWIFT 的使用为银行的结算提供了安全、可靠、快捷、标准化、自动化的通信业务，从而大大提高了银行的结算速度。SWIFT 的格式具有标准化特点，SWIFT 项下开立跟单信用证 MT 格式大多是 SWIFT-MT700/MT701 格式，这是开立信用证的常见格式，修改信用证的格式为 MT707。SWIFT 信用证省略了保证条款，但加注密押，软件系统自动核对密押无误后，SWIFT 信用证才生效。除非特别规定，SWIFT 信用证受 UCP600 约束。

SWIFT 报文的每一种报文格式（Message Type，MT）规定了由哪些项目组成，每一个项目又严格规定了有多少字母、多少数字或字符。在一份 SWIFT 报文中，有些规定项目是必不可少的，称为必选项目；有些规定项目可以由操作人员根据业务需要确定是否选用，称为可选项目。

表 1-2 MT700 开立跟单信用证的代码解读

M/O	代号	栏目名称	内容
M	27	Sequence of Total 报文页次	1 个数字 / 1 个数字
M	40A	Form of Documentary Credit 跟单信用证类型	24 个字符
M	20	Documentary Credit Number 跟单信用证号码	16 个字符
O	23	Reference to Pre-Advice 预通知的编号	16 个字符
O	31C	Date of Issue 开证日期	6 个数字

M/O	代号	栏目名称	内容
M	40E	Applicable Rules 适用的规则	30 个字符 [35 个字符]
M	31D	Date and Place of Expiry 到期日及地点	6 个数字 / 29 个字符
O	51a	Applicant Bank 申请人的银行	A 或 D
M	50	Applicant 申请人	4 行 ×35 个字符
M	59	Beneficiary 受益人	4 行 ×35 个字符
M	32B	Currency Code，Amount 币别代号，金额	3 个字母，15 个数字
O	39A	Percentage Credit Amount Tolerance 信用证金额加减百分率	2 个数字 / 2 个数字
O	39B	Maximum Credit Amount 最高信用证金额	13 个字符
O	39C	Additional Amounts Covered 可附加金额	4 行 ×35 个字符
M	41a	Available with，... by ... 兑用银行……，兑用方式……	A 或 D
O	42C	Draft at... 汇票付款期限	3 行 ×35 个字符
O	42a	Drawee 汇票付款人	A 或 D
O	42M	Mixed Payment Details 混合付款细节	4 行 ×35 个字符
O	42P	Deferred Payment Details 延期付款细节	4 行 ×35 个字符
O	43P	Partial Shipments 分批装运	1 行 ×34 个字符
O	43T	Transshipment 转运	1 行 ×35 个字符
O	44A	Place of Taking in Charge / Dispatch from... / Place of Receipt 货物监管地 / 发货地 / 收货地点	1 行 ×65 个字符
O	44E	Port of Loading / Airport of Departure 装货港 / 起飞航空港	1 行 ×65 个字符

续表

M/O	代号	栏目名称	内容
O	44F	Port of Discharge / Airport of Destination 卸货港 / 目的地航空港	1 行 × 65 个字符
O	44B	Place of Final Destination / For Transportation to... / Place of Delivery 最后目的地 / 货物运至地 / 交货地	1 行 × 65 个字符
O	44C	Latest Date of Shipment 最迟装运日	6 个字符
O	44D	Shipment Period 装运期间	6 行 × 65 个字符
O	45A	Description of Goods and / or Services 货物 / 服务描述	100 行 × 65 个字符
O	46A	Documents Required 单据要求	100 行 × 65 个字符
O	47A	Additional Conditions 附加条件	100 行 × 65 个字符
O	71B	Charges 费用	6 行 × 35 个字符
O	48	Period for Presentation 交单期限	4 行 × 35 个字符
M	49	Confirmation Instructions 保兑指示	7 个字符
O	53a	Reimbursing Bank 清算银行	A 或 D
O	78	Instructions to the Paying / Accepting / Negotiating bank 对付款 / 承兑 / 议付银行之指示	12 行 × 65 个字符
O	57a	"Advise Through" Bank 收讯银行以外的通知行	A，B 或 D
O	72	Sender to Receiver Information 银行间的通知	6 行 × 35 个字符

第二节　信用证相关国际惯例

一、UCP600

（一）简介

UCP，即《跟单信用证统一惯例》，英文全称 Uniform Customs and Practice for Documentary Credits，是国际商会（ICC）最有影响力的出版物。

信用证最早的明文规则，出现于第一次世界大战后的美国。美国银行业于1920年制定出了美国的信用证规则。之后，欧洲国家纷纷效仿，相继制定出本国的信用证规则。但是，由于各国各行其是、互不统一，在国际贸易结算中信用证运作仍然无所适从。为了在世界范围内使信用证的操作得到更好的理解，国际商会依照美国方面的建议着手研究，最终形成了 UCP 的第一个版本，于1933年以国际商会第82号出版物《商业跟单信用证统一惯例》的方式公布。

随着国际贸易、运输、保险即通信技术的不断发展，该统一惯例先后经过六次修订并定名为《跟单信用证统一惯例》沿用至今。现行使用的版本是2007年7月1日开始实施的 UCP600，即《跟单信用证统一惯例》国际商会第600号出版物。UCP600 是一套规则，适用于所有的其文本中明确表明受本惯例约束的跟单信用证，在其可适用的范围内，包括备用信用证。除非信用证明确修改或排除，该惯例各条文对信用证所有当事人均具有约束力。

表1-3　《跟单信用证统一惯例》的历史

时间	惯例名称	条款数量
1933 年	《商业跟单信用证统一惯例》ICC 第 82 号出版物	5 类 49 条
1951 年	《商业跟单信用证统一惯例》ICC 第 151 号出版物	5 类 49 条
1962 年	《商业跟单信用证统一惯例》ICC 第 222 号出版物	5 类 46 条
1974 年	《跟单信用证统一惯例》ICC 第 290 号出版物	5 类 47 条
1983 年	《跟单信用证统一惯例》ICC 第 400 号出版物	5 类 49 条
1993 年	《跟单信用证统一惯例》ICC 第 500 号出版物	7 类 49 条
2007 年	《跟单信用证统一惯例》ICC 第 600 号出版物	共 39 条

（二）UCP600 的主要内容

UCP600 共有 39 个条款，它将一个信用证业务环节涉及的问题归集在一个条款中，并对信用证业务涉及的关系方及其重要行为进行了定义，比 UCP500 更准确、清晰，并且更易读、易掌握、易操作。其条款顺序如下：

表 1-4　UCP600 的主要内容

条款名称	条款说明	
Article 1 Application of UCP 第一条 UCP 的适用范围	指出 UCP 是银行跟单信用证结算产品的运作规则，而 UCP600 则是 UCP 的最新版本	
Article 2 Definitions 第二条 定义	定义了 14 个基本概念，其中"信用证"是中心概念，而开证行与受益人、交单及相符交单、承付与议付等，则是基本概念	
Article 3 Interpretations 第三条 解释	解释了信用证运作中的几个常用词和常用语，如 on or about、to、until、till、from 和 between 等	
Article 4 Credits v. Contracts 第四条 信用证与合同	阐发了信用证与基础合同之间横向关系上的独立性	信用证的对立性与抽象性是信用证运作的两大基石
Article 5 Documents v. Goods, Services or Performance 第五条 单据与货物、服务或履约行为	阐发了信用证与单据、单据与单据之间纵向关系上的抽象性	
Article 6 Availability, Expiry Date and Place for Presentation 第六条 兑用方式、截止日和交单地点	规定了信用证在银行兑用的规则	
Article 7 Issuing Bank Undertaking 第七条 开证行责任	规定了开证行对受益人的责任和对指定银行的责任	
Article 8 Confirming Bank Undertaking 第八条 保兑行责任	规定了保兑的规则及保兑行对受益人的责任和对其他指定银行的责任	
Article 9 Advising of Credits and Amendments 第九条 信用证及其修改的通知	规定了通知的规则和通知行的责任	
Article 10 Amendments 第十条 修改	规定了信用证修改和注销的规则	

条款名称	条款说明	
Article 11 Teletransmitted and Pre-Advised Credits and Amendments 第十一条 电信传输的和预先通知的信用证及其修改	规定了信用证及修改的电信传递和预先通知的规则	
Article 12 Nomination 第十二条 指定	规定了指定银行的权利和责任	
Article 13 Bank-to-Bank Reimbursement Arrangements 第十三条 银行之间的偿付安排	规定了银行间未见单偿付的规则	
Article 14 Standard for Examination of Documents 第十四条 单据审核标准	规定了银行审核单据的标准	
Article 15 Complying Presentation 第十五条 相符交单	规定了相符交单下银行的责任	
Article 16 Discrepant Documents, Waiver and Notice 第十六条 不符单据、放弃及通知	规定了不符单据下银行的权利和责任	
Article 17 Original Documents and Copies 第十七条 正本单据及副本	规定了单据正、副本的审核标准	
Article 18 Commercial Invoice 第十八条 商业发票	规定了商业发票的审核标准	规定了商业发票、运输单据和保险单据的审核标准； 在国际贸易中，商业发票、运输单据和保险单据是最基本的结汇单据
Article 19 Transport Document Covering at Least Two Different Modes of Transport 第十九条 涵盖至少两种不同运输方式的运输单据	第十九条至第二十五条，规定了运输单据的审核标准； 在 UCP600 中，将运输单据按照运输方式的不同，分成了七类	
Article 20 Bill of Lading 第二十条 提单		
Article 21 Non-Negotiable Sea Waybill 第二十一条 不可转让的海运单		
Article 22 Charter Party Bill of Lading 第二十二条 租船合同提单		
Article 23 Air Transport Document 第二十三条 空运单据		

条款名称	条款说明	
Article 24 Road, Rail or Inland Waterway Transport Documents 第二十四条 公路、铁路或内陆水运单据	第十九条至第二十五条，规定了运输单据的审核标准； 在 UCP600 中，将运输单据按照运输方式的不同，分成了七类	规定了商业发票、运输单据和保险单据的审核标准； 在国际贸易中，商业发票、运输单据和保险单据是最基本的结汇单据
Article 25 Courier Receipt, Post Receipt or Certificate of Posting 第二十五条 快递收据、邮政收据或投邮证明		
Article 26 "On Deck" "Shipper's Load and Count" "Said by Shipper to Contain" and Charges Additional to Freight 第二十六条 "货装舱面" "托运人装载和计数" "内容据托运人报称" 及运费之外的费用	规定了运输单据上的三种常见标注及运费以外的费用的审核标准	
Article 27 Clean Transport Document 第二十七条 清洁运输单据	规定了清洁运输单据的审核标准	
Article 28 Insurance Document and Coverage 第二十八条 保险单据及保险范围	规定了保险单据的审核标准	
Article 29 Extension of Expiry Date or Last Day for Presentation 第二十九条 截止日或最迟交单日的顺延	规定了交单截止日及最迟发运日的顺延的审核标准	
Article 30 Tolerance in Credit Amount, Quantity and Unit Prices 第三十条 信用证金额、数量与单价伸缩度	规定了支款金额、发运数量与单价伸缩度的审核标准	
Article 31 Partial Drawings or Shipments 第三十一条 部分支款或部分发运	规定了部分、分期发运和支款的审核标准	
Article 32 Instalment Drawings or Shipments 第三十二条 分期支款或分期发运		
Article 33 Hours of Presentation 第三十三条 交单时间	规定了交单时间的审核标准	规定了银行在交单时间、单据有效性、信息传递、条款翻译和解释、不可抗力、被指示方行为等方面的免责
Article 34 Disclaimer on Effectiveness of Documents 第三十四条 关于单据有效性的免责	规定了信用证交易的抽象性，从侧面指出银行对单据背后的有效性免责	

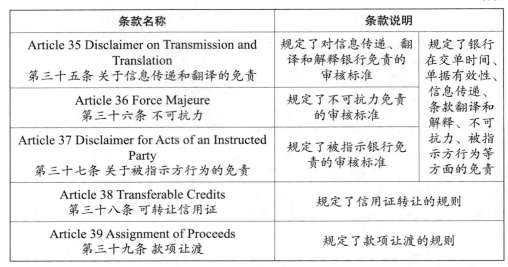

条款名称	条款说明	
Article 35 Disclaimer on Transmission and Translation 第三十五条 关于信息传递和翻译的免责	规定了对信息传递、翻译和解释银行免责的审核标准	规定了银行在交单时间、单据有效性、信息传递、条款翻译和解释、不可抗力、被指示方行为等方面的免责
Article 36 Force Majeure 第三十六条 不可抗力	规定了不可抗力免责的审核标准	
Article 37 Disclaimer for Acts of an Instructed Party 第三十七条 关于被指示方行为的免责	规定了被指示银行免责的审核标准	
Article 38 Transferable Credits 第三十八条 可转让信用证	规定了信用证转让的规则	
Article 39 Assignment of Proceeds 第三十九条 款项让渡	规定了款项让渡的规则	

二、ISBP745

（一）简介

信用证业务的全部内容就是处理单据，正确审核信用证项下的单据是信用证业务顺利进行的关键。UCP500 在第 13 条规定，银行应依据《国际标准银行实务》（ISBP）审核单据。但是 UCP500 并没有明确指出何为《国际标准银行实务》。由于没有统一的国际标准和各国对 UCP500 的理解的不统一，信用证在第一次交单时被认为存在不符点而遭到拒付的比例已达到60%～70%，不仅引发大量争议，也严重影响了国际贸易的正常发展。因此，国际商会银行委员会于 2000 年 5 月成立了一个专门工作组对世界主要国家审单惯例加以统一编纂和解释。专门工作组以美国国际金融服务协会制订的惯例为基础，收集了世界上有代表性的 50 多个国家的银行审单标准、结合国际商会汇编出版的近 300 份意见并邀请了 13 个国家的贸易融资业务专家和法律专家于 2002 年 4 月份完成了 ISBP 的初稿并向全世界的银行征询意见。2003 年 1 月，ISBP 作为国际商会第 645 号出版物正式出版。

ISBP645 是国际商会在意大利罗马召开的 2002 秋季年会上通过的《关于审核跟单信用证项下单据的国际标准银行实务》，国际商会第 645 号出版物。这套文件对于各国从业人员正确理解和使用 UCP500、统一和规范信用证单据的审核实务、减少不必要的争议无疑具有重要的意义。需要特别指出的是，该文件是对

UCP500 的补充，而非对 UCP500 的修订。自从出版以来，该文件就成为银行、进出口商、律师、法官、仲裁员处理信用证实务和解决争议的重要依据，也是进行信用证教学和研究工作的重要文献。

2007 年 4 月 26 日，《审核跟单信用证项下单据的国际标准银行实务》最新修订版通过，成为国际商会第 681 号出版物。ISBP681 是对 UCP600 的一个补充，与 UCP600 的意见和决定是一致的，但并不修订 UCP600，与其作为整体使用，不是孤立的解读。

国际商会于 2013 年 4 月 15 日至 18 日，在葡萄牙里斯本市召开春季会议。会议表决通过了新版 ISBP745，国际商会第 745 号出版物。新版本的 ISBP 不仅是各国银行、进出口公司信用证业务单据处理人员在工作中的必备工具，也是法院、仲裁机构、律师在处理信用证纠纷案件时的重要依据。

（二）ISBP745 的主要内容

《国际标准银行实务》（ISBP745）进一步对《跟单信用证统一惯例》（UCP600）条款反映的信用证审单实务进行了补充和细化，ISBP745 与 ISBP681 相比，主要修改有：①明确了信用证的非单据化条件；②重新解释了分期装运；③新增了装运港、卸货港无需显示国别；④改变了"仓至仓"条款用于认定保险生效日期的规定。ISBP745 的性质非常类似于国际商会在历年年会上通过的意见。ISBP745 与其说是一套准规则或准国际惯例，不如说是经集中梳理的综合性的国际商会意见。

表 1-5 ISBP745 的结构框架

项目名称	项目内容	项目条款
PRELIMINARY CONSIDERATIONS 预先考虑事项	Scope of the publication 适用范围	第 I 段 本出版物与 UCP600
		第 II 段 本出版物与信用证
	The credit and amendment application, the issuance of the credit and any amendment thereto 信用证和修改的申请、信用证及任何相关修改的开立	第 III 段 信用证条款的独立性
		第 IV 段 信用证条款的抽象性
		第 V 段 信用证的模糊条款
		第 VI 段 信用证的特定含义条款
		第 VII 段 信用证的软条款

项目名称	项目内容	项目条款
GENERAL PRINCIPLES 总则	Abbreviations 缩略语	第 A1 段 缩写
		第 A2 段 斜线 "/" 与逗号 ","
	Certificates, certifications, declarations and statements 证明书和证明、申明和声明	第 A3 段 证明书和证明的签署
		第 A4 段 证明书和证明的日期
		第 A5 段 非证明类单据的签署和日期
	Copies transport documents covered by UCP600 Article 19-25 UCP600 第 19 条至第 25 条的运输单据的副本	第 A6 段 副本运输单据
	Correction and alteration ("correction") 更正与更改（统称"更正"）	第 A7 段 单据的更正证实
		第 A8 段 单据的多处更正与更改
		第 A9 段 单据的更正
	Courier receipt, post receipt and certificate of posting in respect of the sending of documents, notices and the like 寄送单据、通知等的快递收据、邮政收据或邮寄证明	第 A10 段 不适用 UCP600 第 25 条的邮寄单据
	Dates 日期	第 A11 段 单据日期
		第 A12 段 单据日期与装运日期
	Dates 日期	第 A13 段 单据出具日期与签署
		第 A14 段 常用日期短语
		第 A15 段 到期日或交单期中的"from"与"after"
		第 A16 段 日期格式
	Documents and the need for completion of box, field or space 单据中的方框、栏位与空白处填写的必要性	第 A17 段 空格栏
	Documents for which the UCP600 transport articles do not apply UCP600 运输条款不适用的单据	第 A18 段 与运输有关的非运输单据

续表

项目名称	项目内容	项目条款
GENERAL PRINCIPLES 总则	Expressions not defined in UCP600 UCP600 未作定义的用语	第 A19 段 未定义用语
	Issuer of documents 单据出具人	第 A20 段 单据出具人的判断
	Language 语言	第 A21 段 语言和数据
	Mathematical calculations 数学计算	第 A22 段 数字计算的判断
	Misspellings or typing errors 拼写或打字错误	第 A23 段 拼写错误的定性
	Multiple pages and attachments or riders 多页单据和附件或附文	第 A24 段 多页单据的判断
		第 A25 段 多页单据的签字或背书
	Non-documentary conditions and conflict of data 非单据化条件和数据矛盾	第 A26 段 非单据化条件和数据矛盾
	Originals and copies 正本和副本	第 A27 段 正本的判断
		第 A28 段 正本标注
		第 A29 段 正本份数的要求；副本的含义
		第 A30 段 要求副本禁止正本
		第 A31 段 正副本签署
	Shipping marks 唛头	第 A32 段 唛头的细节和顺序
		第 A33 段 唛头的额外信息
		第 A34 段 集装箱运输的唛头；单据间唛头不一致
	Signatures 签署与签字	第 A35 段 签字；电子证实方式
		第 A36 段 函头纸上的签字；分支机构的签字
		第 A37 段 签字栏
		第 A38 段 副签栏

续表

项目名称	项目内容	项目条款
GENERAL PRINCIPLES 总则	Title of documents and combined documents 单据名称与联合单据	第 A39 段 单据的名称、内容与功能
		第 A40 段 联合单据
		第 A41 段 联合单据和分开单据
DRAFTS AND CALCULATION OF MATURITY DATE 汇票及到期日计算	Basic requirement 基本要求	第 B1 段 汇票付款人与性质
	Tenor 付款期限	第 B2 段 a 款 汇票的付款期限必须与信用证一致 b 款 汇票的付款期限必须确定 c 款 汇票的付款期限中的提单日的确定 d 款 汇票的付款期限中的"from"和"after" e 款 汇票的付款期限涉及多批注和多单据
		第 B3 段 也适用于其他运输单据
	Maturity date 付款到期日	第 B4 段 到期日
		第 B5 段 见票后定期付款的到期日
		第 B6 段 也适用于无汇票的情形
	Banking days, grace days, delays in remittance 银行工作日、宽限期和付款延迟	第 B7 段 到期日付款及付款宽限期
	Drawing and signing 出票和签署	第 B8 段 出票人及出票日期
		第 B9 段 付款行的 SWIFT 代码
		第 B10 段 议付信用证下的付款行
		第 B11 段 承兑信用证下决定承兑的银行
		第 B12 段 承兑信用证下决定不承兑的银行

续表

项目名称	项目内容	项目条款
DRAFTS AND CALCULATION OF MATURITY DATE 汇票及到期日计算	Amounts 金额	第 B13 段 支款金额
		第 B14 段 金额大小写及币种
	Endorsement 背书	第 B15 段 汇票背书
	Correction and alteration（"correction"）更正与更改（统称"更正"）	第 B16 段 更正证实
		第 B17 段 不得更正
	Drafts drawn on the applicant 以开证申请人为付款人的汇票	第 B18 段 禁止兑用；要求提交以申请人为付款人的汇票
INVOICE 发票	Title of invoice 发票的名称	第 C1 段 发票要求与提交
	Issuer of an invoice 发票出具人	第 C2 段 发票出具人
	Description of the goods, services or performance and other general issues related to invoice 货物、服务或履约行为的描述及发票的其他一般性事项	第 C3 段 发票货描必须符合信用证的规定
		第 C4 段 发票货描必须反映实际装运情况
		第 C5 段 发票货描不得改变性质、等级和类别
		第 C6 段 发票金额及规定扣减
		第 C7 段 发票上的未规定扣减
		第 C8 段 贸易术语
	Description of the goods, services or performance and other general issues related to invoice 货物、服务或履约行为的描述及发票的其他一般性事项	第 C9 段 发票上的额外费用和成本
		第 C10 段 发票的签署和日期
		第 C11 段 货物数量、重量和尺寸
		第 C12 段 超装和未要求货物等
		第 C13 段 溢短装幅度
		第 C14 段 溢短支幅度
	Instalment drawings or shipments 分期支款或装运	第 C15 段 分期时间表支款/装运；其他时间表支款/装运

项目名称	项目内容	项目条款
TRANSPORT DOCUMENTS COVERING AT LEAST TWO DIFFERENT MODES OF TRANSPORT（"MULTIMODAL OR COMBINED TRANSPORT DOCUMENT"） 涵盖至少两种不同运输方式的运输单据（"多式或联合运输单据"）	Application of UCP600 Article 19 UCP600 第 19 条的适用	第 D1 段 多式运输单据的特征
		第 D2 段 多式运输单据的名称
	Issuance, carrier, identification of the carrier and signing of a multimodal transport document 多式运输单据的出具、承运人、承运人身份的识别及签署	第 D3/D4 段 货代多式运输单据
		第 D5 段 签署
	On board notation, date of shipment, place of receipt, dispatch, taking in charge, port of loading or airport of departure 装船批注、装运日期、收货、发送或接管地、装货港或出发地机场	第 D6 段 收货及装运日期
		第 D7 段 装船批注
		第 D8 段 装货港与收货地栏目
		第 D9 段 收货地与国别
		第 D10 段 收货地与地理范围
		第 D11 段 装船字样
	Place of final destination, port of Discharge or airport of destination 最终目的地、卸货港或目的地机场	第 D12 段 最终目的地栏位与卸货港
		第 D13 段 最终目的地与国别
		第 D14 段 最终目的地与地理范围
	Original multimodal transport document 正本多式运输单据	第 D15 段 出具及正本
	Consignee, order party, shipper and endorsement, and notify party 收货人、指示方、托运人和背书、被通知人	第 D16/17 段 抬头和背书
		第 D18 段 被通知人
		第 D19 段 申请人与开证行名称
		第 D20 段 申请人地址及联络细节
	Transshipment, partial shipment and determining the presentation period when multiple sets of multimodal transport documents are presented 转运、部分装运，以及提交多套多式运输单据时如何确定交单期	第 D21 段 转运
		第 D22 段 部分装运
		第 D23 段 多套多式运输单据

续表

项目名称	项目内容	项目条款
TRANSPORT DOCUMENTS COVERING AT LEAST TWO DIFFERENT MODES OF TRANSPORT ("MULTIMODAL OR COMBINED TRANSPORT DOCUMENT") 涵盖至少两种不同运输方式的运输单据（"多式或联合运输单据"）	Clean multimodal transport document 清洁多式运输单据	第 D24 段 不清洁条款
		第 D25 段 "清洁"字样
	Goods description 货物描述	第 D26 段 货物描述的统称
	Indication of name and address of delivery agent at destination 目的地交货代理人的名称与地址	第 D27 段 目的地交货代理的地址
	Corrections and alterations（"correction"） 更正与更改（统称"更正"）	第 D28 段 正本与更正证实
		第 D29 段 副本与更正证实
	Freight and additional costs 运费和额外费用	第 D30 段 运费
		第 D31 段 额外费用
	Released of goods with more than one multimodal transport document to be surrendered 凭多套多式运输单据放货	第 D32 段 多套多式运输单据对应同一货物
BILL OF LADING 提单	Application of UCP 600 Article 20 UCP600 第 20 条的适用	第 E1 段 提单的特征
		第 E2 段 提单的名称
	Issuance, carrier, identification of the carrier and signing of a bill of lading 提单的出具、承运人、承运人身份的识别及签署	第 E3 段 出具人；"货代提单可接受"
		第 E4 段 "货代提单不可接受"
		第 E5 段 a 款 签署与承运人 b 款 签署－承运人的分支机构 c 款 签署－承运人代理人 d 款 签署－船长 e 款 签署－船长代理人
	On board notation, date of shipment, pre-carriage, place of receipt and port of loading 装船批注、装运日期、前程运输、收货地及装货港	第 E6 段 a 款 已装船提单 b-d 款 无前程运输工具；前程运输工具；装运上前程运输工具 e-h 款 装货港与收货地栏位；装货港及国别；装货港及地理范围；多个装货港
		第 E7 段 装船字样

项目名称	项目内容	项目条款
BILL OF LADING 提单	Port of Discharge 卸货港	第 E8 段 卸货港与最终目的地栏位
		第 E9 段 卸货港及国别
		第 E10 段 卸货港及地理范围
	Original bill of lading 正本提单	第 E11 段 出具及正本
	Consignee, order party, shipper and endorsement, and notify party 收货人、指示方、托运人和背书、被通知人	第 E12 段 记名抬头
		第 E13 段 指示抬头及背书
		第 E14 段 被通知人
		第 E15 段 申请人与开证行名称
		第 E16 段 申请人地址及联络细节
	Transshipment, partial shipment and determining the presentation period when multiple sets of bills of lading are presented 转运、部分装运，以及提交多套提单时如何确定交单期	第 E17 段 转运
		第 E18 段 部分装运
		第 E19 段 多套提单与部分装运
	Clean bill of lading 清洁提单	第 E20 段 "不清洁"条款
		第 E21 段 "清洁"字样
	Goods description 货物描述	第 E22 段 货物描述的统称
	Indication of name and address of delivery agent at port of discharge 卸货港交货代理人的名称与地址	第 E23 段 卸货港交货代理的地址
	Corrections and alterations ("correction") 更正和更改（统称"更正"）	第 E24 段 正本与更正证实
		第 E25 段 副本与更正证实
	Freight and additional costs 运费和额外费用	第 E26 段 运费
		第 E27 段 额外费用
	Released of goods with more than one bill of lading be surrendered 凭多套提单放货	第 E28 段 多套提单对应同一货物
NON-NEGOTIABLE SEA WAYBILL 不可转让海运单	Application of UCP600 Article 21 UCP600 第 21 条的适用	第 F1 段 不可转让海运单的特征

项目名称	项目内容	项目条款
NON-NEGOTIABLE SEA WAYBILL **不可转让海运单**	Issuance, carrier, identification of the carrier and signing of a non-negotiable sea waybill 不可转让海运单的出具、承运人、承运人身份的识别及签署	第 F2 段 出具人及"货代不可转让海运单可接受"
		第 F3 段 "货代不可转让海运单不可接受"
		第 F4 段 签署
	On board notation, date of shipment, pre-carriage, place of receipt and port of loading 装船批注、装运日期、前程运输、收货地及装货港	第 F5 段 装船
		第 F6 段 装船字样
	Port of discharge 卸货港	第 F7 段 卸货港与最终目的地栏位
		第 F8 段 卸货港国别
		第 F9 段 卸货港的地理范围
	Original non-negotiable sea waybill 正本不可转让海运单	第 F10 段 出具及正本
	Consignee, order party, shipper and notify party 收货人、指示方、托运人和被通知人	第 F11 段 收货人
		第 F12 段 被通知人
		第 F13 段 申请人与开证行名称
		第 F14 段 申请人地址及联络细节
	Transshipment, partial shipment and determining the presentation period when multiple sets of non-negotiable sea waybills are presented 转运、部分装运，以及提交多套不可转让海运单时如何确定交单期	第 F15 段 转运
		第 F16 段 部分装运
		第 F17 段 多套不可转让海运单
	Clean non-negotiable sea waybill 清洁不可转让海运单	第 F18 段 "不清洁"条款
		第 F19 段 "清洁"字样
	Goods description 货物描述	第 F20 段 货物描述的统称
	Indication of name and address of delivery agent at port of loading 卸货港交货代理人的名称与地址	第 F21 段 卸货港交货代理的地址

项目名称	项目内容	项目条款
NON-NEGOTIABLE SEA WAYBILL 不可转让海运单	Corrections and alterations（"correction"） 更正和更改（统称"更正"）	第 F22 段 正本与更正证实
		第 F23 段 副本与更正证实
	Freight and additional costs 运费和额外费用	第 F24 段 运费
		第 F25 段 额外费用
CHARTY PARTY BILL OF LADING 租船提单	Application of UCP600 Article 22 UCP600 第 22 条的适用	第 G1 段 租船提单的适用
		第 G2 段 租船提单的特征
		第 G3 段 租船提单的辨析
	Signing of a charter party bill of lading 租船提单的签署	第 G4 段 签署
	On board notation, date of shipment, pre-carriage, place of receipt and port of loading 装船批注、装运日期、前程运输、收货地及装货港	第 G5 段 已装船、装运日期与装货港
	On board notation, date of shipment, pre-carriage, place of receipt and port of loading 装船批注、装运日期、前程运输、收货地及装货港	第 G6 段 装船字样
	Port of discharge 卸货港	第 G7 段 卸货港与最终目的地栏位
		第 G8 段 卸货港及国别
		第 G9 段 卸货港及地理范围
	Original charter party bill of lading 正本租船提单	第 G10 段 出具及正本
	Consignee, order party, shipper and endorsement, and notify party 收货人、指示方、托运人和背书、被通知人	第 G11 段 记名抬头
		第 G12 段 指示抬头
		第 G13 段 被通知人
		第 G14 段 申请人与开证行名称
		第 G15 段 申请人地址及联络细节

项目名称	项目内容	项目条款
CHARTY PARTY BILL OF LADING 租船提单	Partial shipment and determining the presentation period when multiple sets of charter party bills of lading are presented 部分装运以及提交多套租船提单时如何确定交单期	第 G16 段 部分装运
		第 G17 段 多套租船提单
	Clean charter party bill of lading 清洁租船提单	第 G18 段 不清洁条款
		第 G19 段 "清洁"字样
	Goods description 货物描述	第 G20 段 货物描述的统称
		第 G21 段 混合货物
	Corrections and alterations（"correction"） 更正和更改（统称"更正"）	第 G22 段 正本与更正证实
		第 G23 段 副本与更正证实
	Freight and additional costs 运费和额外费用	第 G24 段 运费
		第 G25 段 额外费用
	Released of goods with more than one charter party bill of lading be surrendered 凭多套租船提单放货	第 G26 段 多套租船提单对应同一货物
	Charter party contracts 租船合同	第 G27 段 租船合同的审核
AIR TRANSPORT DOCUMENTS 空运单据	Application of UCP600 Article 23 UCP600 第 23 条的适用	第 H1 段 空运单据的特征
		第 H2 段 空运单据的名称
	Issuance, carrier, identification of the carrier and signing of an air transport document 空运单据的出具、承运人、承运人的身份识别及签署	第 H3/H4 段 货代空运单据
		第 H5 段 承运人
		第 H6 段 签署
	Goods accepted for carriage, date of shipment and requirement for an actual date of dispatch 接受待运、装运日期和对实际起飞日期的要求	第 H7 段 接受待运
		第 H8 段 装运日期
	Airports of departure and destination 出发地机场和目的地机场	第 H9 段 机场及国别
		第 H10 段 机场代码
		第 H11 段 机场及地理范围

项目名称	项目内容	项目条款
AIR TRANSPORT DOCUMENTS 空运单据	Original of an air transport document 正本空运单据	第 H12 段 发货人或托运人正本
	Consignee, order party and notify party 收货人、指示方和被通知人	第 H13 段 收货人
		第 H14 段 被通知人
		第 H15 段 申请人与开证行名称
		第 H16 段 申请人地址及联络细节
	Transshipment, partial shipment and determining the presentation period when multiple air transport documents are presented 转运、部分装运以及提及多套空运单据时如何确定交单期	第 H17 段 转运
		第 H18 段 部分装运
		第 H19 段 多套空运单据
	Clean air transport document 清洁空运单据	第 H20 段 不清洁条款
		第 H21 段 "清洁"字样
	Goods description 货物描述	第 H22 段 货物描述的统称
	Corrections and alterations ("correction") 更正和更改（统称"更正"）	第 H23 段 正本的更正证实
		第 H24 段 副本与更正证实
	Freight and additional costs 运费和额外费用	第 H25 段 运费
		第 H26 段 运费栏位
		第 H27 段 额外费用
ROAD, RAIL OR INLAND WATERWAY TRANSPORT DOCUMENTS 公路、铁路和内陆水路运输单据	Application of UCP600 Article 24 UCP600 第 24 条的适用	第 J1 段 公路、铁路或内陆水路运输单据的特征
	Carrier, identification of the carrier, signing a road, rail or inland waterway transport document 公路、铁路或内陆水路运输单据的出具、承运人、承运人的身份识别及签署	第 J2 段 签署与承运人
		第 J3/ J4 段 签署与收货签字、印戳或批注

项目名称	项目内容	项目条款
ROAD, RAIL OR INLAND WATERWAY TRANSPORT DOCUMENTS 公路、铁路和内陆水路运输单据	Place of shipment and place of destination 装运地和目的地	第 J5 段 地点及国别
		第 J6 段 地点及地理范围
	Original and duplicate of a road, rail or inland waterway transport document 正本和第二联的公路、铁路或内陆水路运输单据	第 J7 段 正本联和第二联
	Consignee, order party and notify party 收货人、指示方和被通知人	第 J8 段 收货人
		第 J9 段 被通知人
		第 J10 段 申请人与开证行名称
		第 J11 段 申请人地址及联络细节
	Transshipment, partial shipment and determining the presentation period when multiple road, rail or inland waterway transport documents are presented 转运、部分装运以及提及多套公路、铁路或内陆水路运输单据时如何确定交单期	第 J12 段 转运
		第 J13 段 部分装运
		第 J14 段 多套运输单据
	Clean road, rail or inland waterway transport document 清洁公路、铁路或内陆水路运输单据	第 J15 段 不清洁条款
		第 J16 段 "清洁"字样
	Goods description 货物描述	第 J17 段 货物描述的统称
	Corrections and alterations（"correction"） 更正和更改（统称"更正"）	第 J18 段 正本的更正证实
		第 J19 段 副本与更正证实
	Freight and additional costs 运费和额外费用	第 J20 段 运费
INSURANCE DOCUMENTS AND COVERAGE 保险单据及承保范围	Application of UCP600 Article 28 UCP600 第 28 条的适用	第 K1 段 保险单据的种类

项目名称	项目内容	项目条款
INSURANCE DOCUMENTS AND COVERAGE 保险单据及承保范围	Issuer, signing and original of an insurance document 保险单据的出具人、签署及正本	第 K2 段 保险公司、承保人和保险人
		第 K3 段 保险经纪人
		第 K4 段 保险代理人和代表
		第 K5 段 副签
		第 K6 段 保险公司商号
		第 K7 段 共同保险人
		第 K8 段 全套正本
	Dates 日期	第 K9 段 索赔有效期
		第 K10 段 保险日期
		第 K11 段 副签日期
	Amount of cover and percentage 保险金额和比例	第 K12 段 保险金额的币种和比例
		第 K13 段 保险金额的小数位
		第 K14 段 免赔率或免赔额
		第 K15 段 保险金额的计算基础
		第 K16 段 共同保险下多套保险单据
	Risks to be covered 承保险别	第 K17 段 险别及除外责任
		第 K18 段 一切险
	Insured party and endorsement 被保险人和背书	第 K19 段 背书
		第 K20 段 规定被保险人
		第 K21 段 未规定被保险人
	General terms and conditions of an insurance document 保险单据的一般性条款和条件	第 K22 段 保险单据的一般条款和条件
	Insurance premium 保费	第 K23 段 保费支付与保险生效

续表

项目名称	项目内容	项目条款
CERTIFICATE OF ORIGI 原产地证明	Basic requirement and fulfilling its function 基本要求和功能满足	第 L1 段 原产地证明的特征
		第 L2 段原产地证明的格式
	Issuer of a certificate of origin 原产地证明的出具人	第 L3 段 出具人
	Content of a certificate of origin 原产地证明的内容	第 L4 段 货物描述
		第 L5 段 收货人
		第 L6 段 发货人或出口商
		第 L7 段 货物原产地
		第 L8段 发票号码及日期、运输路线
PACKING LIST, NOTE OR SLIP （"Packing List"） 装箱单	Basic requirement and fulfilling its function 基本要求和功能满足	第 M1 段 装箱单的特征
	Issuer of a packing list 装箱单的出具人	第 M2/M3 段 出具人
	Content of a packing list 装箱单的内容	第 M4 段 包装要求
		第 M5段 发票号码及日期、运输路线
		第 M6 段 货物数量
WEIGHT LIST, NOTE OR SLIP （"Weight List"） 重量单	Basic requirement and fulfilling its function 基本要求和功能满足	第 N1 段 重量单的特征
	Issuer of a weight list 重量单的出具人	第 N2/ N3 段 出具人
WEIGHT LIST, NOTE OR SLIP （"Weight List"） 重量单	Content of a weight list 重量单的内容	第 N4 段 重量信息
		第 N5段 发票号码及日期、运输路线
		第 N6 段 货物数量
BENEFICIARY'S CERTIFICATE 受益人证明	Basic requirement and fulfilling its function 基本要求和功能满足	第 P1 段 受益人证明的特征
	Signing of a beneficiary's certificate 受益人证明的签署	第 P2 段 受益人签署

续表

项目名称	项目内容	项目条款
BENEFICIARY'S CERTIFICATE 受益人证明	Content of a beneficiary's certificate 受益人证明的内容	第 P3 段 数据
		第 P4 段 货描、数据、证明文句
ANALYSIS, INSPECTION, HEALTH, PHYTOSANITARY, QUANTITY, QUALITY AND ANY OTHER CERTIFICATES ("certificate") 分析、检验、健康、植物检疫、数量、质量和任何其他证明（统称"证明"）	Basic requirement and fulfilling its function 基本要求和功能满足	第 Q1 段 检验证明的特征
		第 Q2 段 装船前检验
	Issuer of a certificate 证明的出具人	第 Q3/ Q4 段 出具人
		第 Q5 段 独立出具人
	Content of a certificate 证明的内容	第 Q6 段 检验对象
		第 Q7 段 检验要求
		第 Q8 段 检验结果
		第 Q9 段 收货人
		第 Q10 段 发货人或出口方
		第 Q11 段 发票号码及日期、运输路线

三、信用证、UCP、ISBP 之间的关系

（一）UCP 与 ISBP 的关系

ISBP 规定了信用证单据制作和审核所应该遵循的一般原则，而且对跟单信用证的常见条款和单据都做出了具体的规定，是对 UCP 的补充。

ISBP745 是对 UCP600 的补充，是对 UCP600 所反映的信用证审单实务的最佳解释。ISBP745 第 I 段指出：本出版物应当结合 UCP600 进行解读，不应孤立解读。没有 UCP600，就没有 ISBP745。所以，ISBP745 必须结合 UCP600 进行解读。未详尽的部分，如果没有结合 UCP600 进行解读，可能会产生歧义，这需要引起注意。

ISBP745 目的仅在于描述 UCP600 或信用证规定的实务，而无意于改变本已存在的实务，也无意于创造本不存在的实务。ISBP745 第 II 段指出：本出版物所描述的实务强调了 UCP600 所适用的条款在信用证或有关的任何修改书没有明确修改或排除的范围内时，如何解释和适用。这里的内容只是在解释 UCP600 所涉及的信用证审单实务，并不改变实务，也不创造实务。信用证审单实务，处于动

态的变化过程中，ISBP745 只是描述了目前最常用的一部分。UCP600 作为一套规则，洋洋洒洒三十九条，一半涉及信用证运作，一半涉及信用证审单。信用证运作部分告诉我们，审单为了什么，如何判断不符点成立 / 不成立；信用证审单部分，则分门别类地勾勒了主要的审单实务，包括单据如何满足信用证要求，如何判断不符点存在 / 不存在。就后者看，ISBP745 所描述的信用证审单实务，只是强调了 UCP600 条款如何解释和适用，或者说是对 UCP600 条款反映的信用证审单实务的补充和细化。

广义的 ISBP 并不局限于国际商会的出版物 ISBP，它涵盖面更广，并会随着实务的发展而不断发展。国际商会银行委员会甚至各个国家委员会对信用证实务中出现的相关问题所做的解释、解答或决定等，都可能成为新的 ISBP。

UCP 及 ISBP 实施后，在国际贸易实践和信用证业务中，会出现很多新问题。各国银行会将遇到的疑难问题向国际商会咨询，国际商会会出具处理意见或裁决，并整理成册出版。如果将 UCP 比作信用证领域的"法律"，那么国际商会意见和 DOCDEX 裁决就属于这部重要"法律"的"立法解释"或"司法解释"，解读了 UCP 规则背后的原理和精神，及其在实务中的应用。这些意见正是构成 ISBP 条文的主要来源，也会是日后修订 UCP 的重要依据。

本书在解读 UCP、ISBP 相关条款的时候，引用了部分国际商会意见和国际商会裁决案例。在此对意见与案例编号进行说明。"TAXXX"是国际商会银行委员会根据收到咨询时间的先后顺序排列的案例编号；"RXXX"是国际商会银行委员会定期将经批准的 TA 编号的正式意见整理出版时按照案例所涉规则条款顺序重新分配的编号；DOCDEX 是国际商会专为信用证、托收、保函等业务设计的争议解决方式。

（二）信用证与 UCP 的关系

UCP600 条款 1 开宗明义，给 UCP600 进行了明确的定位。首先看其具体内容:

Article 1 Application of UCP （第一条 UCP 的适用范围）

The Uniform Customs and Practice for Documentary Credits, 2007 Revision, ICC Publication No. 600（"UCP")are rules that apply to any documentary credit ("credit") (including, to the extent to which they may be applicable, any standby letter of credit) when the text of the credit expressly indicates that it is subject to these rules. They are binding on all parties thereto unless expressly modified or excluded by the credit.［《跟单信用证统一惯例》（简称 UCP），2007 年修订本，国际商会第 600 号出版物，

乃一套规则，适用于所有在其文本中明确表明受本惯例约束的跟单信用证（下称信用证）（在其可适用的范围内，包括备用信用证）。除非信用证明确修改或排除，本惯例各条文对信用证所有当事人均具有约束力。〕

条款 1 表明：

1. UCP600 是规范跟单信用证运作的一套规则

UCP600 侧重从银行提供信用证产品的角度出发，规范各个银行在信用证结算过程中的种种权利义务关系，从而在此基础上向受益人和申请人提供可信赖的各项专业服务。

2. 实务中须在信用证文本中表明受 UCP600 约束

如果开证行开给受益人的信用证希望按照 UC600 的规则行事，那就必须在信用证文本中明确表明"受 UCP600 约束"。以 SWIFT 信用证 MT700 版本为例，40E applicable rules（适用规则）栏位，需要明确写出：UCP LATEST VERSION（UCP 最新版本，也就是 UCP600）。

3. 信用证可以修改或排除 UCP 条文，但必须将修改或排除的条文"明确"表示出来

UCP 本质上是国际商会制定的一套规范信用证操作的惯例规则，是国际惯例，不同于公约或法律，不具有法律上的约束力，并不自动或强制适用，其效力来源于当事人的明确选择。开证行在开立信用证决定 UCP 适用时，可以全部照搬适用，也可以部分选择适用，还可以修改适用。比如在整体适用 UCP600 的前提下，针对部分条文以修改的方式接受，或以排除的方式不接受。当有关的 UCP 条文被修改时，修改之后的 UCP 条文才具有约束力；当有关的 UCP 条文被排除时，被排除的 UCP 条文就没有约束力了。修改或排除的条文必须"明确"表示出来才有效。

【国际商会案例 R716/TA704rev】信用证该如何修改或排除 UCP 规则？

※ 案例背景

信用证条款规定："Should any terms or conditions stipulated in this credit be contradictory to or inconsistent with that of the UCP600, the relative UCP600 provisions are deemed expressly modified and/or excluded."（如果本信用证中规定的任何条款或条件与 UCP600 的条款相矛盾或不一致，则相关的 UCP600 条款将被视为明确修改和 / 或排除。）

※ 问题

信用证是否必须明确说明 UCP600 中哪些条款被修改或排除？

※ 国际商会意见

对规则的修改不必要求银行特别说明被修改的条款或以何种方式进行修改。例如，在 MT700 的第 48 场（交单期限）中规定"15"，将构成对 UCP600 第 14 条 C 款中发运日之后的 21 个日历日内交单的修改。

需要注意的是，当某条款因任何原因被排除时，信用证中须明确指示。例如，写明"第 14 条 i 款被排除"，不建议使用该信用证中的措辞。在 UCP600 第 1 条中的规定足以解释信用证中的条款和条件可能导致修改或排除某项规则。对规则的修改可以是简单地加入不同于 UCP600 规则的内容。

※ 点评

问题应该缘起 UCP600 第 1 条中的 "... unless expressly modified or excluded by the credit"（除非信用证明确修改或排除），使得开证行以为需要在修改或排除之处明确申明构成对 UCP600 相关条款的修改或排除，然后在信用证中加入上述条款。通过国际商会的分析可知，该开证行过虑了。

UCP 本质上是国际商会制定的一套规范信用证操作的惯例规则，若信用证的明文规定与其所适用的 UCP 规则相抵触时，信用证条款的效力优先于 UCP 条文的效力。换言之，UCP 的该部分规则被修改或排除了。

※ 引申

UCP 作为一个国际惯例，并不具有法律约束力。在实际业务中，信用证条款的效力、法律的效力都优先于 UCP 条文的效力。比如按照 UCP600 的有关规定，如果受益人做到"相符交单"，开证行就要履行付款的责任。但如果受益人存在欺诈，即使相符交单，法律仍要求开证行不得向受益人付款，这就是信用证的"欺诈例外"原则。对涉嫌诈骗的信用证下单据，法律未申请人设计了利益保全机制，即允许开证行、申请人和其他利害关系人向当地法院申请止付令，以禁止开证行对外付款。

【CDCS 题目分析】UCP 的适用范围、法律效力、信用证当事人

※Question

Which of the following statements are correct?

1. All credits (excluding standby credits) must be issued subject to UCP600 rules.

2. Application of UCP600 is subject to local laws and regulations.

3. The applicant is a party to a letter of credit.

4. Documents honoured by a nominated bank place no liability on the issuing bank if they are subsequently proven to be fraudulent.

Select one:

A. 2 only.

B. 1 and 2 only.

C. 1 and 3 only.

D. 3 and 4 only.

※ 解析与答案

本题主要考查的是 UCP 的适用范围、法律效力、信用证当事人等。判断的依据包括 UCP600 Article 1 等条款。

选项 1：所有的信用证（除了备用信用证）都要依据 UCP600 的规则开立。UCP600 Article 1 明确提出：UCP 乃一套规则，适用于所有在其文本中明确表明受本惯例约束的跟单信用证。除非信用证明确修改或排除，本惯例各条文对信用证所有当事人均具有约束力。从 Article 1 的条文内容可知，只有在信用证表明它受此规则约束时，UCP600 的规则才适用。所以选项 1 错误。

选项 2：UCP600 的应用受当地法律法规的约束。UCP600 只是一套惯例，和法律法规相比，后者的效力大于前者。所以选项 2 正确。

选项 3：申请人是信用证的当事人。信用证的基本当事人只有开证行和受益人，其他当事人包括参与到业务中的通知行、指定银行等。申请人只能算是信用证关系人。选项 3 错误。

选项 4：指定银行承付的单据如果随后被证明是欺诈性的，则开证行不承担任何责任。法律的效力大于 UCP600 的效力，当信用证发生欺诈的时候，已经上升到法律层面了，按照信用证的"欺诈例外的'例外'原则"，即使单据是欺诈性的，但由于指定银行已经承付了单据，开证行对善意指定银行不能免除付款的责任。所以选项 4 错误。

综上所述，这四个选项中只有选项 2 的表述是对的，故答案为 A。

※ 拓展分析

在选项 4 的分析中，提到信用证的"欺诈例外的'例外'原则"，这是什么意思呢？跟前面【ICC Opinions】R716/TA704rev 引申分析中提到的信用证的"欺诈例外"原则有什么不同呢？信用证的"欺诈例外的'例外'原则"是指：即使受益人存在诈骗，只要相符交单，开证行必须偿付开始履行指定的善意指定银行。也就是说，信用证的"欺诈例外"原则仅针对涉嫌欺诈的受益人，并不针对开始履行指定的善意指定银行。对于开始履行指定的善意指定银行，信用证的"欺诈例外"原则不适用。

第二章　单据的审核与处理

第一节　单据的审核

一、单据审核的一般要求

UCP600 在第 14 条中说明了审核单据的标准和要求。从规定中，我们可以总结出以下几个要点。

（一）表面上做到相符交单

14 条 a 款规定，开证行等相关银行在审核单据时，仅以单据为基础来确定单据是否在表面上构成相符交单。这其中有多层含义。

1. 仅以单据为基础

单据是信用证交易的标的。银行在审单的时候，不考虑信用证项下的基础合同，不必审查基础合同的具体规定，也不必去核实货物何时到达、货物质量是否符合合同规定，以及受益人是否实际完成合同规定事项等单据表面之外的事实，只审核出口商交来的单据是否符合规定，据此做出付款或拒付的决定。因此，信用证业务项下，出口商要严格按照信用证的规定以及相关惯例的要求来认真制作单据；进口商要尽可能将对出口商交货的要求单据化，通过单据条款来约束出口商的履约行为。比如合同中对出口商的交货品质提出了要求，在信用证单据条款中，可以要求出口商提交品质证书，并对证书内容、出证机构加以规定，由此保证出口商的交货品质。如果进口商在合同中提出了某个要求，在信用证中却没有对应的单据来满足这个要求，这就是非单据化条件。对于信用证中的非单据化条件，银行是可以不予置理的。

【CDCS 题目分析】如何对待非单据化条件？

※Question

A confirming bank receives a documentary credit containing the following additional condition:"carrying vessel must not be older than 15 years". Upon receipt of the documents from the beneficiary, the confirming bank must _____.

Select one:

A. deem such condition as not stated and disregard it

B. look for this statement on one of the documents

C. refuse payment to the beneficiary until receipt of the issuing bank's clarification

D. require the beneficiary to issue a statement of compliance

※ 解析与答案

UCP600 Article 14 规定：

h. If a credit contains a condition without stipulating the document to indicate compliance with the condition, banks will deem such condition as not stated and will disregard it. （如果信用证中含有一项条件，但未规定用以表明该条件得到满足的单据，银行将视为未做规定并不予理会。）

从上述规定可以看出，在信用证业务项下，银行仅通过审核单据来决定是否付款，如果信用证中列明了某些要求，但没有规定与之相匹配的单据，那银行在决定是否付款时将忽略这些要求。

本题问的是，保兑行收到包含以下附加条件的跟单信用证："承运船舶的船龄不得超过 15 年"。在收到受益人的单据后，保兑行必须：_____

选项 A：视为该条件没有规定并不予置理。

选项 B：在其中一份单据里查找此声明。

选项 C：拒绝向受益人付款，直至收到开证行的说明。

选项 D：要求受益人出具一份合规声明。

分析本题目和信用证条款可以知道，虽然在附加条件里对承运船只的船龄提出了要求，但并没有要求受益人提交船龄证明这一单据，根据 UCP600 Article 14 h 款规定，保兑行将对此条件不予置理，故此题答案为 A。

※ 拓展分析

信用证中对单据的要求，主要体现在信用证46A（Documents Required）和47A（Additional Conditions）中。其中"46A 单据要求"会具体列明单据的名称、份数、填写要求等，受益人在制单时务必要认真、严谨，保证全套单据正确、完整。

"47A 附加条件"中往往也会提到对单据某些内容的填写要求。如果 46A 中要求提交这类单据，那 47A 中的相关规定就是单据化条件，反之，则是非单据化条件。比如，信用证 47A 中规定了一个条件"goods are to be of Cuba origin"，如果 46A 中要求提交原产地证书，那这个条件就是单据化条件，如果信用证未要求提交原产地证书，该条件就是非单据化条件，银行将认为信用证未列明此条件，并对此不予理会。

关于如何看待非单据化条件，在 ISBP745 里，还有进一步的规定：

When a credit contains a condition without stipulating a document to indicate compliance therewith ("non-documentary condition"), compliance with such condition need not be evidenced on any stipulated document. However, data contained in a stipulated document are not to be in conflict with the non-documentary condition. For example, when a credit indicates "packing in wooden cases" without indicating that such data is to appear on any stipulated document, a statement in any stipulated document indicating a different type of packing is considered to be a conflict of data.［当信用证包含一项条件但未规定表明该条件得以满足的单据（"非单据化条件"）时，无须在任何规定单据上证实以满足该条件。然而，规定单据上所显示的数据不应与非单据化条件相矛盾。例如，当信用证规定"以木箱包装"，而没有要求该数据应当显示在规定单据上时，任何规定单据上显示不同包装类型将视为数据矛盾。］

结合 UCP600 和 ISBP745 规定可知，对于非单据化条件，银行可以不予理会，但是 46A 中规定单据将来制单交单时所显示的内容，不能与 47A 非单据化条件相矛盾。当然，在实务中，判断"单据化条件"和"非单据化条件"常有争议。

2. 相符交单

信用证业务项下单据审核的主要标准是"相符交单"，即受益人提交的单据要与信用证条款、《跟单信用证统一惯例》的相关适用条款、《国际标准银行实务》条款要求一致，否则会遭到银行的拒付。比如信用证条款中规定海运提单的抬头填写"to order"，出口商提交的提单抬头写了进口商的名字，将指示提单变成了为记名提单，就不符合信用证的条款要求；再比如《跟单信用证统一惯例》（UCP600）运输单据交单期默认为发运日后的 21 个公历日内，但无论如何，不迟于信用证的有效期（截止日），如果信用证有效期是 9 月 30 日，提单签发日期是 9 月 1 日，受益人在 9 月 22 日之后交单，就违反了 UCP600 关于交单期的默示规定，构成不符点。

3. 表面相符

UCP600 中 14 条 a 款强调银行仅基于所交单据确定其是否在表面上（on their face）构成相符交单。"表面上"的审单概念，强调银行审单时仅基于单据本身做"表面审核"，只需确定的单据表面记载的内容是否与信用证的要求、UCP600 以及 ISBP745 相符，对于单据所代表的货物、交易的真实性，以及单据是否伪造、签字是否有效等方面，银行概不负责。这一规定体现了信用证交易的抽象性，也与 UCP600 第 34 条的内容相呼应。

UCP600 Article 34 Disclaimer on Effectiveness of Documents （单据有效性的免责）

A bank assumes no liability or responsibility for the form, sufficiency, accuracy, genuineness, falsification or legal effect of any document, or for the general or particular conditions stipulated in a document or superimposed thereon; nor does it assume any liability or responsibility for the description, quantity, weight, quality, condition, packing, delivery, value or existence of the goods, services or other performance represented by any document, or for the good faith or acts or omissions, solvency, performance or standing of the consignor, the carrier, the forwarder, the consignee or the insurer of the goods or any other person. （银行对任何单据的形式、充分性、准确性、内容真实性、虚假性或法律效力，或对单据中规定或添加的一般或特殊条件，概不负责；银行对任何单据所代表的货物、服务或其他履约行为的描述、数量、重量、品质、状况、包装、交付、价值或其存在与否，或对发货人、承运人、货运代理人、收货人、货物的承保人或其他任何人的诚信与否，作为或不作为、清偿能力、履约或资信状况，也概不负责。）

【国际商会案例 R390】品质证明与发票之间的不符

※ 案例背景

某进口肉制品的信用证要求发票上显示 item No.，但未具体规定是什么号。受益人提交的发票上标注"item No. 020071400"，提交的品质证明上批注了"不适合人类消费（The goods are not fit for human consumption）"字样。该信用证业务遭到了申请人的拒付，理由是"发票上显示的 H.S. 编码为 020071400，按照国际协调制度，该编码对应的货物是'适合人类消费'的，与品质证明显示的'不适合人类消费'矛盾"。

※ 国际商会意见

本信用证不可以拒付。理由是"银行不需要熟悉专用于各种标准（包括国际协调制度在内）的任何特定代码或项目编号"。

※ 点评

H.S. 编码为 020071400 的货物按照国际协调制度的规定是"适合人类消费"的，与受益人提交的发票上的批注相矛盾。但银行审单人员没有能力也没有必要了解国际协调制度下 H.S. 编码的具体规定。银行审单，仅限于对于单据的表面审核，只需基于单据文义进行直观判断，看单据内容是否与信用证要求、UCP600 以及 ISBP745 相符即可。

（二）审单期限与交单期限

1. 审单期限

在信用证业务中，银行收到单据后需要花费一定的时间审核单据，银行审单的时间直接影响到信用证业务的效率。UCP600 Article 14 b 款对各国银行的审单时间进行了统一的规定。

UCP600 Article 14 b：

A nominated bank acting on its nomination, a confirming bank, if any, and the issuing bank shall each have a maximum of five banking days following the day of presentation to determine if a presentation is complying. This period is not curtailed or otherwise affected by the occurrence on or after the date of presentation of any expiry date or last day for presentation. ［按指定行事的被指定银行、保兑行（如有的话）及开证行各有从交单次日起的至多 5 个银行工作日以确定交单是否相符。这一期限不因在交单日当天或之后信用证截止日或最迟交单日届至而受到缩减或影响。］

本款规定了有责任审单的银行有"5 个银行工作日"的审单期限，从交单次日起算。按照 UCP600 第 2 条定义的解释，"银行工作日"是指银行在其履行受本惯例（UCP600）约束的行为的地点通常开业的一天。

【CDCS 题目分析】银行的审单期限

※Question

Documents are presented under a credit on Thursday 3 May ××××. Assuming that the bank is only closed for business on Saturdays and Sundays, which date is the latest date by which a bank could give a notice of refusal?

Select one:

A. Monday 7 May ××××.

B. Tuesday 8 May ××××.

C. Wednesday 9 May ××××.

D. Thursday 10 May ××××.

※ 解析与答案

这道题考查的是交单期的计算。根据 UCP600 Article 14 b 的规定，开证行的审单期限最长是 5 个工作日，从交单的次日起算。本题中提到交单日是 5 月 3 日（周四），从次日 5 月 4 日（周五）起算，扣除周六、周日非银行工作日，"5 天"审单期限刚好到 5 月 10 日（周四），这一天是银行审单的截止日，也是银行发出拒付通知的最后期限。故答案是 D。

2. 交单期限

信用证业务项下的交单行为通常是有期限规定的。UCP600 Article 6 i 规定：信用证必须规定一个交单的截止日。规定的承付或议付的截止日将被视为交单的截止日（expiry date for presentation）。UCP600 Article 6 e 规定：除非有第 29 条 a 款规定的情形，否则受益人或代表受益人的交单应在截止日当天或之前完成。在实务中，交单截止日通常被称为交单的"有效期限"。没有规定交单截止日或有效期限的信用证是无效的。

在信用证中，除了规定交单截止日外，通常还会规定一个交单期限，以进一步约束交单行为。比如规定在货物发运日后 15 天内交单，可以约束卖方发货后加快交单进度，避免买方不能及时提货、报关导致货物滞港、仓储等产生额外的费用和风险。但是，有时候因为开证申请人或开证行的疏忽，信用证可能会忘记规定最迟交单日。在这种情况下，受益人一定要注意 UCP600 有一个默认"21 天"的交单期限的条款。

UCP600 Article 14 c 款规定：

A presentation including one or more original transport documents subject to articles 19, 20, 21, 22, 23, 24 or 25 must be made by or on behalf of the beneficiary not later than 21 calendar days after the date of shipment as described in these rules, but in any event not later than the expiry date of the credit. （如果单据中包含一份或多份受第 19 条、20 条、21 条、22 条、23 条、24 条或 25 条规定的正本运输单据，

则须由受益人或其代表在不迟于本惯例所指的发运日之后的21个日历日内交单，但是在任何情况下都不得迟于信用证的截止日。）

按照本条款的规定，如果一份信用证没有明确说明受益人的交单期限，则最迟交单日期默认为发运日后的第21个日历日。换言之，如果信用证规定了特定的交单期限，比如规定发运日后15天内交单，则本条款的默认不适用，受益人应保证在"15个日历日"内交单。

值得注意的是，在实务中，无论是默认的"21天"交单期限，还是另有规定的交单期限，都可能因为信用证规定的交单截止日而缩短。比如，信用证规定的"交单截止日"是2021年9月10日，实际发运日是9月1日，按照默认的"21天"交单期限确定的最迟交单日为9月22日，迟于信用证的截止日（9月10日），尽管9月22日是最晚的交单日，但受益人最晚要在9月10日完成交单，相当于默认的交单期限缩短了。

【国际商会案例TA789】信用证"交单期限"与默认"21天交单期"

※ 案例背景

信用证要求提交已装船正本提单，但是在规定交单期限时不是依据发运日，而是规定："单据必须在不晚于开证日期后10个日历日内提交。（Documents must be presented not later than 10 calendar days after credit issuance date.）"最终单据在信用证开立日后10个日历日内及时提交了，但提交的提单显示"on-board date（装船日期）"为6个月前。开证行根据UCP600第14 c款提不符点："Presented later than 21 days after the date of shipment.（交单迟于发运日后21天。）"

※ 国际商会意见

UCP600第14 c款规定："如果单据中包含一份或多份受第19条、20条、21条、22条、23条、24条或25条规定的正本运输单据，则须由受益人或其代表在不迟于本惯例所指的发运日之后的二十一个日历日内交单，但是在任何情况下都不得迟于信用证的截止日。"

UCP600第14 i款规定："单据日期可以早于信用证的开立日期，但不得晚于交单日期。"

UCP600第1条规定："……除非信用证中明确修改或排除，本惯例各条文对所有当事人均具有约束力。"

国际商会布鲁塞尔年会通过意见R716/TA704r明确表示这种明确修改或者排除不需在信用证中单独列明UCP600的XXX条不适用，并举例说，"在信用证的48场填写'15'字样，就是对UCP600第14 c款的一种明确修改或排除。"

※ 结论

信用证规定了与 UCP600 第 14 c 款不同的交单期, 意味着 UCP600 第 14 c 款已经被明确修改, 交单期将以信用证的具体规定为准, 单证相符。

※ 点评

本案例产生的根源在于对 UCP600 第 14 c 款的理解。从条款上看, UCP600 第 14 c 款只是为适用 UCP600 且提交正本运输单据的信用证设置了一个默认的交单期, 主要目的是避免正本运输单据提交不及时而影响提货。但是, 如果信用证规定了交单期, 则说明进出口双方在交单、提货方面已经有妥善安排, 不必再适用 UCP600 第 14 c 款的规定, 例如, 本案例中出口方交单的时候船期都已经过去两个月了。本案例和 TA704 对 UCP600 第 14 c 款进行了解释, 信用证一旦对交单期进行了具体规定, 则视为对 UCP600 第 14 c 款的修改。换句话说, UCP600 第 14 c 款为符合该条款设定条件且未明确规定交单期的信用证设置了一个默认交单期, 一旦信用证本身规定了交单期, 则该默认规定被自动排除。

（三）单据上数据之间 "不得矛盾"

单据上的数据, 不限于单据上的数字或数值, 而是指单据上任何可以用于分析的文字、数字、字母、符号等。UCP600 Article 14 d 款就如何审核单据上的数据进行了规定。

UCP600 Article 14 d:

Data in a document, when read in context with the credit, the document itself and international standard banking practice, need not be identical to, but must not conflict with, data in that document, any other stipulated document or the credit. （单据中的数据, 在与信用证、单据本身以及国际标准银行实务参照解读时, 无须与该单据本身中的数据、其他要求的单据或信用证中的数据等同一致, 但不得矛盾。）

单据上数据之间 "无须等同一致, 但不得矛盾" 的规定, 指单据本身中的数据、其他要求的单据或信用证中的数据不要求镜像般一致, 只要数据没有矛盾就可以接受。本条款的目的在于避免实务中因为单据上的一些微小差异便拒付, 从而影响到信用证的使用。

单据中的数据不是孤立存在的, "不得矛盾" 的尺度应结合具体情境参照解读。信用证的要求、单据本身的数据、国际标准银行实务均可以作为审单的参照。"不得矛盾" 可以从以下三个方面来理解。

1. 与单据本身的数据不得矛盾

同一份单据不同栏目的数据之间不能矛盾。比如一份装箱单（packing list）在"Total栏"显示"G/W：1000 MT；N/W：1050 MT"，毛重小于净重，这就属于单据本身数据之间的矛盾；再比如一份海运提单（B/L），收货人栏显示"TO APPLICANT"，属于记名提单不得转让，但上面却记载有背书转让事项，这也是矛盾的。

2. 与其他要求的单据不得矛盾

在信用证项下，受益人提交的单据是一整套，通常包括发票、装箱单、运输单据、保险单据、受益人证明等。这些不同种类的单据之间的数据不能矛盾。比如：发票（invoice）显示合同号码（Contract No.）为2021SC015，那么该业务项下的其他所有单据在显示合同号码的时候都必须为2021SC015，否则就构成单据之间的矛盾。再比如装箱单上显示毛重G/W为"9821.3"，但海运提单等其他单据显示为"9821"，虽然这种四舍五入的算法对当事人影响不大，国际商会在R218中也曾给出"毛重因为四舍五入的原因舍去尾数不能作为单据之间有抵触的根据"的认定，但还是建议受益人等有关当事人在制单、审单的时候严格做到"单单相符"，以免给自己造成隐患。

3. 与信用证中的数据不得矛盾

受益人制作单据时，要认真阅读信用证全文，保证单据的内容与信用证的规定不相矛盾。比如：信用证45A规定"trade terms：FOB QINGDAO"，在46A中要求提交全套已装船海运提单，但未就海运提单上运费支付情况该怎么写进行说明。如果将来受益人提交的海运提单上运费支付情况显示的是"freight prepaid"，则该提单不能接受，因为信用证规定贸易术语（trade terms）为FOB，意味着运费到付，提单上应该显示为"freight collect"，因此提单显示"freight prepaid"与信用证45A的规定矛盾。

【国际商会案例R740/TA722rev】单据上显示的合同号不同是否构成不符？

※案例背景

信用证要求发票、装箱单、数量/重量证书、原产地证、受益人证明、装船通知的传真副本等单据，其中只要求发票显示"contract No. 09ICDINTL0804A"。受益人提交的发票如实显示了该合同号。另外发票还和其他如装箱单、数量/重量证书、原产地证、受益人证明等受益人出具的单据一起显示了"our ref.

746293-SEG"或者"746293-SEG"。但是，在提交的装船通知的传真副本（beneficiary's certified copy of the fax）中显示了"contract No.746293-SEB"。开证行拒付，理由是"装船通知上的合同号与发票上的合同号不同（contract No. on shipping advice differs from that on invoice）"。受益人说："contract No. 09ICDINTL0804A 是申请人的合同号，而 ref. 746293-SEG 是受益人的合同号，两者对应于同一合同。"

※ 国际商会意见

是不符点，不可接受。从提供的事实可知，在装船通知的传真副本上出现的编号与受益人在其他单据中注明的"参考号"相同。信用证没有要求合同号显示在装船通知传真副本上，受益人在制作该单据时自行进行了添加，但添加的合同号并非信用证当中规定的合同号，也不是出现在发票上的合同号。对于在单据中添加的内容，银行不得不审查其是否与信用证和 UCP 相符。但银行没有义务去核实两个不同的合同号，是否对应于同一合同。根据第 14 条 d 款，装船通知传真副本上显示为合同号的数据与发票和信用证中所描述的相矛盾，不符点成立。

※ 点评

信用证未要求在单据上显示的信息，如果受益人在制单时进行了添加，不能因为这些添加属于额外信息或数据而不谨慎对待。因为一旦添加到单据中，这些信息或数据将进入银行的审单范围，银行将同样按照"单证相符、单单相符"等原则予以审核。如果出现与单据本身中的数据、其他要求的单据或信用证中的数据矛盾的现象，将被银行视为不符点而拒付。

二、单据审核的具体规定

（一）发票以外单据上的货物描述

在国际贸易中，货物是买卖双方交易的对象，也是合同的标的物。货物描述（也包括服务或履约行为的描述）不仅是合同的一个组成部分，通常也是单据内容的一个组成部分，与其他内容一起，满足单据的功能要求。货物描述通常包括货物的名称、规格等，在信用证中，主要在 45A 场加以规定。

根据 UCP600 第 18 条 c 款规定，商业发票的货物描述必须与信用证规定一致。对于商业发票之外的其他单据的货物描述，UCP600 第 14 条 e 款进行了专门规定。

In documents other than the commercial invoice, the description of the goods, services or performance, if stated, may be in general terms not conflicting with their description in the credit.（除商业发票外，其他单据中的货物、服务或履约行为的描述，如果有的话，可使用与信用证中的描述不相矛盾的概括性用语。）

从 UCP600 Article 14 e 款的规定可以看出，货物描述不需要显示在所有单据上；显示货物描述的单据，对货物描述内容的要求也不一样。比如：商业发票的货物描述必须与信用证规定一致；海运提单、原产地证书等单据上的货物描述可以使用统称（概括性用语）；其他单据可以不显示货物描述，如果显示的话，可以使用与信用证规定的描述不矛盾的统称。

货物描述的"统称"是在内涵上对"全称"的概括，在实务中，商业发票之外的单据上显示的货物描述，通常是照抄信用证45A场或发票中的货物品名，舍弃对于货物加以详细描述的规格型号、品牌等内容，或者舍弃品名的修饰语，只保留品名的中心名称。比如信用证规定的货物描述为"Sweet Dried Grapes"，后面还有品质的详细描述，在商业发票之外的其他单据上，货物描述只显示为"Dried Grapes"是符合要求的。

【国际商会案例 R728/TA685rev】健康证明的货物描述未显示等级，可以吗？

※ 案例背景

信用证要求健康证明，在 45A 中的货物描述包括"Fresh Frozen Chicken Wing（Rose，A-Grade）"。受益人实际提交的健康证明，只显示了货物描述"Fresh Frozen Chicken Wing"，而没有显示"（Rose, A-Grade）"。开证行拒付，拒付理由是健康证明没有显示 A-Grade（The Certificate of Health not show A-Grade.），存在不符点。

※ 国际商会意见

国际商会认为：UCP 并未要求健康证书载有与信用证规定一致的货物描述，或显示诸如"等级、规格或品质等"细节的货物描述（There is no requirement in UCP for the certificate of Health to bear a description of the goods that corresponds with that given in the credit, or for any goods description that is shown to contain details such as grading, specification or quality.）。健康证明没有不符。

※ 点评

按照 UCP600 Article 14 e 款的规定，除商业发票外，其他单据如需显示货物描述，显示与信用证中描述不矛盾的统称即可。本案中的健康证书显示了"Fresh Frozen Chicken Wing"，与信用证规定并不矛盾，并且满足了所要求单据的功能，无需关于货物等级、规格或品质的细节描述。

ISBP745 在 Q 段增加了对检验证明的规定，但没有专门对检验证明的货物描述提出要求，所以对其货物描述内容的审核依然适用 UCP600 Article 14 e 款的约束。为了减少实务中的纠纷，建议对证书、证明类单据，最好还是像原产地证书一样，显示货物描述，以更好地满足其"看似与发票所指货物相关联"的要求。因为既然是证书，其功能是证明何物怎么样，显示上货物描述，物有所指，会更妥帖一些。

（二）单据日期

在实务中，单据基本上都会标注日期，有的单据甚至会出现多个日期。通常认为单据日期指的是单据的出具日期（issuing date of documents），证明出单行为的完成时间。信用证结算中的"相符交单"也包括每个单据日期都要符合信用证要求，符合日期之间的逻辑顺序。信用证涉及的日期很多，比如开证日、装运日、交单日、有效期，以及单据日期和单据中提到的事件日期等，那么，它们之间的关系是怎样的呢？

1. 单据日期与开证日期、交单日期

UCP600 第 14 条 i 款规定了单据日期与开证日期、交单日期之间的关系。

UCP600 Article 14 i:

A document may be dated prior to the issuance date of the credit, but must not be dated later than its date of presentation.（单据日期可以早于信用证的开立日期，但不得晚于交单日期。）

从本款规定中可以看出，单据日期早于开证日期是可以接受的。因为在实务中，有些业务可以在信用证开立之前就开始进行，尤其在市场行情变化比较大、比较快的时候。但受益人也要注意，并不是所有早于信用证开立日期的单据都会必然被接受，还要看具体是什么单据，以及单据日期比开证日期提前的程度。以检验证书为例，各国的检验机构通常都规定不同的有效期限，对于鲜活易腐烂的农副产品，或供人食用的产品，检验证书的日期要求更加严格，所以检验证书的日期最好略早于运输单据的日期。

【CDCS 题目分析】信用证单据日期之间的关系

※Question

In accordance with UCP600, which of the following documents，presented on 1 June, is not acceptable under a documentary credit issued on 1 March, expiring on 10 June, with a latest shipment date of 20 May and no stated presentation period？

Select one:

A. Air waybill evidencing third party as consignor，dated 21 May with a notation stating goods shipped on flight number ××123 20 May.

B. Certificate of origin dated 28 February.

C. Third party certificate of quality dated 2 June.

D. Weight certificate issued by the beneficiary，dated 15 May.

※ 解析与答案

本题问的是哪个单据不可接受。首先梳理题目当中出现的几个时间：开证日3月1日，最晚装运日5月20日，信用证到期日6月10日，实际交单日6月1日。交单期限没有规定，按照 UCP600 Article 14 c 款可知，信用证中没有规定交单期限的，默认为发运日后21个日历日，按照本题中最晚装运日为5月20日来推算，最晚交单日为6月10日。考虑到题目中明确说明实际交单日为6月1日，并结合 UCP600 Article 14 i "单据日期可以早于信用证的开立日期，但不得晚于交单日期"的规定，初步可以确定所有单据出具日期可以早于3月1日，不得晚于6月1日，并且运输单据的出具日期不得晚于5月20日。

选项A：航空运单，证明第三方为发货人，出具日期为5月21日，批注中显示货物在5月20日已装上航班号为××123的航班。

选项 A 涉及两个关键问题：一是第三方作为发货人是否可接受；二是发运日期的确定。第一个问题可根据 UCP600 Article 14 k 款的内容来判断。

Article 14 k：

The shipper or consignor of the goods indicated on any document need not be the beneficiary of the credit.（在任何单据中注明的货物托运人或发货人无须为信用证的受益人。因此，选项 A 中航空运单注明第三方作为发货人是可以接受的。）

第二个问题可根据 UCP600 Article 23 a 的内容来判断。Article 23 a：

iii. indicate the date of issuance.（表明出具日期。）

This date will be deemed to be the date of shipment unless the air transport document contains a specific notation of the actual date of shipment, in which case the date stated in the notation will be deemed to be the date of shipment.（该日期将被视为发运日期，除非空运单据载有专门批注注明实际发运日期，此时批注中的日期将被视为发运日期。）

本题中航空运单的出具日期为5月21日，但包含了一个实际发运日为5月20日的批注，按照 Article 23 a 的规定，该批注日期将被视为实际发运日期。信用证规定的最晚装运日为 5 月 20 日，符合信用证要求，因此，选项 A 的单据可以接受。

选项 B：原产地证书，出具日期为 2 月 28 日。根据 UCP600 Article 14 i 的规定，单据日期可以早于信用证的开立日期，因此，选项 B 的单据可接受。

选项 C：第三方品质证书，出具日期为 6 月 2 日。根据 UCP600 Article 14 i 的规定，单据日期不得晚于交单日期。本题中实际交单日期为 6 月 1 日，因此，选项 C 的单据不可接受。

选项 D：受益人签发的重量证明，日期为 5 月 15 日。该日期在开证日之后，交单日之前，同时也在发运日之前符合业务的通常顺序，选项 D 的单据可接受。

因此，本题答案为 C。

2. 单据日期与单据

在实务中，有些单据需要加注日期，有些单据则可以不注明日期。按照 ISBP745 Para A11 a、b 款的规定，即使信用证没有明确要求，汇票、保险单据、正本运输单据也应注明出具日期；当信用证要求汇票、保险单据和正本运输单据以外的单据注明日期时，通过在该单据上注明出具日期，或在单据上援引同一交单下其他单据的日期（例如，在承运人或其代理人出具的证明中显示"日期参见×××号提单"），或在规定的单据上显示一个事件发生的日期（例如，检验证明显示检验日期，但没有包含出具日期），即可满足。

【国际商会案例 R726/TA723rev】运费发票上的日期是不符点吗？

※ 案例背景

该案例其实涉及两个问题：一是运费发票是否不符，二是银行对单据的处置及拒付通知是否合格。在此仅摘取第一个问题进行介绍和分析。此案例中，信用证要求的单据包括：由船公司或其代理签发的运费发票，一份正本加两份副本，要注明日期并签字。受益人提交的运费发票显示了五项信息：船名（the name of the vessel）、装运港（port of loading）、卸货港（port of discharge）、日期（date）和提单号码（B/L No.）。保兑行拒付，理由是运费发票没有注明日期。

※ 国际商会意见

运费发票满足要求，保兑行不可以拒付。理由是运费发票上的"日期"本来应该理解为提单日期，但单据本身没有说，并且运费发票日期和提单日期相同也很常见。考虑到信用证没有特别要求运费发票上要显示提单日期，而且单据载有的"日期"并没有表明是提单日期还是发票日期，所以这个"日期"可被看作发票日期。

※点评

本案例中，运费发票日期是用"date"这个单词笼统显示的，可以看作运费发票的功能性事件对应的日期，所以不视为不符点。如果想更加明确而不引发争议，可以标注为"date of issue"，或"date of freight invoice"。同样的道理，如果本案例提交的运费发票上仅显示了"date of B/L"，则不算注明了运费发票日期，将被视为有不符点单据。

3. 单据日期与装运日期

信用证中通常会专门规定装运期限，如2021年10月份装运（shipment in October，2021），或规定最晚的装运日期，如最晚装运日为2021年10月31日（latest date of shipment：October 31，2021）。在提单等运输单据上，也会显示实际的装运日期。可以说，在实务中，装运日期是一个非常关键的时间节点。关于单据日期与装运日期之间的关系，ISBP745 Para A12有专门说明。

ISBP745 Para A12：

a. A document，such as but not limited to，a certificate of analysis，inspection certificate or fumigation certificate，may indicate a date of issuance later than the date of shipment. （单据，诸如但不限于分析证明、检验证明或熏蒸证明，注明的出具日期可以晚于装运日期。）

b. When a credit requires a document to evidence a pre-shipment event（for example，"pre-shipment inspection certificate"），the document，either by its title，content or date of issuance，is to indicate that the event（for example，inspection）took place on or prior to the date of shipment. ［当信用证要求单据证实装运前发生的事件（例如，"装运前检验证明"）时，该单据应通过其名称或内容或出具日期表明该事件（例如，检验）发生在装运日之前或当天。］

c. When a credit requires a document such as，but not limit to, an "inspection certificate" this does not constitute a requirement that the document is to evidence a pre-shipment event, and it need not be dated prior to the date of shipment. （当信用证要求单据，诸如但不限于"检验证明"时，并不被视为要求该单据应证实装运前发生的事件，其注明的日期无需早于装运日期。）

ISBP745 Para A12的a款和c款说明，任何单据日期，包括出具日期和表明的事件发生日期，可以晚于装运日期。比如，已装船通知、已寄送全套副本单据的受益人证明等，往往是在货物装运后才出具，这些单据的日期晚于装运日期是符合实情的。Para A12 的 b 款说明，信用证要求一份单据证明装运前发生的事件，可以用单据名称、内容或出具日期来满足。

以"装运前检验证明"为例：①用单据名称来满足要求。比如提交的单据名称为"pre-shipment inspection certificate"；②用单据内容来满足。比如提交的检验证明显示内容为"We have inspected the goods prior to the shipment..."；③用出具日期来满足要求。比如装运日期是 10 月 20 日，检验证明的出具日期在 10 月 18 日，检验证明一经出具，即默认检验事件已经发生，这说明检验日期一定在装运日期之前。

单据日期可以推断事件的发生，如果单据出具日期所反映的事实互相冲突，情理上难以说通或逻辑上无法解释，则不能接受。比如国际商会意见 R217 中，信用证要求"Declaration and Certificate to accompany shipment of skins, hides and wool"（与皮革、生皮和羊毛一起随货同行的说明和证明），受益人提交的"Declaration and Certificate"显示的出具日期晚于装运日期，开证行提出拒付，议付行辩称，该单据的出具日期与信用证和其他单据并无矛盾。国际商会的答复是"该单据不可接受。专家组看不出，如果从表面上看，单据的出具日期晚于装运日期，该单据如何能够随货同行"。

4. 常见日期短语和日期格式

（1）常见日期短语

实务中经常用来表示和日期相关的用语及其含义在 UCP600 第 3 条、ISBP745 Para A14、A15 段有明确说明。

UCP600 第 3 条：

The expression "on or about" or similar will be interpreted as a stipulation that an event is to occur during a period of five calendar days before until five calendar days after the specified date, both start and end dates included.〔"在或大概在（on or about）"或类似用语将被视为规定事件发生在指定日期的前后 5 个日历日之间，起讫日期计算在内。〕

"on or about"这三个单词作为一个整体使用，规定了一个封闭的日期期限，前后共 11 天。比如装运日期"on or about June 15，2021"，则提单签发日期在"June 10，2021"到"June 20，2021"之间的任何一天都可接受。

The words "to" "until" "till" "rom" and "between" when used to determine a period of shipment include the date or dates mentioned， and the words "before" and "after" exclude the date mentioned. 〔"至（to）""直至（until、till）""从……开始（from）"及"在……之间（between）"等词用于确定发运日期时包含提及的日期。使用"在……之前（before）"及"在……之后（after）"时则不包含提及的日期。〕

The words "from" and "after" when used to determine a maturity date exclude the date mentioned. "〔从……开始（from）"及"在……之后（after）"等词用于确定到期日期时不包含提及的日期。〕

The terms "first half" and "second half" of a month shall be construed respectively as the 1st to the 15th and the 16th to the last day of the month, all dates inclusive.（"前半月"及"后半月"分别指一个月的第一日到第十五日及第十六日到该月的最后一日，起讫日期计算在内。）

The terms "beginning" "middle" and "end" of a month shall be construed respectively as the 1st to the 10th, the 11th to the 20th and the 21st to the last day of the month, all dates inclusive. 〔1 个月的"开始（beginning）""中间（middle）"及"末尾（end）"分别指第一到第十日、第十一日到第二十日及第二十一日到该月的最后一日，起讫日期计算在内。〕

ISBP745 Para A14：

a. When a credit uses phrases to signify time on either side of a date or an event, the following shall apply：（当信用证使用短语来表示某个日期或事件的前后时间时，适用如下规则：）

i. "not later than 2 days after (date or event) " means a latest date. If an advice or document is not to be dated prior to a specific date or event, the credit should so state. 〔"不晚于（日期或事件）之后 2 天"，指最迟日期。如果要求通知或单据注明的日期不应早于某个特定日期或事件，那么信用证应如此规定。〕

ii. "at least 2 days before (date or event) " means that an act or event is to take place not later than 2 days before that date or event. There is no limit as to how early it may take place. 〔"至少在（日期或事件）之前 2 天"，指某个行为或事件不应晚于该日期或事件前 2 天发生。至于该行为或事件最早何时发生，则没有限制。〕

b. i. For the purpose of calculation of a period of time，the term "within" when used in connection with a date or event excludes that date or the event date in calculation of the period. For example, "within 2 days of (date or event) " means a period of 5 days commencing 2 days prior to the date or event until 2 days after that date or event. ［就计算一段期间而言，"在……之内"一词与某个日期或事件关联使用时将排除该日期或该事件日期。例如，"在（日期或事件）的 2 天之内"，指 5 天期间，开始于一个日期或事件发生前的 2 天，直至该日期或事件发生后的 2 天。］

ii. The term "within" when followed by a date or a reference to a determinable date or event includes that date or event date. For example, "presentation to be made within 14 May" or "presentation is to be made within credit validity (or credit expiry)"where the expiry date of the credit is 14 May, means 14 May is the last day upon which presentation is allowed, provided that 14 May is a banking day.（"在……之内"一词之后跟随某个日期，或跟随援引的某个确定日期或事件时，将包括该日期或援引的该确定日期或该事件日期。例如，"在 5 月 14 日之内交单"，或"在信用证有效期或失效期之内交单"且信用证有效期为 5 月 14 日，这表示 5 月 14 日是允许交单的最后一天，只要 5 月 14 日是银行工作日。）

ISBP745 Para A14 对日期短语含义的规定很明确，从含义解释中可以看出日期的计算基准，可以是一个特定日期，也可以是一个特定事件。为了便于理解，现以表格的形式举例对比分析如下（见表 2-1）。

表 2-1　ISBP745 日期短语含义举例

日期短语	最早日期	最晚日期
not later than 2 days after date of shipment（June 14，2021）	June 14，2021	June 16，2021
at least 2 days before date of shipment（June 14，2021）	——	June 12，2021
within 2 days of date of shipment（June 14，2021）	June 12，2021	June 16，2021
within the date of shipment（June 14，2021）	——	June 14，2021

ISBP745 Para A15:

The words "from" and "after", when used to determine a maturity date or period for presentation following the date of shipment, the date of an event or the date of a document, exclude that date in the calculation of the period. For example, 10 days after the date of shipment or 10 days from the date of shipment, where the date of shipment was 4 May, will be 14 May.（"从……起"和"在……之后"这两个词语，当用于确定装运日期、事件日期或单据日期之后的到期日或交单期时，将不包括该日

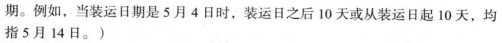

期。例如，当装运日期是 5 月 4 日时，装运日之后 10 天或从装运日起 10 天，均指 5 月 14 日。）

本条款是对 UCP600 第 3 条的进一步明确。在计算到期日或交单期时，"from"与"after"没有区别，都不包括计算起点的日期。

（2）日期格式

在国际贸易和国际结算业务中，受益人、申请人和不同角色的银行，往往处于不同的国家或地区，因习惯不同，单据日期常常有多种表现格式，比如美国格式 MM/DD/YY，欧洲格式 DD/MM/YY，我国习惯采用的格式为 YY/MM/DD。ISBP745 Para A16 就单据日期格式说明如下。

ISBP745 Para A16:

Provided that the date intended can be determined from the document or from other documents included in the presentation, dates may be expressed in any formats. For example, the 14th of May 2013 could be expressed as 14 May 13, 14.05.2013, 14.05.13, 2013.05.14, 05.14.13, 130514, etc. To avoid any risk of ambiguity, it is recommended that the month be stated in the words. （只要从单据或同一交单中的其他单据上能够确定该单据上试图表明的日期，该日期就可以用任何格式表示。例如，2013 年 5 月 14 日可以表示为 14 May 13，14.05.2013，14.05.13，2013.05.14，05.14.13，130514 等。为避免模糊不清带来的风险，建议使用文字表示月份。）

虽然 ISBP745 对单据日期的不同格式均表示了认可，但在实际业务中，建议出单人在注明日期的时候，月份使用英文名称，年份使用四位数，这样一目了然，避免混淆或争议。

（三）单据上的有关当事人

信用证项下的单据常常会显示受益人、开证申请人、托运人、收货人、出具人等有关当事人的名称和 / 或地址。UCP600 在第 14 条中对单据相关当事人的标注进行了专门说明。

1. 受益人、申请人的地址

受益人和申请人作为卖方和买方，既是信用证基础合同的基本当事人，也是诸多单据的主要构成内容。在实务中，单据上显示受益人和申请人主要是为了识别二者的身份。那除了显示名称外，受益人和申请人的地址、联系方式等细节需不需要显示在单据上呢？对此，UCP600 Article 14 j 款规定如下。

When the addresses of the beneficiary and the applicant appear in any stipulated document, they need not be the same as those stated in the credit or in any other stipulated document, but must be within the same country as the respective addresses mentioned in the credit. Contact details（telefax, telephone, email and the like）stated as part of the beneficiary's and the applicant's address will be disregarded. However, when the address and contact details of the applicant appear as part of the consignee or notify party details on a transport document subject to articles 19, 20, 21, 22, 23, 24 or 25, they must be as stated in the credit. ［当受益人和申请人的地址出现在任何规定的单据中时，无须与信用证或其他规定单据中所载相同，但必须与信用证中规定的相应地址同在一国。联络细节（传真、电话、电子邮件及类似细节）作为受益人和申请人地址的一部分时将被不予理会。然而，当申请人的地址和联络细节为第 19 条、20 条、21 条、22 条、23 条、24 条或 25 条规定的运输单据上的收货人或通知方细节的一部分时，应与信用证规定的相同。］

从上述条款可以看出，任何单据上受益人和申请人的地址都可以出现，也可以不出现；如果地址出现在单据上，只需要保证国别与信用证相同即可，地址的其他部分可以不同，因为联络细节银行不予理会；例外的是，运输单据上申请人的地址和联络细节作为收货人或通知方细节的一部分出现时，应与信用证规定的相同。在一份信用证中，申请人的地址通常显示在信用证的 50 栏，也可能在信用证 46A 运输单据的要求中直接对收货人或通知方的地址和联络细节做出说明，这种情况下要优先按照 46A 的说明来填写。

2. 托运人或发货人

托运人（shipper）和发货人（consignor）是国际贸易合同履行过程中常见的当事人，也是信用证业务项下部分单据的组成内容。二者的身份有的时候是同一人，并与受益人（beneficiary）身份相同，同属于合同中的卖方，有的时候则是不同的行为主体。

在运输实务中，托运人是与承运人（carrier）签订运输合同或将货物交给承运人的人。我国《海商法》第 42 条给出如下定义："承运人"是指本人或者委托他人以本人名义与托运人订立海上货物运输合同的人。"实际承运人"是指接受承运人委托，从事货物运输或者部分运输的人，包括接受转委托从事此项运输的其他人。"托运人"是指：①本人或者委托他人以本人名义或者委托他人为本人与承运人订立海上货物运输合同的人；②本人或者委托他人以本人名义或者委托他人为本人将货物交给与海上货物运输合同有关的承运人的人。

发货人通常是指负责交付货物的人,与收货人(consignee)相对而言。《海商法》第 42 条定义收货人为"有权提取货物的人"。发货人与托运人有的时候是同一人,有的时候则不是。比如在以 CFR、CIF 等贸易术语签订的贸易合同下,卖方负责租船订舱办理运输,与承运人签订运输合同,这个时候卖方既是货物运输合同项下的托运人,又是实际的发货人;而在以 FOB、FAS 等术语签订的贸易合同下,买方负责租船订舱与承运人签订运输合同,买方成为运输合同的托运人,而卖方负责将货物交给承运人,卖方是发货人。

对于不同贸易术语、不同业务背景下托运人、发货人可能的不同身份,以及二者与受益人之间的关系,UCP600 Article 14 k 款进行了简洁的规定:

"The shipper or consignor of the goods indicated on any document need not be the beneficiary of the credit."。(在任何单据中注明的托运人或发货人无须为信用证的受益人。)这一规定也配合了国际贸易实务的需要。

3. 单据的出具人与签署人

单据的出具(issue)和签署(sign)是单据签发的两个相互关联的行为。单据的出具人和签署人可能是同一人,也可能不是。单据出具人一般通过单据上印就的抬头来表示,也可以在单据落款处或签字处通过加盖公章或签字等形式来表示,这个时候出具人同时也是签署人。

就运输单据的出具人,UCP600 Article 14 l 款进行了说明:"A transport document may be issued by any party other than a carrier, owner, master or charterer provided that the transport document meets the requirements of articles 19, 20, 21, 22, 23 or 24 of these rules."。(运输单据可以由任何人出具,无须为承运人、船东、船长或租船人,只要其符合第 19 条、20 条、21 条、22 条、23 条或 24 条的要求。)本款规定适用于信用证对运输单据出具人没有特别规定的情况下。在实务中,承运人通常对承运的各种不同货物准备的是统一印制的提单,这个过程称为"出具提单"(to issue the bill of lading),承运人接收货物后,对提单进行签字确认,这个过程称为"签署提单"(to sign the bill of lading)。提单经签署后,具有了货物收据、物权凭证、运输契约证明等性质与作用。

在国际贸易与信用证实务中,并不是所有的单据都需要签署。通常汇票、运输单据、保险单据,以及证明类单据需要签署。签署的形式是多种多样的,UCP600 Article 3 规定:"A document may be signed by handwriting, facsimile signature, perforated signature, stamp, symbol or any other mechanical or electronic method of authentication."。（单据签署可以用手签、传真签字、穿孔签字、印戳、符号或任何其他机械或电子的证实方法为之。）

【国际商会案例 R718/TA691rev】公司印章是有效的签署吗？

※ 案例背景

信用证要求：

Signed commercial invoice（已签署的商业发票）

Bills of lading consigned to order and blank endorsed（海运提单空白抬头空白背书）

咨询者假设了 3 种发票的签署方式：发票 #101 和 #103 分别在发票抬头和落款处显示了公司的英文名称，并在落款处加盖了公司中英文印章；发票 #102 则仅在落款处加盖了公司中英文印章。提单正面的 SHIPPER 是 "ABC Co Ltd"，CONSIGNEE 是 "To order"，背面背书仅加盖了公司中英文印章。咨询者问这样签署的发票和背书的海运提单可以接受吗？

※ 国际商会意见

公司盖章构成签署，可接受。信用证要求的是"已签署的商业发票"，UCP600 第 3 条规定印戳（stamp）是签署的一种形式，所以不得拒付。发票 #101 和 #103 显示了公司的中英文名称，并且印章本身也清晰地表明其代表出具人的签署；发票 #102 上没有公司名称，但是印章中的公司名称是可接受的。同理，提单的背书也是可接受的。

※ 点评

公司的印章是 UCP600 第 3 条提到的印戳的一种形式，是合法、有效的签字。在我国，印章对每个公司来说都是必不可少的，扮演着签字和公司名称识别的双重身份。而在西方国家，通常不视公司印章为签字。他们的做法是加个人手签或个人名章，同时在单据上用英文表明所代表的公司名称。

第二节　单据的处理

一、相符交单时银行对单据的处理

受益人将信用证项下的全套单据交给开证行，或保兑行、指定银行之后，银

行确认相符交单时该如何行事？ UCP600 Article 15 给出了如下指示。

UCP600 Article 15 Complying Presentation（相符交单）

a. When an issuing bank determines that a presentation is complying, it must honour.（当开证行确定交单相符时，必须承付。）

b. When a confirming bank determines that a presentation is complying, it must honour or negotiate and forward the documents to the issuing bank.（当保兑行确定交单相符时，必须承付或者议付并将单据转递给开证行。）

c. When a nominated bank determines that a presentation is complying and honours or negotiates, it must forward the documents to the confirming bank or issuing bank.（当指定银行确定交单相符并承付或议付时，必须将单据转递给保兑行或开证行。）

UCP600 Article 15 a 款规定了开证行的见单权利和开证行实际承担承付责任的时间。开证行一旦确认相符交单便可实际承付，不用等到"5 个工作日"审单期限的最后一刻。UCP600 Article 15 b 款和 c 款规定了开证行之外的银行的行事内容。保兑行因为与开证行一样承担着信用证项下第一位的付款责任，所以在确认相符交单后，保兑行首先必须进行承付或无追索权议付，然后再将单据转递给开证行。而其他指定银行并不必然承担承付或议付的责任，只有其选择了承付或议付时，才需要在相符交单时代为承付或议付，并将单据转递给保兑行或开证行。保兑行和其他指定银行最后都要把单据转递给开证行，以从开证行那里获得偿付。转递单据的时候，以毫不迟延为宜，以加快信用证业务进度，尽早获得偿付，也有利于申请人尽早付款赎单、提取货物。

二、交单不符时银行对单据的处理

受益人将信用证项下的全套单据交给开证行，或保兑行、指定银行之后，银行认为交单不符时，相关银行均可拒绝承付或议付，也就是通常所说的银行拒付。UCP600 Article 16 规定了交单不符时相关银行的拒付规则，对银行认为交单不符且决定拒付时应采取的步骤做了严格规定，包括实体和程序上的要求。

（一）银行拒付

Article 16 Discrepant Documents，Waiver and Notice（不符单据、放弃及通知）

a. When a nominated bank acting on its nomination, a confirming bank, if any, or the issuing bank determines that a presentation does not comply, it may refuse to honour or negotiate. ［当按照指定行事的指定银行、保兑行（如有的话）或开证行确定交单不符时，可以拒绝承付或议付。］

b. When an issuing bank determines that a presentation does not comply, it may in its sole judgement approach the applicant for a waiver of the discrepancies. This does not, however, extend the period mentioned in sub-article 14（b）.（当开证行确定交单不符时，可以自行决定联系申请人放弃不符点。然而这并不能延长第 14 条 b 款所指的期限。）

※ **解读**

根据 Article 16 a、b 款的规定可知，在确定交单不符时，相关银行具有对受益人的付款请求提出拒付（拒绝承付或议付）的权利，并且拒付权利在有关银行之间是相互独立的。同时，"交单不符"也是银行提出拒付的唯一理由。但信用证的本意在于服务基础合同，通过提供银行信用促进合同的顺利签订和履行，而不是用作拒付的工具，所以实务中，当单据有不符点的时候，银行通常并不会直接拒付，而是会先就不符点联系申请人，听取申请人的意见。如果申请人认为该不符点并不重要，或者基于市场行情、买卖双方关系等因素的考虑，决定放弃不符点，接受单据，开证行在申请人资信状况良好的前提下通常乐意承付受益人交来的不符点单据，成全受益人和申请人的利益。但联系申请人放弃不符点，不能延长银行的"5 天"审单期限。

总之，银行在确认受益人交单不符的时候，可以就不符点联系申请人，给他放弃不符点的机会，也可以不联系申请人而直接拒付。联系申请人放弃不符点是 UCP 赋予开证行的一个选择权，并不是对开证行的要求。而且，即使联系申请人，或者申请人接受不符点，也并不影响银行决定拒付的权利。比如申请人开证时没有交足额开证保证金，在收到单据时申请人已经陷入财务困难，此时申请人同意放弃不符点，开证行也不会接受申请人的决定，依然会拒付单据，免除自己的付款责任。而且，银行就不符点与申请人接洽时，不能将单据交给申请人审核。至于申请人对不符点单据的表态时间，UCP600 虽然没有明确规定，但在银行"5 天"审单期限的限制下，申请人的表态必须在银行审单期限届满日之前做出才有意义。

（二）拒付通知

如果银行决定对不符点单据拒付，需要及时发出拒付通知。拒付通知的内容、发出方式及时限在 UCP600 第 16 条中均有规定。

1. 拒付通知的形式与内容

Article 16 c:

When a nominated bank acting on its nomination, a confirming bank, if any, or the issuing bank decides to refuse to honour or negotiate, it must give a single notice to that effect to the presenter.［当按照指定行事的指定银行、保兑行（如有的话）或开证行决定拒绝承付或议付时，必须给予交单人一份单独的拒付通知。］

The notice must state：（该通知必须声明：）

i. that the bank is refusing to honour or negotiate; and（银行拒绝承付或议付；及）

ii. each discrepancy in respect of which the bank refuses to honour or negotiate; and（银行拒绝承付或者议付所依据的每一个不符点；及）

iii. a) that the bank is holding the documents pending further instructions from the presenter; or（银行留存单据听候交单人进一步指示；或者）

b) that the issuing bank is holding the documents until it receives a waiver from the applicant and agrees to accept it, or receives further instructions from the presenter prior to agreeing to accept a waiver; or（开证行留存单据直到从申请人处接到放弃不符点的通知并同意接受该放弃，或者其同意接受对不符点的放弃之前从交单人处收到其进一步的指示；或者）

c) that the bank is returning the documents; or（银行将退回单据；或者）

d) that the bank is acting in accordance with instructions previously received from the presenter.（银行将按照之前从交单人处获得的指示处理。）

※ 解读

本条款说明，见单的银行拒付时必须通过向交单人发出一份单独的拒付通知的形式来明确表明拒付的意思，同时在拒付通知里列明拒付所依据的每一个不符点，并说明拒付后单据的处置方式。16 条 c 款 iii 项规定了单据的 4 种处置方式，分别对应 MT734 拒付通知电文第 77B 场单据的处理（Disposal of Documents）中 "HOLD" "NOTIFY" "RETURN" 和 "PREVINST" 4 种代号，可分别简单表述为：留单听候交单人指示；退单；开证行留单等待申请人放弃不符点，并同意；按照之前指示处理。指定银行、保兑行或开证行等见单银行要按照 UCP600 第 16 条规定行事，否则将有可能丧失拒付的权利。

【CDCS 题目分析】开证行对不符点文件的正确处理方式

※Question

Documents presented to the issuing bank have been found to be discrepant. The bank has left a message for the applicant to discuss the discrepancies. Within the timeframes allowed by UCP600, the bank should _____.

Select one:

A. continue to hold the documents until discussion with the applicant. No further action is required

B. return the documents to the presenter

C. send notice of refusal to the presenter, listing all discrepancies and current disposition of the documents

D. send notice of refusal to the presenter without listing discrepancies as the applicant has not been consulted

※解析与答案

本题的问题是：提交给开证行的单据发现有不符点。银行已将该情况告知申请人让其考虑如何处置不符点。在 UCP600 允许的时间范围内，银行应该怎么做？

选项 A：继续持有单据直至与申请人的讨论结束，不需要采取进一步行动。这一做法是错误的，因为开证行只有 5 天的审单期限，如果不在规定时间内发拒付通知，开证行就会丧失拒付的权利。

选项 B：退回单据给交单人。这一做法错误。退回单据是 UCP600 Article16 c（iii）规定的不符点单据四种处理方式之一，但前提是要先做一份拒付通知，在拒付通知中列明单据处理方式，包括退回单据。没有拒付通知，单纯返还文件，并不代表拒付。

选项 C：向交单人发出拒付通知，并列出单据的所有不符点和当前处理方式。这个做法是正确的，完全符合 UCP600 Article16 c 款的规定，既有一份独立的拒付通知，又列出了不符点，说明了单据处理方式。

选项 D：发出拒付通知，但因为还没有咨询好申请人，所以没有列明不符点。这一做法是错误的，因为 UCP600 Article16 c 款规定，拒付通知中必须列明不符点。如果不说明不符点，就不知道拒付的原因，那开证行凭什么拒付呢？

本题的正确答案是选项 C。

2. 拒付通知的发出方式与时限

银行按照 Article 16 c 款规定制作好具备了基本内容的拒付通知后，必须在规定的时限内以一定的方式向交单人发出，才会真正产生拒付的效力。拒付通知

的发出方式与时限在 Article 16 d 款中有明确规定。

Article 16 d:

The notice required in sub-article 16 c must be given by telecommunication or, if that is not possible, by other expeditious means no later than the close of the fifth banking day following the day of presentation.（第 16 条 c 款中要求的通知必须以电信方式，如不可能，则以其他快捷方式，在不迟于自交单之次日起第五个银行工作日结束前发出。）

※ **解读**

本条款规定，拒付通知必须以电信方式发送，如不可能，则以其他快捷方式发送。电信方式主要包括电传、电报、传真、SWIFT（Society for Worldwide Interbank Financial Telecomm，环球同业银行金融电信协会）等。在实务中，造成电信方式不可能的原因主要有两个：一是通信机构的原因，二是不可抗力因素。这两种情况下发出拒付通知的银行都有举证义务。关于怎么认定发出拒付通知的银行是否使用了其他快捷方式，国际商会的意见是"如果在发出通知所允许的时间内收到拒付通知，则视为已使用了快捷方式发出。"也就是说，在多种其他通信方式可供选择的情况下，发出拒付通知的银行如果使用了其中最快的方式使通知能够在最短的时间内送达交单人，就视为采用了最快捷的方式。

本条款同时规定了拒付通知的发送时限，与审单期限相似，也是在交单人交单后五个银行工作日结束前发送。在实务中，银行应尽量提前发出拒付通知，以免因发送失败来不及更换其他通信方式造成超过"5 天"拒付期限的局面，最终导致拒付无效。

（三）退单

e. A nominated bank acting on its nomination, a confirming bank, if any, or the issuing bank may, after providing notice required by sub-article 16 c(iii)a)or b), return the documents to the presenter at any time.［按照指定行事的指定银行、保兑行（如有的话）或开证行在按照第 16 条 c 款 iii 项 a 目或 b 目发出了通知后，可以在任何时候将单据退还交单人。］

（四）开证行或保兑行权利

f. If an issuing bank or a confirming bank fails to act in accordance with the provisions of this article, it shall be precluded from claiming that the documents do not constitute a complying presentation. （如果开证行或保兑行未能按照本条行事，将无权宣称交单不符。）

g. When an issuing bank refuses to honour or a confirming bank refuses to honour or negotiate and has given notice to that effect in accordance with this article, it shall then be entitled to claim a refund, with interest, of any reimbursement made. （当开证行拒绝承付或保兑行拒绝承付或议付，并且按照本条发出了通知后，有权要求返还已偿付的款项及利息。）

若开证行或保兑行未能按照上述条款行事，将被排除宣称交单不符的权力。由此可知，即便受益人交单不符，但开证行或保兑行拒付时程序上的瑕疵也会导致拒付无效。

在前面单据日期部分，曾以"【国际商会案例 R726/TA723rev】运费发票上的日期是不符点吗？"为例，就该案例涉及的"运费发票是否不符"这一问题进行了分析。现依然以这个案例为例，分析涉及的第二个问题"银行的拒付通知及对单据的处置是否合格？"。

【国际商会案例 R726/TA723rev】银行的拒付通知及对单据的处置是否合格？

※案例背景

A 银行是 B 银行的分行，A 银行开立了一份信用证，由 B 银行加具保兑，经由 C 银行通知受益人。（A 银行——开证行；B 银行——保兑行；C 银行——通知行）

B 银行在 SWIFT 通知中声明："In case of presentation of discrepant documents, Bank B will send them on an agreement basis to issuing bank unless otherwise specified on your cover letter."（如果提交不符点单据，B 银行将在同意的基础上将其发送给开证行，除非您的面函中另有说明。）

【3 月 26 日】C 银行代受益人向 B 银行交单，并规定当发现单据有不符点时，单据应留存交由我们处置，直到被其接受。

【4 月 2 日】B 银行发出拒付通知，指出运费发票没有标注日期，并且提单上的货物体积与装箱单上的不符。而且，B 银行通知 C 银行单据已经交送开证行确认。

【4 月 7 日】C 银行针对两个不符点及 B 银行处置单据的方式提出抗辩。

【4 月 30 日】B 银行回复说 A 银行正退回单据，因为运费发票没有注明日期（并没有提及单据第二个不符点）。

【5月18日】B银行回复说他们坚持第一个不符点的存在，然而，不认同第二个不符点。而且，保兑行认可，根据C银行的指示单据不应寄给开证行。

※ 国际商会意见

B银行在保兑通知书中特别指出当发现单据有不符点时，B银行将在"同意的基础上"将单据发给开证行，除非交单人在其面函中另有指示。而C银行作为交单人，在向B银行交单时确实另有指示，指明"单据应留存由我们处置，直到被其（B银行）接受"。但B银行在发出拒付通知后，没有听从交单人（C银行）的指示将单据交由交单人处置，而是把单据交送给了开证行（A银行）。

B银行的拒付通知应该参照UCP600第16条c款iii项a目"银行留存单据听候交单人的进一步指示"，或者第16条c款iii项d目"银行将按之前从交单人处获得的指示处理"，选择"持有单据听候进一步指示"这一处理方式。但B银行并没有按照交单人（C银行）的指示行事，因而被排除宣称单据不符的权利，必须给予议付。

※ 点评

本案中保兑行（B银行）被排除宣称单据不符的权利，是因为其在拒付时违反了交单人（C银行）对如何处置单据的指示。UCP600第16条c款iii项规定的单据的4种处置方式，可以用MT734第77B场"单据的处理"中"HOLD""NOTIFY""RETURN"和"PREVINST"来代表。按照本案中交单人向保兑行交单时对单据未被接受的情况下单据处置的约定，保兑行拒付时应选择"HOLD"或"PREVINST"，但实际处置的时候却违背交单人的预先指示，将单据寄给了开证行，擅自处置了其认为不符的单据，因而被认为未能遵照第16条行事。在这种情况下，按照第16条f款的规定，开证行或保兑行"将无权宣称交单不符"。

在实务中，第16条f款针对开证行及保兑行的惩罚规则，不仅涉及拒付通知和拒付当时的规范要求，还包括拒付之后的相关行为。比如拒付通知中选择对单据的处置为"RETURN"，但事后却没有退单，或不正当地延迟退单，都将导致该惩罚规则的适用，即开证行或保兑行"将无权宣称交单不符"。

第三章 汇 票

第一节 汇票概述

在国际贸易结算业务中，基本上是非现金结算，使用票据作为主要结算工具。票据是以支付一定金额为目的、可以自由流通转让的债权凭证。国际贸易中使用的票据主要有汇票、本票和支票。在信用证结算方式中，最常用的是汇票。

一、汇票的定义

《中华人民共和国票据法》（以下简称《票据法》）对汇票的定义："汇票是出票人签发的，委托付款人在见票时或在指定日期无条件支付确定的金额给收款人或持票人的票据。"

《英国票据法》对汇票的定义："汇票是由一人开致另一人的书面的无条件命令，由发出命令的人签署，要求接受命令的人立即，或在固定时间，或在可以确定的将来时间，把一定金额的货币支付给一个特定的人，或他的指定人，或来人。"

二、汇票的内容

汇票的内容是指汇票上记载的项目，根据其性质及重要性不同，这些项目可以分为以下三类。

（一）绝对必要记载事项

根据我国《票据法》第22条的规定，汇票必须记载下列事项：①表明"汇票"字样；②无条件支付的委托；③确定的金额；④付款人名称；⑤收款人名称；⑥出票日期；⑦出票人签章。汇票上未记载前款规定事项之一的，则该汇票无效。

可见，汇票作为要式证券，其内容必须符合法律的规定。对上述必要项目简单介绍如下。

1. 表明"汇票"字样

汇票上注明"汇票"（Bill of Exchange / Draft）字样的目的是与其他票据如本票、支票等进行区分，避免混淆，有利于当事人识别票据。

2. 无条件支付的委托

用英语的祈使句，以动词开头，并且支付的委托必须是无条件的，附带条件的支付委托会导致汇票无效。比如："Pay to ABC Co. or order the sum of ten thousand US dollars"，就是一个无条件支付的委托，是一张有效的汇票；如果汇票上注明的是"Pay to ABC Co. or order if the goods are complied with contract the sum of ten thousand US dollars"，以货物符合合同规定为付款条件，则该汇票无效。

3. 确定的金额

确定的金额是指任何人都可以计算出来或可以确定的金额。汇票金额要用文字大写和数字小写分别表明。如果大小写不一致，是否会影响汇票的效力呢？我国《票据法》第8条规定：票据金额大小写必须一致，否则票据无效。而《英国票据法》第9条则规定：汇票金额大小写不一致时，以大写金额为准。《日内瓦统一票据法》第6条规定：汇票金额大小写同时出现且大写金额或小写金额不止一次出现而不一致时，以较小金额为准。这三种票据法相比，我国《票据法》的规定对持票人最为不利，《日内瓦统一票据法》的规定对持票人的保护最为充分，同时也适当地照顾了出票人的利益。

4. 付款人名称

付款人也可称为受票人，即接受命令的当事人，该当事人不承担一定付款之责，他有权利拒付，也可以指定担当付款人付款。在信用证业务项下，付款人通常是开证行。

5. 收款人名称

收款人是汇票上记名的债权人，汇票上对收款人的记载通常称为"抬头"。抬头的写法不同，汇票的性质就不同。汇票抬头有以下三种写法。

①限制性抬头。比如：仅付给 ABC 公司；付给 ABC 公司，不可转让；支付给 ABC 公司，同时在汇票任何一处写有"不可转让"字样。限制性抬头的汇票，

不能流通转让，不具有流通性。

②指示性抬头。比如：支付给 ABC 公司的指定人；支付给 ABC 公司或其指定人；支付给 ABC 公司。指示性抬头的汇票可用背书和交付的方法转让，具有流通性。

③来人抬头。来人抬头是指汇票的抬头中不指明某人或其指定人收款，而只是注明"支付给来人"或"支付给 ABC 公司或来人"。只要写上"来人"（bearer）字样，不论在它前面是否写有具体收款人名称，均视为来人抬头。来人抬头的汇票仅凭交付就可以转让，不需要背书。《英国票据法》允许以来人作为收款人，《日内瓦统一票据法》不允许以来人作为收款人。

6. 出 票 日 期

《英国票据法》规定"不能以票据无出票日期为由认定票据无效"，出票时未注明出票日期的，票据仍然成立，当汇票交付给持票人时，持票人可以自行添加出票日期。《日内瓦统一票据法》和我国的《票据法》将出票日期作为绝对必要记载事项。列明出票日期可起到三个作用：①决定汇票提示期限是否已超过《日内瓦统一票据法》第 23 条、第 34 条分别规定的见票后一固定时期付款汇票，或见票即期付款汇票必须在出票日以后一年内提示要求承兑或提示要求付款；②决定到期日，如果出具的是远期汇票，付款时间是出票后若干天，从出票日起算，决定其付款到期日；③决定出票人的行为能力，如果出票时法人已宣告破产或清理，丧失行为能力，则汇票不能成立。

7. 出 票 人 签 章

出票人签字是承认自己的债务。凡在票据上签字的人，就是票据债务人，要对票据付款负责任。出票人开出汇票时首先要签字，承认自己的债务责任，收款人因此有了债券，票据随之成为债权凭证。如果票据上没有出票人签字，票据就不能成立。如果签字是伪造的，或是未经授权的人签字，则应视为无效。

（二）相对必要记载项目

根据我国《票据法》第 23 条的规定，汇票上记载付款日期、付款地、出票地等事项的，应当清楚、明确。汇票上未记载付款日期的，视为见票即付；汇票上未记载付款地的，付款人的营业场所、住所或者经常居住地为付款地；汇票上未记载出票地的，出票人的营业场所、住所或者经常居住地为出票地。

其中，汇票的付款日期即汇票的到期日。根据《票据法》第 25 条的规定，可以按照下列形式之一记载：①见票即付；②定日付款；③出票后定期付款；④见票后定期付款。实际业务中也常见提单签发日后若干天付款的形式。见票 / 出票日 / 说明日以后若干天付款的到期日算法是"算尾不算头，若干天的最后一天是到期日，如遇假日顺延"，即不包括所述日期，将所述日期之次日作为起算日。

（三）任意记载事项

任意记载事项是指《票据法》不强制当事人必须记载而允许当事人自行选择，不记载时不影响票据效力，记载时则产生票据效力的事项，如汇票编号、付一不付二、付二不付一、利息与利率、禁止转让、免除做成拒绝证书等。根据《票据法》第 24 条的规定，汇票上可以记载本法规定事项以外的其他出票事项，但是该记载事项不具有汇票上的效力。但是，任意记载事项通常是出票人等根据需要记载的限制或免除责任的内容，这些项目一旦被接受，即产生约束力，即"有约定，从约定"。

三、汇票的种类

汇票根据不同的划分标准，有不同的分类。

（一）按照是否附有货运单据，汇票可分为光票和跟单汇票

光票是指不附带货运单据的汇票。光票的流通全靠出票人、付款人或出让人（背书人）的信用。在国际结算中，除少量用于货款结算外，一般仅限于贸易从属费用、货款尾数、佣金等的托收或支付时使用。

跟单汇票是指附有货运单据的汇票。跟单汇票的付款以附交货运单据为条件，付款人要取得货运单据提取货物，必须付清货款或提供一定的担保。跟单汇票体现了钱款与单据对流的原则，对进出口双方提供了一定的安全保证。在国际结算中，大都采用跟单汇票作为结算工具。

（二）按照出票人的不同，汇票可分为银行汇票和商业汇票

银行汇票的出票人是银行，付款人也是银行。银行汇票一般为光票，不随附货运单据。商业汇票的出票人是工商企业或个人。在国际结算中，商业汇票通常是由出口商开立，向国外进口商或银行收取货款时使用的汇票。商业汇票大多是跟单汇票，随附货运单据。

（三）按照付款时间的不同，汇票可分为即期汇票和远期汇票

见票即付的是即期汇票，将来某一时间付款的是远期汇票。远期汇票的付款日期有以下几种记载方法：①规定某一个特定日期，即定日付款；②付款人见票后若干天；③出票日后若干天；④运输单据日后若干天，其中，较多用"提单日期后若干天"。

（四）按照承兑人的不同，汇票可分为商业承兑汇票和银行承兑汇票

商业承兑汇票是由工商企业或个人承兑的远期汇票。商业承兑汇票是建立在商业信用基础之上的，其出票人也是工商企业或个人。

银行承兑汇票是由银行承兑的远期商业汇票。银行承兑汇票通常由出票人签发，银行对汇票承兑后即成为该汇票的主债务人，而出票人则成为次债务人。所以银行承兑汇票是建立在银行信用基础之上的。

四、汇票的使用

汇票的使用因汇票是即期还是远期而有所不同。即期汇票只需经过出票、提示和付款。远期汇票须经过承兑手续；如需流通转让，通常要经过背书；汇票遭到拒付时，还要涉及做成拒绝证明，依法行使追索权等法律问题。出票是主票据行为，其他行为都是以出票为基础而衍生的附属票据行为。

（一）出票

出票是指出票人签发票据并将其交付给收款人的票据行为。出票由两个动作组成：一是由出票人写成汇票，并在汇票上签字；二是由出票人将汇票交付给收款人。由于出票是设立债权债务的行为，所以只有经过交付汇票才开始生效。出票行为做出后，就创设了汇票的债权，收款人持有汇票就拥有债权。

（二）提示

提示是指收款人或持票人将汇票提交付款人要求付款或承兑的行为。票据是一种权利凭证，要实现权利必须向付款人提示票据，以便要求实现票据权利。提示可分为承兑提示和付款提示。承兑提示是指远期汇票持票人向付款人出示汇票，并要求付款人承诺到期付款的行为。付款提示是指汇票的持票人向付款人（或远

期汇票的承兑人）出示汇票要求付款人（或承兑人）付款的行为。即期汇票只需一次提示，即付款提示。远期汇票需两次提示，即先提示承兑，后提示付款。

不论是承兑提示还是付款提示，均应在规定的时限内办理。《英国票据法》对于即期汇票要求付款的提示期限和远期汇票要求承兑的提示期限规定为合理时间，《日内瓦统一票据法》规定为 1 年。《英国票据法》规定已承兑远期汇票的付款提示期限为付款到期日；《日内瓦统一票据法》规定要在付款到期日或其后的两个营业日内提示，如未在规定时限内提示，持票人即丧失对其前手的追索权。

（三）承兑

承兑是指汇票付款人承诺在汇票到期日支付汇票金额的票据行为。承兑包括两个动作：第一，写明"已承兑"（ACCEPTED）字样并签字；第二，将已承兑汇票交给持票人。国际银行业务习惯上是由承兑行发出承兑通知书给持票人，用来代替交付已承兑汇票给持票人。

承兑构成承兑人在到期日无条件付款的承诺。汇票一经承兑，付款人就成为汇票的承兑人，承兑人也是汇票的主债务人，而出票人退居成为汇票的次债务人或从债务人。

（四）付款

汇票的最终目的是凭此付款。付款是指付款人向持票人支付汇票金额的行为。即期汇票提示日期即为付款日期，付款人见票时需立即支付款项给持票人；远期汇票于到期日在持票人做提示付款时由付款人付款。汇票一经付款，汇票上的一切债权债务即告结束。

（五）背书

背书是一种以转让票据权利为目的的行为。背书通常由持票人在汇票的背面或粘单上签上自己的名字，或者再加上受让人即被背书人的名称，并把汇票交给受让人。汇票经过背书后，收款的权利就转让给了被背书人。

背书也包括两个动作：一个是在汇票背面签字，另一个是交付给被背书人。只有经过交付，才算完成背书行为，使背书有效和不可撤销。常见的背书形式有以下几种：①特别背书，又称记名背书，需要记载"支付给被背书人名称的指定人"字样，并经背书人签字。被背书人可用背书和交付方法继续转让汇票，背书需要有连续性。②空白背书，又称不记名背书，即不记载被背书人名称，只有背书人的签字。当汇票经空白背书后，交付转让给一个不记名的受让人，如他与来人抬头汇票的来人相同，则无须背书，仅凭交付再行转让。因为他没有在汇票背面签字，所以他对汇票不承担责任。任何持票人都可以将已做空白背书的汇票转变成记名背书，只要做成指示性抬头即可。而来人抬头的汇票自始至终都是付给来人的，即使再做记名背书，也不能改变其仅凭交付转让汇票的性质。③限制性背书，指"支付给被背书人"的指示带有限制性的词语。例如：仅付给 A 银行；仅付给 A 银行不可流通；仅付给 A 银行不可转让等。做出限制性背书的汇票，禁止被背书人把汇票再行流通或转让，他只能凭票取款。④带有条件背书，指"支付给被背书人"的指示是带有条件的。开出的汇票必须是无条件的支付命令或委托，做成背书却是可以带有条件的。附带条件仅对背书人和被背书人有约束作用，与付款人、出票人无关。当汇票持票人向付款人提示要求付款时，付款人不管条件是否履行，都可以照常付款给持票人，汇票即被解除责任。

（六）拒付与追索

拒付也称为退票，包括拒绝付款和拒绝承兑两个内容。持票人提示汇票要求承兑时，遭到拒绝而不获承兑，或持票人提示汇票要求付款时，遭到拒绝而不获付款，均称为拒付。除此之外，付款人避而不见、死亡或宣告破产，以致付款事实上已成为不可能时，也称为拒付。

汇票在合理时间内提示遭到拒绝承兑时，或汇票在到期日提示而遭到拒绝付款时，持票人的追索权立即产生。追索权是指汇票遭到拒付，持票人对其前手背书人或出票人有请求其偿还汇票金额及费用的权利。持票人除可向承兑人追索票款外，还有权向其前手，包括所有的背书人和出票人行使追索权。持票人进行追索时，应将拒付事实书面通知其前手，并提供被拒绝承兑或被拒绝付款的证明或退票理由。拒付通知的目的是要汇票债务人及早知道拒付之事，以便做好准备。持票人不能出示拒绝证明、退票理由书的，将丧失对其前手的追索权。行使追索权的对象是背书人、出票人、承兑人以及其他债务人，他们对持票人负有连带的偿付责任。追索的金额包括被拒付的汇票金额和自到期日或提示付款日起至清偿日至的利息，取得拒绝证书和向前手发出被拒绝通知的费用，及其他必要的费用。

行使追索权的条件包括：必须在法定期限内向付款人提示，必须在法定期限内通知退票事实，必须在法定期限内由持票人请公证人做成拒绝证书。只有符合这三个条件，才能保留和行使追索权。

五、汇票的缮制

（一）信用证项下的汇票简述

信用证项下的汇票是由出口商开给银行（该行代表进口商）的书面的无条件支付命令或委托，经出口商签名，要求银行立即或定期或在可以确定的将来时间把一定金额的货币支付给出口商自己或其指定之人。信用证项下的汇票作为卖方索要款项的票据，是重要的索款和融资凭证，是一种很重要的有价证券。为了防止遗失，一般汇票有两张正本。根据《票据法》的规定，两张汇票具有同等效力，但付款人付一不付二，付二不付一，先到先付，后到无效。银行在寄送单据时，一般也要将两张正本汇票分为两个邮政班次向国外寄发，以防在邮程中丢失。

（二）信用证项下汇票的缮制说明

信用证结算方式下的汇票缮制，主要依据《票据法》、ISBP745 Para B 段规定，以及信用证的具体要求。

1. 出票依据

"出票依据"也叫出票条款，表明汇票起源于哪个交易，通常包括三项内容：开证行名称、信用证号码和开证日期，用以说明汇票与某银行、某日期开出的某号信用证的关系。出票依据是说明开证行在一定的期限内对汇票的金额履行保证付款责任的法律根据，是信用证项下汇票不可缺少的重要内容之一。

2. 利息

如信用证规定有利息条款，此栏填写信用证规定的利息率即可。若信用证没有利息规定，此栏留空。

3. 号码

实务中一般都以相应的发票号码兼作汇票号码，其用意是核对发票与汇票中相同和相关的内容，例如金额、信用证号码等，给核对和纠正单据错误带来了极大方便。

4. 出票地点、出票日期

出票地点对国际贸易中的汇票具有重要的意义，因为票据是否成立是以出票地的法律来衡量的。但是汇票不注明出票地点也成立，因为出票地点是汇票的相对必要记载事项，没有注明出票地点的汇票，默认出票人的地址为出票地点。

实务中出票地点在汇票上一般已填好，无须现填。出票地点后的横线填出票日期，信用证方式下，一般以议付日期为出票日期。该日期不得早于随附的各种单据的出单日期，同时不能迟于信用证的交单期或有效期。该日期一般由银行代填。

5. 小写金额

一般填写确切的金额数目。除非信用证另有规定，汇票金额所使用的货币应与信用证和发票所使用的货币一致。在通常的情况下，汇票金额为发票金额的100%，但不得超过信用证规定的最高金额。如果信用证金额有"大约"等字样，则允许有不超过 10% 的增减幅度。

在填制汇票金额时，应注意以下几点。

①除非信用证另有规定，汇票金额应与发票金额一致。

②如信用证规定汇票金额为发票金额的百分之几，例如 97%，那么发票金额应为 100%，汇票金额为 97%，其差额 3% 一般为应付的佣金。这种做法通常用于中间商代开信用证的场合。在存在暗佣的情况下，比如信用证规定"At the time of negotiation, 3% commission must be deducted from drawings under this credit，but not shown on the invoice"（发票金额按全款，汇票金额为扣除 3% 佣金后的净价）。

③如信用证规定部分信用证付款，部分托收，则要做两套汇票。信用证下支款的汇票按信用证允许的金额填制，其余部分为托收项下汇票的金额，两者之和等于发票金额。

④如信用证要求两张汇票分别支付一笔交易额，则在两张汇票上打上信用证所要求的金额。

⑤汇票上的金额大、小写要一致，按照 ISBP745 第 B14 段的规定，汇票上显示的大写金额必须反映小写金额，当大小写金额矛盾时，将大写金额将作为汇票金额。

6. 付款期限

汇票期限的填写应按照信用证的规定。即期的汇票，要打上"AT SIGHT"。在汇票"AT"与"SIGHT"之间的空白处用虚线连接，表示见票即付。如为远期汇票，应在"AT"后打上信用证规定的期限。

信用证中有关汇票期限的条款有以下几种。

①以交单期限为起算日期。如　"This L/C is available with us by payment at 60 days after receipt of full set of documents at our counters."。 此条款规定付款日期为对方柜台收到单据后的 60 天，因此在填写汇票时只需写："At 60 days after receipt of full set of documents at your counters."。注意，信用证中的"OUR COUNTER"（我们的柜台），系指开证行柜台，而在实际制单中，应改为"YOUR"（你们的），指单据到达对方柜台起算的 60 天。

②以装船日期为起算日期。如 "We hereby issue our irrevocable documentary letter of credit No.194956 available at 30 days after B/L date by drafts."。那么在制单时就要填写 "30 days after B/L date"。制单时，从提单日期起算 30 天。

③以发票日期起算。如 "Drafts at 60 days from invoice date."。在制单时应在此栏目里填写 " At 60 days from invoice date"。从发票开出日期起算的 60 天。

7. 受款人

受款人又称收款人，一般是汇票的抬头人，是出票人指定的接受票款的当事人。有的是以出口商或以其所指定的第三者为受款人。在国际票据市场上，汇票的抬头人通常有三种写法。

①指示抬头，即在受款人栏目中填写"付 ×× 公司或其指定人"，这种类型的抬头是最普遍的一种，可以经背书转让。

②限制性抬头，即在受款人栏目中填写"仅付给 ××× 人"或"限付给 ××× 人，不许转让"。这种抬头的汇票不可转让。

③持票人抬头，即在受款人栏目中填写"付给持票人"。这种抬头的汇票无须持票人背书即可转让。

8. 大写金额

用大写英语文字表示，并在文字金额后面加上"ONLY"，以防止涂改。如："SAY UNITED STATES DOLLARS FIVE THOUSAND SIX HUNDRED ONLY"。

9. 付款人及付款地点

汇票的付款人即汇票的受票人，也称致票人，在汇票中表示为"此致 ×××"。凡是要求开立汇票的信用证，证内一般都指定了付款人。如果信用证没有指定付款人，按照惯例，一般做成开证行为付款人。

10. 出票人签字

出票人即签发汇票的人，在进出口业务中，通常是出口商（即信用证的受益人）。汇票的出票人栏目，一般打上出口商的全称，并由出口商经理签署或盖章。汇票的出票人一般是信用证指定的受益人，按来证照打。汇票的出票人也应当同其他单据的签署人名称相符。

汇票必须注明出票地点，因为如果在一个国家出票，在另一个国家付款时，假如发生争议，可以凭出票地点确定以哪个国家的法律为依据来判断汇票所具备的必要项目是否齐全，从而使之有效。

第二节　汇票规则解读与案例分析

跟单信用证下汇票的本质是提示付款的金融单据或金融工具。在实务中，有些信用证要求受益人提交汇票，有的则不要求。从信用证兑付方式来看，即期付款信用证通常不要求提交汇票，承兑信用证则必须提交远期汇票，延期付款信用证一般不要求提交汇票，议付信用证可以要求也可以不要求提交汇票。由此可见，除了承兑信用证，在其他任何结算方式中，汇票都并非强制性的。信用证项下的汇票如果要顺利使用，必须符合信用证条款、UCP600、ISBP745及我国《票据法》的相关规定。

一、UCP600 对汇票的规定

UCP600 中涉及汇票的条款主要包括以下几条。

（一）UCP600 第 2 条

UCP600 第 2 条"承付"的定义：如果信用证为承兑信用证，则承兑受益人开出汇票并在汇票到期日付款。

UCP600 第 2 条"议付"的定义：指定银行在相符交单下，在其应获偿付的银行工作日当天或之前向受益人预付或者同意预付款项，从而购买汇票（其付款人为指定银行以外的其他银行）及 / 或单据的行为。

※ **解读**

承兑信用证下，受益人要出具远期汇票。

简单地说，议付就是银行购买汇票或单据的行为，从而说明汇票是一种有价证券，在某种情况下可以在市场上流通，也可以通过背书转让。

（二）UCP600 第 6 条 c 款

UCP600 第 6 条 c 款规定：信用证不得开成以申请人为付款人的汇票兑用。

※ **解读**

信用证是银行信用，开证行承担第一位付款的责任，如果信用证项下的汇票付款人开成申请人，与信用证银行信用的性质矛盾，并会破坏信用证的独立性。当汇票付款人为申请人时，如果开证行确认相符交单，便构成了其确定的承付责任，必须付款。但是，如果开证申请人作为汇票付款人，不愿意承兑或付款，这样必将陷开证行于两难境地。

【国际商会案例 R205】以申请人为受票人的汇票

※ 案例背景

咨询者问：信用证要求的以申请人为付款人的汇票，可以显示在42场中吗？

※ 国际商会意见

开证行的责任不能受制于申请人的承兑和付款行为。

※ 点评

如果开证行坚持开立要求以申请人为付款人的汇票，这种汇票将被视为附加单据。这意味着，以申请人为付款人的汇票将被解释为供开证行使用的"融通汇票"，而不是控制开证在跟单信用证项下付款责任的"票据"。它将不被视为要求付款或承兑的首要汇票，而是如同开证行在信用证授权范围之外与申请人的关系中要求提供便利的任何其他单据一样。

（三）UCP600 第 7 条 a 款

UCP600 第 7 条开证行责任：

a. 只要规定的单据提交给指定银行或开证行，并且构成相符交单，则开证行必须承付，如果信用证为以下情形之一：

iv. 信用证规定由指定银行承兑，但其未承兑以其为付款人的汇票，或虽然承兑了汇票，但未在到期日付款。

（四）UCP600 第 8 条 a 款

UCP600 第 8 条保兑行责任：

a. 只要规定的单据提交给保兑行，或提交给其他任何指定银行，并且构成相符交单，保兑行必须：

i. 承付，如果信用证为以下情形之一：

d）信用证规定由另一指定银行承兑，但其未承兑以其为付款人的汇票，或虽已承兑汇票未在到期日付款。

（五）UCP600 第 12 条 a 款

UCP600 第 12 条 a 款规定：开证行指定一银行承兑汇票或做出延期付款承诺，即为授权该指定银行预付或购买其已承兑的汇票或已做出的延期付款承诺。

※ 解读

有了这一规定，延期付款信用证下即使因没有汇票而得不到《票据法》的保障，受指定银行只要善意地按指定行事，即使受益人被证明存在欺诈，受指定银行也能得到"欺诈例外的例外"原则保护，从而保障了信用证下无汇票交单的债权流通转让功能。可以说，这一条款已为信用证抛弃汇票树立了一个样板。

（六）UCP600 第 38 条 h 款、i 款

UCP600 第 38 条 h 款规定：第一受益人有权以自己的发票和汇票（如有的话）替换第二受益人的发票的汇票，其金额不得超过原信用证的金额。经过替换后，第一受益人可在原信用证项下支取自己发票与第二受益人发票间的差价（如有的话）。

UCP600 第 38 条 i 款规定：如果第一受益人应提交其自己的发票和汇票（如有的话），但未能在第一次要求时照办，或第一受益人提交的发票导致了第二受益人的交单中本不存在的不符点，而其未能在第一次要求时修正，转让行有权将从第二受益人处收到的单据照交开证行，并不再对第一受益人承担责任。

二、ISBP745 对汇票的规定

ISBP745 对汇票的规定主要集中在 B 段（B1-B18），A 段总则也有部分条款涉及汇票。下面选择部分主要条款进行分析。

（一）A7 段 a 款 i 项

Para A7:

a. i. Any correction of data in a document issued by the beneficiary, with the exception of drafts (see Paragraph B16), need not be authenticated. ［除汇票（见第B16 段）外，受益人出具的单据上数据的任何更正均无须证实。］

※ **解读**

该条款表明，受益人提交的单据及内容更正默认无须签署证实，但受益人出具的汇票内容的更正却必须经过签署证实。

（二）A11 段 a 款、b 款

Para A11：

a. Even when a credit does not so expressly so require：（即使信用证没有明确要求：）

i. drafts are to indicate a date of issuance.（汇票也应当注明出具日期。）

b）A requirement that a document, other than a draft, insurance document or original transport document, be dated, will be satisfied by the indication of a date of issuance or by reference in the document to the date of another document forming part of the same presentation (for example, by the wording "date as per bill of lading number ×××" appearing on a certificate issued by a carrier or its agent) or a date appearing on a stipulated document indicating the occurrence of an event (for example, by the date of inspection being indicated on an inspection certificate that otherwise does not contain a date of issuance). ［如果信用证要求汇票、保险单据或正本运输单据以外的其他单据注明日期，那么在该单据上注明出具日期，或在单据上援引同一交单下其他单据的日期（例如，由承运人或其代理人出具的证明中显示"日期参见 ××× 号提单"），或在规定的单据上显示一个事件发生的日期（例如，检验证明显示了检验日期，但没有注明出具日期），即满足要求。］

※ **解读**

汇票之所以必须注明出具日期，或称出票日期，其原因在于汇票是一种法定要式单据，而出票日期是汇票的基本要素之一，国内习惯于把汇票的出票日期做成向银行交单的日期。汇票的出票日期通常不应早于信用证规定的其他单据的日期，也不可迟于信用证的有效期或交单期。

（三）A19 段 a 款

Para A19:

a. "Shipping documents" —all documents required by the credit, except drafts, teletransmission reports, and the courier receipts, postal receipts or certificates of posting evidencing the sending documents. （"装运单据"指信用证要求的所有单据，但不包括汇票、电信传送报告、证实单据寄送的快递收据、邮政收据或邮寄证明。）

※ **解读**

该条款将汇票排除在"装运单据"（shipping documents）之外，主要的原因应该是考虑到汇票作为一种金融工具，不具有"装运单据"用于证明货物"装运"情况的功能。

（四）B1 段汇票的基本要求

Para B1：

a. A draft, when required，is to be drawn on the bank in the credit. （在要求汇票的情况下，汇票付款人应做出信用证中规定的银行。）

b. Banks only examine a draft to the extent described in Paragraphs B2-B17. （银行仅在第 B2 至 B17 段描述的范围内审核汇票。）

※ **解读**

本段明确了银行对汇票的审核仅限于第 B2 至 B17 段描述的范围，如期限、金额等内容，这些内容如果存在瑕疵会构成汇票的"不符点"而遭到银行的拒付；对于第 B2 至 B17 段描述的范围之外的内容，银行不需要审核，这些内容如果存在瑕疵的话，并不构成汇票的"不符点"，银行不能以此为由拒付。

（五）B2 至 B3 段汇票的付款期限

Para B2：

a. The tenor stated on a draft is to be in accordance with the terms of the credit.（汇票显示的付款期限应与信用证条款一致。）

※ **解读**

本款的规定表明了汇票付款期限的显示原则：与信用证的规定相符。在实务中，汇票付款期限主要包括四种方法：见票即付、见票后定期付款、固定日后定期付款、固定日付款。第三种和第四种汇票的付款期限取决于固定日的确定，而固定日必须固定于一个必然发生的事件。

b. When a credit requires a draft to be drawn at a tenor other than sight or a certain period after sight, it must be possible to establish the maturity date from the data in the draft itself. （当信用证要求汇票的付款期限不是见票即付或见票后定期付款时，

必须能够根据汇票自身数据确定付款到期日。）

For example, when a credit calls for drafts, at a tenor 60 days after the bill of lading date, and when the date of the bill of lading is 14 May 2013, the tenor is to be indicated on the draft in one of the following ways：（例如，当信用证要求汇票的付款期限为提单日期后 60 天，且提单日期为 2013 年 5 月 14 日时，汇票应以下列方式之一显示付款期限：）

i. "60 days after bill of lading date 14 May 2013", or（"提单日期 2013 年 5 月 14 日后 60 天"；或者）

ii. "60 days after 14 May 2013", or（"2013 年 5 月 14 日后 60 天"；或者）

iii. "60 days after bill of lading date" and elsewhere on the face of the draft state "bill of lading date 14 May 2013", or（"提单日期后 60 天"，且在汇票表面的其他地方注明"提单日期 2013 年 5 月 14 日"；或者）

iv. "60 days date" on a draft dated the same day as the date of the bill of lading, or（"出票后 60 天"且出票日期与提单日期相同；或者）

v. "13 July 2013", i.e., 60 days after the bill of lading date.（"2013 年 7 月 13 日"，即提单日期后 60 天。）

※ 解读

如果信用证规定汇票的付款期限是某一确定事件后若干天，汇票上的内容必须能够使人确定到期日。在国际商会意见 R313 中，有咨询者问："议付信用证下规定，付款期限为议付日后 120 天，是否足以确定付款到期日？"该案涉及的付款期限的规定方式是上面提到的第三种固定日后定期付款，因指定银行并不必然会议付，该信用证对汇票期限的规定不足以确定到期日，具有一定的模糊性。

本段以提单日期后 60 天付款为例，列举了 5 种汇票付款期限的表达方式，其中第 1 至 3 种表述方式非常直观，第 4 种方式要求汇票的出票日期与提单日期一致才能正确体现汇票到期日，第 5 种方式是按照信用证要求计算出来的，即提单日期为 2013 年 5 月 14 日，信用证要求汇票到期日是提单日后 60 天，算出来汇票到期日应该是 2013 年 7 月 13 日。本款所列举的 5 种方式，可以任选一种，不论哪一种，都反映了一个共同要求：固定日付款期限的确定依据必须是汇票自身内容，而不能是其他单据，或其他单据的内容，因为汇票是自足性票据，具有单独的流通性。

【CDCS 题目分析】approximately 允许的比例，汇票付款到期日的正确显示

※Question

A documentary credit is issued for approximately GBP40 000 with drafts at 30 days from date of shipment. Documents are presented on 22 September with bills of lading dated 01 September.

Which of the following drafts would comply?

1. 30 days from 01 September for approximately GBP40 000.

2. 30 days from date of shipment for GBP38 000.

3. Due 01 October for GBP42 000.

4. 30 days from bill of lading date 01 September for GBP44 000.

Select one：

A. 1 and 2 only.

B. 1 and 3 only.

C. 2 and 4 only.

D. 3 and 4 only.

※解析与答案

本题中提到，一份金额大约为 40 000 英镑的跟单信用证，须出具装运日后 30 天付款的汇票。9 月 22 日提交的单据中包括提单，提单日期为 9 月 1 日。问下面哪些汇票符合要求。

本题判断的第一个依据是 UCP600 Article 30 a 款："The words 'about' or 'approximately' used in connection with the amount of the credit or the quantity or the unit price stated in the credit are to be construed as allowing a tolerance not to exceed 10% more or 10% less than the amount, the quantity or the unit price to which they refer."。（"约"或"大约"用于信用证金额或信用证规定的数量或单价时，应解释为允许有关金额或数量或单价有不超过 10% 的增减幅度。）根据 UCP600 Article 30 a 款的规定，本题中提到的汇票金额在 GBP36 000 ～ 44 000 之间是符合要求的。

本题判断的第二个依据是 ISBP745 Para B2 b 款规定：当信用证要求汇票的付款期限不是见票即付或见票后定期付款时，必须能够根据汇票自身数据确定付款到期日。这句话强调了必须可以从汇票本身提供的信息判断出它的付款到期日，不需要借助其他单据。

基于上述两个依据，我们逐一分析四个选项：

选项 1：30 days from 01 September for approximately GBP40 000.

信用证规定的支取金额必须是确定的，不能带"大约"字样，选项1表述错误。

选项2：30 days from date of shipment for GBP38 000.

汇票上的付款期限只体现"装运日后30天"字样，无法仅凭汇票判断出汇票的到期日是哪天，这违背了ISBP745 Para B2 b款的规定，选项2表述错误。

选项3：Due 01 October for GBP42 000.

根据题目计算，提单日是9月1日，汇票到期日为提单日后30天，刚好是10月1日；汇票金额GBP42 000，在GBP40 000的增减10%的浮动范围内，选项3表述正确。

选项4：30 days from bill of lading date 01 September for GBP44 000.

这个选项注明提单日及到期日的计算标准，能够根据汇票自身数据确定付款到期日，汇票金额GBP44 000，在GBP40 000的增减10%的浮动范围内，选项4表述正确。

综上所述，四个选项中3和4是符合要求的，故本题答案为D。

c. When the tenor refers to, for example, 60 days after the bill of lading date, the on board date is deemed to be the bill of lading date even when the on board date is prior to or later than the date of issuance of the bill of lading.（当汇票的付款期限涉及，例如，提单日期后60天时，装船日期将视为提单日期，即便装船日期早于或晚于提单出具日期。）

※ 解读

当信用证规定以提单日后若干天来表示汇票付款期限时，这里的提单日不是指提单的出具日期，而是指货物的装船日期。例如，信用证规定汇票的付款期限是提单日后30天，受益人提交的海运提单的"Date and place of issue"栏为"11 May 2021，Qingdao"，另外显示装船批注为"On board date：12 May 2021，Qingdao"，这时汇票的付款期限一栏应写为"At 30 days after bill of lading date 12 May 2021"，因为5月11日是海运提单的出具日期（提单签发日），5月12日才是货物的装船日期，装船日期被视为提单日期，不管装船日期早于还是晚于提单的出具日期。

d. The words "from" and "after" when used to determine maturity dates of drafts, signify that the calculation of the maturity date commences the day following the date of the document, shipment or the date of an event stipulated in the credit, for example, 10 days after or from May 4 is May 14.［当使用词语"从……起（from）"和"在……之后（after）"确定汇票的付款到期日时，这表示到期日的计算将从单据日期、

装运日期或信用证规定的事件日期的次日起，例如，从 5 月 4 日起 10 天或 5 月 4 日之后 10 天，均为 5 月 14 日。]

※ **解读**

本款表明，计算汇票到期日时，"from"和"after"的含义是相同的，当使用"from"和"after"确定汇票到期日时，均不包括提及的日期，到期日的计算都是从汇票付款期限 from 或 after 后面所提及的次日起计算。

e. i. When a credit requires a bill of lading and drafts are to be drawn, for example, at 60 days after or from the bill of lading date, and a bill of lading is presented evidencing unloading and reloading of the goods from one vessel to another, and showing more than one dated on board notation and indicating that each shipment was effected from a port within a permitted geographical area or range of ports, the earliest of these dates is to be used for the calculation of the maturity date. For example, a credit requires shipment from any European port, and the bill of lading evidences on board vessel "A" from Dublin on 14 May, with transshipment effected on board vessel "B" from Rotterdam on 16 May. The draft should reflect 60 days after the earliest on board date in a European port, i.e., 14 May. （当信用证要求提单且要求汇票付款期限做成，例如，提单日期之后 60 天或从提单日期起 60 天，而提交的提单表明货物从一艘船卸下后再装上另一艘船，并显示不止一个注明日期的装船批注，表明每一装运均从信用证允许的地理区域或港口范围内的港口装运时，其中最早的装船日期将用以计算付款到期日。例如，信用证要求从任何欧洲港口装运，且提单显示货物于 5 月 14 日在都柏林装上 A 船，于 5 月 16 日在鹿特丹转运装上 B 船，汇票的付款期限应显示在欧洲港口的最早装船日期后 60 天，即 5 月 14 日后 60 天。）

※ **解读**

本款表明，货物在区域内转船运输形成的同一提单上有多个装船批注，而且所有装船批注都显示货物是从一个信用证允许的地理区域或地区装运，应以最早的装船批注日期来计算汇票的付款到期日。因为在转船运输下，货物装上第一程运输的船上时，信用证项下对应的全部货物均已装船完毕。

ii. When a credit requires a bill of lading and drafts are to be drawn, for example, at 60 days after or from the bill of lading date, and a bill of lading is presented evidencing shipment of goods on the same vessel from more than one port within a permitted geographical area or range or ports, and shows more than one dated on board notation, the latest of these dates is to be used for the calculation of the maturity date. For example, a credit requires shipment from any European port, and the bill of lading evidences part of goods loaded on board vessel "A" from Dublin on 14 May and the remainder on board the same vessel from Rotterdam on 16 May. The draft should reflect 60 days after the latest on board date, i.e., 16 May.（当信用证要求提单且要求汇票付款期限做成，例如，提单日期之后 60 天或从提单日期起 60 天，而提交的提单显示货物从信用证允许的地理区域或港口范围内的多个港口装运上同一艘船，并显示不止一个注明日期的装船批注时，其中最迟的装船日期将被用于计算付款到期日。例如，信用证要求从任何欧洲港口装运，且提单显示部分货物于 5 月 14 日在都柏林装上 A 船，其余部分于 5 月 16 日在鹿特丹装上同一艘船时，汇票的付款期限应显示为在欧洲港口的最迟装船日期后 60 天，即 5 月 16 日后 60 天。）

※ 解读

本款表明，货物在区域内多港装船形成的同一提单有多个装船批注时，以最晚的批注日期用于计算汇票付款到期日。本款对应的情形是信用证项下的货物分批次装在同一艘船上，最早的转船批注做出时，受益人的交货责任并没有结束，多个装船批注合在一起，才对应于完整的货物交付。

iii. When a credit requires a bill of lading and drafts are to be drawn, for example, at 60 days after or from the bill of lading date, and more than one set of bills of lading is presented under one draft, the on board date of the latest bill of lading will be used for the calculation of the maturity date.（当信用证要求提单，而汇票付款期限做成，例如，提单日后 60 天或从提单日起 60 天，而一张汇票下提交了多套提单时，其中的最迟装船日期，将用以计算付款到期日。）

※ 解读

本款表明，一套汇票下提交了多套提单，将以最晚的装船批注日期用于计算付款到期日。这里的多套提单，可以是部分转运，也可以是全部装运。比如信用证要求汇票做成"Draft at 60 days after B/L date"，受益人提交了两套提单，其中一套提单显示部分货物在 5 月 11 日在青岛装上 A 船，第二套提单显示其余货物在 5 月 13 日在上海装上 A 船，或者装上 B 船，汇票的到期日应为最晚的装船日，即 5 月 13 日后的 60 天。

【CDCS 题目分析】根据装运日期计算汇票付款到期日

※Question

A credit is payable against drafts drawn at 30 days after bill of lading date and requires shipment to be effected from any European port.

The bill of lading indicates receipt of the goods by the carrier on 11 June ××××, an on board notation for vessel "A" dated 13 June ×××× at Felixstowe and transhipment at Hamburg with an on board notation for vessel "B" dated 16 June ××××, which has been subsequently amended by the carrier to read as 15 June ××××. The maturity date for the draft is _____.

Select one:

A. 11 July ××××

B. 13 July ××××

C. 15 July ××××

D. 16 July ××××

※解析与答案

本题中指出，信用证凭提单日后 30 天付款的汇票兑付，装运港是任意欧洲港口。那么，汇票的付款到期日是什么时候？

判断依据主要包括：ISBP745 的 B2 段 c 款："当汇票的付款期限涉及，例如，提单日期后 60 天时，装船日期将视为提单日期。"B2 段 d 款："当使用词语'从……起（from）'和'在……之后（after）'确定汇票的付款到期日时，这表示到期日的计算将从单据日期、装运日期或信用证规定的事件日期的次日起。"B2 段 e（i）款："当信用证要求提单且要求汇票付款期限做成，例如，提单日期之后 60 天或从提单日期起 60 天，而提交的提单表明货物从一艘船卸下后再装上另一艘船，并显示不止一个注明日期的装船批注，表明每一装运均从信用证允许的地理区域或港口范围内的港口装运时，其中最早的装船日期将用以计算付款到期日。"

本题中提单显示 6 月 11 日承运人收到货物，6 月 13 日货物于费力克斯托港装上 A 船，然后转运至汉堡港，并于 6 月 16 日装上 B 船，随后，承运人将 16 日修改为 15 日。6 月 13 日和 6 月 16 日是装船日期，费力克斯托和汉堡属于欧洲港口，按 B2 段 e（i）款的规定，最早的装船日期，即 6 月 13 日将用以计算付款到期日；汇票到期日期为提单日后 30 天（at 30 days after bill of lading date），按照 B2 段 d 款的规定，应从 6 月 13 日的次日即 14 日起算满 30 天，即 7 月 13 日是汇票到期日，故此题答案为 B。

（六）B8 至 B12 段出票

Para B8:

a. A draft is to be drawn and signed by the beneficiary and to indicate a date of issuance. （汇票应由受益人出具并签署，且应注明出具日期。）

b. When the beneficiary or second beneficiary has changed its name, and the credit mentions the former name, a draft may be drawn in the name of the new entity provided that it indicates "formerly known as（name of the beneficiary or second beneficiary）" or words of similar effect. ［当受益人或第二受益人已变更名称，而信用证提到的是原名称时，只要汇票注明该实体"原名称为（受益人或第二受益人的名称）"或类似措辞，其就可以新实体的名称出具。］

※ 解读

出票是汇票产生的起点。在信用证交易中，受益人是债权人，信用证项下的汇票是受益人出具的要求付款的工具，其出票人应该是受益人。出票人的名称要与信用证上所记载的完全相符。即使信用证规定"第三方单据可接受"，汇票仍然必须由受益人出具。汇票必须由出票人签字，包括出具人名称和签字两项。出票还必须加注出票日期。如果由于并购、分立等原因受益人名称发生了变更，由新实体作为出票人就可以，但需在发票上注明该实体"旧名称即×××"的类似措辞，以体现权利和责任的表面连续性。

【CDCS 题目分析】受益人变更名称后，单据出具人如何填写？

※Question

A documentary credit issued in favour of Baker Products Ltd requires presentation of drafts drawn at 60 days after shipment date, invoice, packing list, certificate of origin and bills of lading, and further states that third-party documents are not allowed. All documents presented indicate the name of the beneficiary as Baker Holdings Ltd.

Assuming all other conditions of the credit have been met, which of the following will be required to make the documents acceptable according to ISBP?

Select one:

A. A notation on all documents that states that the named party was formerly known as Baker Products Ltd.

B. A notation on both the draft and the invoice that states that the named party was formerly known as Baker Products Ltd.

C. A notation on the invoice alone that states that the named party was formerly known as Baker Products Ltd.

D. Presentation of a certified copy of a certificate of reincorporation.

※ 解析与答案

本题提到，一份以"Baker Products Ltd"为受益人的跟单信用证，要求提交的单据包括汇票、发票、装箱单、原产地证书、提单，并且声明"third-party documents are not allowed（第三方单据不可接受）"。但所有提交的单据上都显示受益人名称为"Baker Holdings Ltd"。假设信用证的其他条件都满足，根据ISBP，下列四个选项中哪些单据是可以接受的？

本题判断的关键点有两个：一个是准确理解"third-party documents are not allowed（第三方单据不可接受）"的意思，另一个是受益人变更名称后单据上的受益人该如何填写。

ISBP 745 Para A19 d 款规定："'Third party documents not acceptable' has no meaning and is to be disregarded."（"第三方单据不可接受"没有任何含义，将不予理会。）根据上述规定，信用证里如果有这么一句话，可以不必理会，对信用证制单没有任何影响，当它不存在即可。

本题中信用证规定的原受益人名称为"Baker Products Ltd"，但在交单的时候公司名称变更为了"Baker Holdings Ltd"，在单据中应该如何填写呢？本题涉及的汇票、发票、装箱单、原产地证书、提单这5种单据中，按ISBP规定，只有汇票和发票需要由受益人出具。ISBP745 Para B8 b 款和 Para C2 b 款规定：当受益人或第二受益人已变更名称，而信用证提到的是原名称时，只要汇票注明该实体"原名称为（受益人或第二受益人的名称）"或类似措辞，其就可以新实体的名称出具。结合本题，如果受益人更名了，可以由更名后的 Baker Holdings Ltd 出具汇票，但需要在汇票和发票上显示"以前的名称为 Baker Products Ltd"或类似措辞。其他3种单据则不需要这样填写。

下面依次分析四个选项：

A. A notation on all documents that states that the named party was formerly known as Baker Products Ltd.

并不需要在题目中涉及的5种单据中都显示"以前的名称为 Baker Products Ltd"，选项A表述错误。

B. A notation on both the draft and the invoice that states that the named party was formerly known as Baker Products Ltd.

按 ISBP745 Para B8 b 和 Para C2 b 款规定，如果受益人更名，汇票和发票可以新实体的名称出具，但需要同时在单据上显示"原名称为××"或类似措辞，选项 B 表述正确。

C. A notation on the invoice alone that states that the named party was formerly known as Baker Products Ltd.

根据上面选项 B 的分析，发票和汇票都需要显示"原名称为××"或类似措辞，发票单独这样做是不够的，选项 C 表述错误。

D. Presentation of a certified copy of a certificate of reincorporation.

信用证并未要求提交经证实的重新注册公司的注明，即使提交了，银行也将不予理会，而且也不能免除发票和汇票出具人填写的要求，选项 D 表述错误。

故本题答案为 B。

Para B10：

When a credit is available by negotiation with a nominated bank or any bank, the draft is to be drawn on a bank other than the nominated bank. （当信用证规定由指定银行或任何银行议付时，汇票付款人应当做成指定银行以外的一家银行。）

Para B11：

When a credit is available by acceptance with any bank, the draft is to be drawn on the bank that agrees to accept the draft and is thereby willing to act on its nomination. （当信用证规定由任何银行承兑时，汇票付款人应当做成同意承兑汇票并愿意按指定行事的银行。）

Para B12：

When a credit is available by acceptance with：（当信用证规定：）

a. a nominated bank or any bank, and the draft is to be drawn on that nominated bank (which is not a confirming bank), and it decides not to act on its nomination，the beneficiary may choose to：［由指定银行或任何银行承兑，且汇票付款人做成了该指定银行（其不是保兑行），且该指定银行决定不按指定行事时，受益人可以选择：］

i. draw the draft on the confirming bank, if any, or request that the presentation be forwarded to the confirming bank in the form as presented；（如有保兑行，以保兑行为汇票付款人，或者要求将单据按照交单原样转递给保兑行；）

ii. present the documents to another bank that agrees to accept a draft drawn on it and thereby act on its nomination, (applicable only when the credit is available with any bank); or ［将单据交给同意承兑以其为付款人的汇票并按指定行事的另一家银行（只适用于自由兑付信用证）；或者］

iii. request that the presentation be forwarded to the issuing bank in the form as presented with or without a draft drawn on the issuing bank. （要求将单据按照交单原样转递给开证行，在此情形下，随附或不随附以开证行为付款人的汇票。）

b. a confirming bank，and the draft is to be drawn on that confirming bank and the presentation is non-complying, and it decides not to reinstate its confirmation, the beneficiary may request that the presentation be forwarded to the issuing bank in the form as presented,with or without a draft drawn on the issuing bank. （由保兑行承兑，且汇票付款人做成了该保兑行，但交单不符，且该保兑行决定不恢复保兑时，受益人可以要求将单据按照交单原样转递给开证行，在此情形下，随附或不随附以开证行为付款人的汇票。）

※ 解读

B10 段规定了议付信用证下汇票付款人必须为指定银行以外的一家银行。B11 段规定承兑信用证下汇票付款人必须为同意承兑并按指定行事的银行。B12 段与 B11 段相呼应，规定了当承兑信用证下指定银行不愿意承兑，受益人可做的选择。选择一是重新将付款人做成保兑行，如有的话。或要求将单据照转给保兑行（不重做汇票）；选择二是将付款人重新做成另一家愿意按指定行事且同意承兑汇票的银行，并向其交单（该选项仅适用于可在任何银行承兑的信用证）；选择三是要求将单据照转给开证行，无需重做汇票，也可以重做一份以开证行为付款人的汇票。若为可在保兑行承兑的信用证，汇票的付款人就做成该保兑行。在交单不符的情况下，且保兑行决定不恢复保兑，受益人可要求将单据照转给开证行，无需重做汇票，也可以重做一份以开证行为付款人的汇票。

【国际商会案例 R628/TA661rev】如何确定信用证项下汇票的付款人？

※ 案例背景

此案中，咨询者就一份凭受益人出具的见票后 90 天付款的远期汇票可在某指定银行或任何银行兑用的承兑信用证问：①如果信用证规定由任意银行或指定银行兑用，那么提交的汇票付款人应该是谁？指定银行（或任何银行，若可在任何银行兑用），还是开证银行？②如果提交的汇票付款人做成开证行，指定银行可以承兑汇票吗？

※ 国际商会意见

就问题①，如果信用证规定由某指定银行承兑兑用，那么汇票就应该以该指定银行为付款人（如果它同意按指定行事）。如果信用证规定可在任何银行承兑兑用，则该信用证必须规定汇票的付款人为"该指定银行"。该指定银行是应受益人请求同意按指定行事的指定银行，则汇票的付款人就是该指定银行。

就问题②，如果汇票的付款人是开证行，它应由开证行承兑。而且如果汇票的付款人是开证行，那么信用证就应该规定由指定银行议付，而非承兑。

※ 点评

本案中，国际商会明确提出：信用证规定了汇票承兑行，汇票的付款人就做成该承兑行；汇票的付款人是谁，就由谁承兑。信用证项下汇票的付款人是谁，既涉及开证行开证时如何开立，也涉及受益人将来制单的时候如何制作汇票的问题。就受益人制作汇票而言，如果信用证要求汇票，会在信用证第 42a 场中明确规定付款人（即受票人）为何人，受益人在填写汇票的时候照样填写就可以。但如果指定银行不愿意按指定行事或交单不符，该怎么办呢？ISBP745 的第 B10至 12 段就汇票付款人如何规定做了详细的说明和指引。

（七）B13 至 B14 段金额

Para B13：

A draft is to be drawn for the amount demanded under the presentation. （汇票金额应当为交单下要求支款的金额。）

Para B14：

The amount in words is to accurately reflect the amount in figures when both are shown, and indicate the currency as stated in the credit. When the amount in words and figures are in conflict, the amount in words is to be examined as the amount demanded. （如果汇票同时显示大小写金额，那么大写金额应当准确反映小写金额，且应注明信用证规定的币别。当大小写金额矛盾时，大写金额将作为支款金额予以审核。）

※ 解读

汇票的支款金额，必须对应交单下要求支款的金额。比如信用证规定"Drafts for 100% of invoice value"，汇票金额就要与发票金额相同；如果信用证规定"Drafts for 95% of invoice value"，汇票金额就应做成发票金额的 95%。实务中大部分汇票会同时显示大小写金额，大写金额必须反映小写金额，当大小写金额矛盾时，大写金额将作为汇票金额。

【DOCDEX Decision No.226】汇票大小写金额不一致

※ 案例背景

受益人提交的汇票上的小写金额为 USD447 160.59，大写金额为 "USD four hundred forty seventy thousand one hundred sixty 59/100"。开证行以汇票金额的大小写不一致为不符点提出拒付。

※ 国际商会意见

该汇票应视为符合信用证条款。国际商会专家裁决分析如下："The experts are of the unanimous opinion that, while as a matter of principle a difference in the draft between the amount in figures and the amount in letters is a discrepancy that justifies the rejection of the document, in the case at hand the discrepancy identified by the respondent is an obvious typographical error that does not justify the rejection of the documents. Indeed, because the amount 'four hundred forty seventy' does not exist，it should be considered as meaning 'four hundred forty seven', which conforms to the amount in figures and to the amount indicated on the remaining documents presented under the documentary credit."。

根据裁决意见，汇票大小写金额的不同（difference）构成不符，但大写金额中明显的打字拼写错误（obvious typographical error）而不影响其与小写金额的一致性则不是不符点。

※ 点评

UCP600 14 d 款规定：Data in a document, when read in context with the credit, the document itself and international banking practice, need not be identical to, but must not conflict with, data in that document, any other stipulated document or the credit.（单据中的数据，在与信用证、单据本身以及国际标准银行实务参照解读时，无须与该单据本身中的数据、其他要求的单据或信用证中的数据等同一致，但不得矛盾。）

实务中存在大写金额明显拼写错误但又不影响判定其与小写金额一致的情形，为维护信用证作为支付工具而非拒付工具的原则，ISBP745 Para B14 新增了"当大小写金额矛盾时，大写金额将作为支款金额予以审核"的表述。据此，Para B14 中的"大小写金额矛盾"（in conflict）应是针对打字拼写错误而言，而不包括大小写金额完全不一致（difference）这种情况。

（八）B18 段以开证申请人为付款人的汇票

Para B18：

a. A credit must not be issued available by a draft drawn on the applicant.（信用

证不得开立成凭以开证申请人为付款人的汇票兑用。）

b. However, when a credit requires the presentation of a draft drawn on the applicant as one of the required documents, it is to be examined only to the extent expressly stated in the credit, otherwise according to UCP600 sub-article 14 f.（然而，当信用证要求以申请人为付款人的汇票作为一种规定单据提交时，该汇票应仅在信用证明确规定的范围内予以审核，其他方面将按照 UCP600 第 14 条 f 款的规定审核。）

※ 解读

本段规定与 UCP600 第 6 条 C 款"信用证不得开成凭以申请人为付款人的汇票兑用"的规定意思一样，信用证下汇票做成以申请人为付款人，可以接受，但将按普通商业单据审核，不视为金融票据，也不应该凭此类汇票兑用信用证下的款项。实务中，以申请人为付款人的汇票，通常体现在信用证 46A 的"Documents required"或 47A "Additional conditions"栏位中，如"Additional draft for full invoice value drawn on applicant must accompany the original shipping documents."，此时的汇票被作为一份普通商业单据对待。

【CDCS 题目分析】汇票的几个注意事项

※Question

Which of the following statements in relation to drafts presented under documentary credits is correct?

Select one：

A. A credit cannot be available with drafts drawn on the applicant.

B. Any corrections or alterations to drafts must be dated and then signed or initialed by the beneficiary.

C. Drafts drawn at sight need not be dated.

D. Drafts must state the amount drawn in both words and figures.

※ 解析与答案

本题考查的是对 UCP600 和 ISBP745 关于汇票规定的掌握。判断依据主要包括 UCP600 Article 6 c、ISBP745 Para B8、 B14、B16、B18 等条款的规定。

题目问的是以下关于信用证项下提交汇票的哪项声明是正确的？

下面逐一分析四个选项：

选项 A. 信用证不能凭以申请人为付款人的汇票兑用。UCP600 Article 6 c 款提到：信用证不得开成凭以申请人为付款人的汇票兑用。所以 A 的表述正确。

选项 B. 汇票上的任何更正必须注明日期并由受益人签字或小签。ISBP745 Para B16 提到：汇票上数据的任何更正，应当看似已由受益人以额外的签字或小签加以证实。该条款强调了汇票的更正需要受益人以额外签字或小签的方式加以证实，但没有要求注明更正日期，因此 B 的表述错误。

选项 C. 即期汇票不需要注明日期。ISBP 745 Para B8 a 款提到：汇票应由受益人出具并签署，且应注明出具日期。该条款强调了无论即期汇票还是远期汇票，都要注明日期，即汇票的出具日期，因此选项 C 的表述错误。

选项 D. 汇票必须统统是显示大小写金额。ISBP 745 Para B14 规定：当汇票同时显示大小写金额时，大写金额应当准确反映小写金额，且应注明信用证规定的币别。当大小写金额矛盾时，大写金额将作为支款金额予以审核。从上述规定可知，并不要求汇票同时显示大小写金额，只是要求如果同时显示了大小写金额，大写金额应当准确反映小写金额，如果大小写金额不一致，那么将以大写金额为准，故选项 D 表述错误。

综上分析，此题答案为 A。

三、信用证中汇票相关的栏目

（一）判断是否需要提交汇票的栏目

信用证实务中，并非每个信用证都要求受益人提交汇票。判断一个信用证项下是否需要提交汇票，首先看信用证 41 栏兑付方式的说明，如果显示的是 BY NEGOTIATION（议付）或者 BY ACCEPTANCCE（承兑），则通常需要汇票；如果显示的是 BY PAYMENT（付款）或者 BY DEFERED PAYMENT（延期付款），则通常不需提交汇票。其次看信用证的 42C 场，如果信用证上有此栏，则该信用证需要出具并提交汇票。最后看信用证 46A 栏 DOCUMENTS REQUIRED 或者 47A 场 ADDITIONAL REQUIRED，如果这些栏目有要求提交汇票，则受益人也需要出具并提交汇票。如果信用证上没有 42C 的条款，或者无条款要求提交汇票，都是不需要提交汇票的。

与以往相比，实务中凭借汇票在信用证下索款的意义已没有那么重要，而信用证下提交的汇票有时反而会成为不符点，在欧美地区，如果提交汇票的话，还可能会使申请人承担高额的印花税。国际商会在 2019 年初发布了《跟单信用证项下汇票使用的指引文件》，建议对于遵循 UCP600 的跟单信用证，不鼓励使用汇票，除非是由于特定的商业、监管或法律原因，汇票才应当被要求提交。建议减少即期信用证（包括即期付款信用证和即期议付信用证）下要求提交汇票的习惯做法，尤其是以开证行、保兑行或指定付款银行作为付款人的汇票；建议银行开立远期跟单信用证时选择延期付款而非承兑的方式，以避免承兑汇票的提交。

（二）规定汇票具体要求的条款

信用证对汇票规定的条款通常有两类。

一类是适用所有单据要求的条款，例如在信用证 47 场规定"所有单据必须显示信用证号码和日期"或者"所有单据必须以英语出具"。

【国际商会案例 R698/TA590 rev】汇票缺少信用证号码是否不符

※ 案例背景

信用证要求"一切单据显示合同号码"。但提交的汇票没有显示合同号，可以吗？

※ 国际商会意见

不是不符点，可以接受。

※ 点评

国际商会在意见最初稿中提出："所谓的'一切单据'应该指的是转交给申请人的单据，而不是开证行保留的单据。"但在本案例最终稿的分析和结论中这一句已经删除。但国际商会明确指出汇票没有显示合同号不是不符点，说明国际商会认可信用证规定中所谓的"一切单据"不包括汇票。

【国际商会案例 R730/TA703 rev】汇票的语言问题

※ 案例背景

信用证要求"一切单据用英语出具"。但提交的汇票名称及栏位名称用的是西班牙语，而金额、到期日、信用证号码、付款人名称等用英语。单据被保兑行拒绝，不符点是"Draft presented in foreign language."。

※ 国际商会意见

不是不符点，可以接受。理由是"此条件仅适用于 46A 或 47A 罗列的单据。显然，汇票没有罗列其中"。对诸如"所有单据必须以英文出具"的条款而言，除非信用证在"所需单据"中要求提交以申请人为付款人的汇票，否则不应将汇票视为适用该条款的单据之一。汇票应在信用证条款、UCP 和所适用的当地法律范围内进行审核。

※ 点评

本案例中国际商会意见的着眼点是汇票规定的位置，是在 46 场或 47 场，还是在 42 场。另外，根据 ISBP745 总则部分第 A21 段 e 款的规定："尽管第 A21 段 a 款和 d 款有所规定，个人或实体的名字、任何印章、合法化、背书或类似数据，以及单据上预先印就的文本，比如但不限于栏位名称，还是可以信用证要求以外的语言显示的。"根据 ISBP745 第 A21 段 e 款的规定，本案例也不构成不符点。

※ 引申

在实务中，长期以来存在一个争议，信用证规定的"一切单据"，尤其是在 47 场规定的"一切单据"，包括汇票吗？从国际商会的几个判例来看，答案是否定的。信用证要求规定的"一切单据"，默认只局限于申请人通过信用证要求并需要提供给申请人使用的单据，而不包括开证行或另一家银行在信用证中要求并需要提供给银行使用的单据，尽管后者也是信用证中的单据。

另一类是信用证会对汇票做出规定的条款，例如信用证第 42C 场"drafts at"规定汇票的付款期限，如 "drafts at ... at sight"的措辞意味着信用证项下必须提交即期汇票。信用证 42A 场"drawee"规定汇票的受票人也就是付款人。

第四章 发　　票

第一节　发票概述

在信用证业务项下，受益人从银行收取款项的条件是相符交单，提交全套合格的单据，通常包括发票、包装单据、运输单据、保险单据、原产地证书、受益人证明等。其中，发票是全套出口单据的核心，是反映合同内容的中心单据。发票是出口商向进口商开立的对所交货物的总说明，是带有货款价目、逐项列出的货物或服务清单。

一、发票的类型

在国际贸易中，根据不同需要和不同出具人，发票可分为许多不同的种类，比如商业发票、详细发票、证实发票、海关发票、厂商发票、形式发票等。

（一）商业发票

商业发票是卖方（出口商）向买方（进口商）开具的载有交易货物名称、数量、价格、金额等内容的总清单，是一笔业务的全面反映，是装运货物的总说明。商业发票是买卖双方记账的依据，是买卖双方交接货物、结算货款的主要单据，可供国外买方凭以收货、支付货款和报关完税使用，是一笔贸易中必不可缺的单据，也是信用证项下全套单据的中心单据。

（二）海关发票

海关发票是根据某些进口国海关的规定，由出口商填制的一种特定格式的发票，主要是作为估价完税、确定原产地、征收差别待遇关税或征收反倾销税的依据。

海关发票从作用到填制都与商业发票不同，其内容比一般的商业发票复杂，在不同国家有不同的专门固定格式，一般包括三大部分，即价值证明、产地证明和声明。有些国家允许以海关发票替代商业发票。在缮制时应注意：如成交条件为 CIF，应分别列明 FOB 价、运费、保险费三项内容，且其应与 CIF 货值相等；签字人和证明人均须以个人身份出现，二者不能为同一人，个人签字须手签方有效。

（三）领事发票

领事发票是由进口国驻出口国的领事出具的一种特别印就的发票，是出口商根据进口国驻出口地领事所提供的特定格式填制，并经领事馆签证的发票。领事发票主要用于证明出口货物的详细情况，确定货物的原产地，凭以明确差别待遇关税，或凭以核定发票售价是否合理，供进口国用于防止外国商品的低价倾销，同时可用作进口税计算的依据。领事发票属官方单证，格式一般相对固定。领事发票中应注明的内容视 L/C 上发票认证条款而定，一般须注明"装运货物系××（出口国）制造／出产"。

（四）证实发票

证实发票也称为确证发票，是证明所载内容真实、正确的一种发票。证实发票除了同商业发票一样列明当事人名称、地址，商品名称、规格、货号、单价、总金额、运输标志等常见项目外，还特别地加注有关证明文句。证实的内容视进口商的要求而定，常见的证明事项包括发票内容真实无误、货物原产地为某某国、商品品质与合同规定相符、本发票内容与某某号形式发票的内容相同无更改、价格正确、本发票为唯一的发票等。

（五）详细发票

若信用证规定提交"详细发票"，出口商在制作发票时要用规定的名称，同时在发票上应将货物名称、规格、数量、单价、价格条件、总值等信息详细列出。

（六）厂商发票

厂商发票是出口货物的制造厂商出具的以本国货币表示出厂价格的销货凭证。其目的是供进口国海关估价、核税及检查是否有削价倾销行为，征收反倾销税时使用。在缮制厂商发票时应注意：

①出票日期应早于商业发票日期；

②以出口国货币表示单价和总额。注意厂商发票上的单价不能高于发票的FOB价，以免被进口国海关视为倾销而征收反倾销税；

③发票内应加注证明制造商的语句"We hereby certify that we are actual manufacturer of the goods invoiced."；

④抬头人打出口商，出单人为制造厂商，由厂方负责人在发票上签字盖章；

⑤货物出厂时，一般无出口运输标志，因此除非信用证有明确规定，厂商发票不必缮制唛头。

（七）形式发票

"pro forma"是拉丁文，意思是"纯为形式的"，"pro forma invoice"从字面来理解，是指纯为形式的、无实际意义的发票。在国际贸易中，形式发票也称预开发票或估价发票，是出口方应进口方的要求，在未正式成交前，按拟出口货物的名称、规格、数量、单价、估计总值等开立的一种非正式的参考性发票，可供进口方估算进口成本，或向其本国金融机构或外贸管理当局申领进口许可证和核批外汇之用，有时用于报盘，作为交易前的发盘，卖方凭此预先让买方知晓货物信息以及成交后卖方要开给买方的商业发票大致的形式及内容。

形式发票只是一种估价单，不是一种正式单据，不能用作交易双方的记账依据，也不能用于托收和议付，它所列的单价等，仅仅是出口方根据当时情况所做的估计，对交易双方都没有最终的约束力，当正式成交并履行合同时出口商还需按照信用证、合同等有关规定内容另外出具正式的发票。

二、发票的作用

发票反映了出运货物的详细情况，只有掌握货物的详细情况才能安排运输，在报关报检、出口退税等环节，还需向海关、税务等部门提交发票作为原始审验凭证。

（一）交易的证明文件

发票是一笔交易的全面叙述，详细列明了货物名称、数量、单价、总值、重量和规格等内容，方便进口方识别所装运的货物属于哪笔合同，是否符合合同所规定的内容和要求。发票是最重要的履约证明文件。

（二）进出口商记账的凭证

发票是销售货物的记账凭证。对出口商来说，通过发票可以了解销售收入、核算盈亏。对进口商来说，同样需要根据发票的内容逐笔记账，根据发票结算货款，履行合同义务。

（三）报关征税的依据

在出口地和进口地，发票还可作为进出口商报关报检、计税纳税的凭证。货物装运前，出口商需向海关递交商业发票等单据向海关报关，发票中载明的价值和有关货物的说明是核算应缴税费和海关查验货物的依据。国外进口商进口申报时同样需向当地海关提交出口商提供的发票，海关凭以核算税费、验货放行，进口商凭以清关提货。发票是海关清关放行的重要凭证之一。

（四）替代汇票

在信用证不要求使用汇票时，开证行应根据发票金额付款，这时发票就起到了替代汇票的作用。在其他不用汇票结汇的业务中（如电汇、光票托收等方式），也用发票替代汇票进行结算。

除上述作用外，发票还可作为海关统计、向保险公司办理投保手续、货损货差索赔理赔、办理出口退税等业务的重要凭证。

三、商业发票的内容及缮制要求

（一）商业发票内容

国际贸易中最常使用的发票类型是商业发票，通常由出口商根据合同或信用证的规定，以及出口商自己的习惯做法来缮制，并没有统一的格式和内容。实务中发票通常包括以下栏目：发票名称、出单人名称和地址、受单人或抬头名称和地址、发票号码、发票日期、信用证号码、合同号码、运输说明、支付方式、唛头、货物描述、包装方式及数量、单价和金额、证明文句、出单人签名、发票份数等。为了满足发票的功能，及方便受益人安全收款，其内容通常应至少包括货物品名或服务项目名称、数量、单价、总值等内容，以及合同和信用证中规定的特定内容。

（二）商业发票的缮制要求

1. 发票名称

根据 ISBP745 Para C1 的规定，若信用证只要求提交发票而未做进一步描述，则提交商业发票、海关发票、税务发票、最终发票、领事发票等形式的发票都可以接受，但是临时发票、形式发票或类似的发票是不可接受的；当信用证要求提交商业发票时，标为"发票"和"商业发票"的单据都是可以接受的。

在实务中，通常在发票的正上方标注"商业发票""发票"或信用证等文件要求的名称。

2. 出单人、受单人（抬头）的名称和地址

根据 UCP600 第 18 条的规定，商业发票必须看似由为受益人出具，必须以申请人为抬头（另有规定除外）。所以发票的出单人通常是信用证受益人，即出口商，受单人或抬头为信用证中的开证申请人，即进口商。实务中很多企业习惯在发票的顶端印就或标注醒目的出单人名称和详细地址。

UCP600 第 14 条 J 款规定：当受益人和申请人的地址出现在任何规定的单据中时，无须与信用证或其他规定单据中所载相同，但必须与信用证中规定的相应地址同在一国。联络细节（传真、电话、电子邮箱及类似细节）作为受益人和申请人地址的一部分时将被不予理会（运输单据上的收货人或通知方细节除外）。由此可见，发票中填写受益人和申请人地址时，可以与信用证规定不一致，但必须与信用证中规定的相应地址在同一国；地址中的联络细节如电传、传真号码、电话、电子邮件等内容可以不显示，如果提供，也不必与信用证中规定的相同。

3. 发票号码、发票日期、信用证号码、合同号码等参考信息

发票号码由出口商自行编制，一般采用顺序号，便于查对。发票作为中心单据，其他票据的号码可以使用发票号码，如汇票号码、装箱单号码等。

发票通常是整套单据中签发日期最早的单据。UCP600 第 14 条 i 款规定：单据日期可以早于信用证的开立日期，但不得晚于交单日期。

信用证项下，信用证号码可作为出具发票的依据，按照信用证中的号码缮制即可。若不是信用证方式付款，本栏目留空。

合同是一笔业务的基础，发票是出口商证明其履行合同义务情况的文件，内容完善的发票应包括合同号。信用证项下发票上的合同号应与信用证上列明的一致，一笔交易对应多份合同的，多个合同号都应填写在发票上。

4. 运输说明

该栏目为货物的运输信息，包括运输路线（运输的起讫口岸和转运信息等）、运输方式（海运、空运、多式联运等）和运输工具（船名、航次等）。运输的起讫口岸即起运地和目的地，均应明确具体，不能笼统，如来证要求"从中国港口运至日本港口"，在缮制发票时要写明具体港名。有重名的港口，根据来证规定加注国名。如果货物需要转运，转运地点也应明确地表示出来。

发票中填写的货物运输的信息应与提单等运输单据记载内容一致，不得矛盾。

5. 支付方式

填写交易合同所采用的支付方式，如信用证、汇付［目前实务中最常用的是电汇（T/T）］和托收［付款交单（D/P）、承兑交单（D/A）］等。

6. 唛头

凡是来证有指定唛头的，必须逐字按照规定制唛。如无指定，出口商可自行设计唛头。唛头一般以简明、易于识别为原则。唛头内容通常包括收货人名称的缩写、合同号（或发票号）、目的港、件号等部分。如无唛头，可打上 N/M（No Mark）。

7. 货物描述、包装方式及数量

发票中显示的货物、服务或履约行为的描述必须与信用证规定的一致，但并不要求如同镜子反射那样逐字、逐行一致，货物细节可以在发票中的若干地方表示，当合并在一起时与信用证规定一致即可。如货物描述中的品名、单价、数量和金额等可以显示在发票对应的栏目中。除发票外，其他单据中的货物描述可以使用与信用证中货物描述无矛盾的统称，不必列明细节。由此可见，信用证对发票描述的要求高于其他单据。

发票上的货物描述可以显示信用证规定之外的与货物相关的额外信息，或添加细节描述，只要这些额外信息或细节描述不影响或不改变货物的性质、等级或类别等。如信用证的货物描述为"Grey Duck Feather, Down content 20%, 1% more or less"（灰鸭毛，含绒量 20%，上下 1%），受益人提交的发票除了显示上述信息外，还显示了具体的百分比数字"Down content 20.5%"，该百分比符合信用证规定的含绒量范围，该发票可被银行接受。但如果信用证的货物描述为"羊毛织物"，但发票上将货物描述写为"仿制羊毛织物"，则该描述改变了货物的性质或类别，将不被银行接受。

发票上货物的包装种类和件数，要与合同或信用证中注明的包装方式、种类和包装件数相一致，并且要与合同规定的货物计价数量，即销售数量区分开来。比如，计价数量是1000件，每20件装在1个纸箱里，则包装数量是50箱。

8. 数量

发票上货物数量的填写要符合信用证或合同的规定。如果合同或信用证中规定了溢短装条款或数量机动幅度，出运货物的数量以及发票上体现的数量一定要在规定范围内。

信用证业务项下，当在数量、单价和金额前使用了"about"（大约）、"approximately"（大概）或类似的措辞时，应理解为有关数量、单价和金额不超过10%的增减幅度。

当信用证中有关货物数量用长度、重量、容积等计量单位表示时，如米、千克、立方米等，因货物数量往往难以准确把握，信用证默认货物数量允许有5%的增减幅度，但不得超过信用证规定的总金额。当信用证货物的数量是以个体（如件、台等）或包装单位（如箱、包等）表示时，5%的增减幅度不适用，出口商要严格按信用证规定数量发运货物，不可以有任何幅度的增减。

9. 单价和总金额

国际贸易中的单价由计价货币、单位数额、计量单位和贸易术语等四部分组成。如果信用证中写明了贸易术语的来源，则发票必须表明相同的来源。如信用证条款规定"CIF LONDON INCOTERMS 2020"，那么"CIF LONDON"和"CIF LONDON INCOTERMS"都不符合信用证的要求，只有"CIF LONDON INCOTERMS 2020"符合信用证的要求。但如果信用证要求"CIF LONDON"，发票显示为"CIF LONDON INCOTERMS 2020"，即增加了"INCOTERMS 2020"是可以接受的。

发票必须显示信用证要求的折扣或扣减。如信用证中规定："Invoice to show a deduction of 3% being commission payable to ×××"（发票应显示扣除3%佣金付给×××），发票应按要求显示才为合格。发票还可显示信用证未规定的与预付款或折扣等有关的扣减额。

发票上的总金额必须根据发票上显示的数量和单价准确计算，正确缮打，特别要注意小数点的位置是否正确，金额和数量的横乘、竖加是否有矛盾。商业发票的总金额同时要用英文大写书写，并跟小写金额保持一致。

发票金额一般不应超过信用证金额，但当采用部分信用证方式支付、部分其他付款方式支付时（例如，80% 货款采用信用证支付，20% 货款采用前 T/T 支付），开具发票金额就可能超过信用证规定的金额。根据 UCP600 的规定，按指定行事的指定银行、保兑行（如有的话）或开证行可以接受金额大于信用证允许金额的商业发票，其决定对有关各方均有约束力，只要该银行对超过信用证允许金额的部分未做承付或者议付。

不论是单价还是总金额，发票必须显示与信用证相同的货币。同时加注等值本币金额的发票是可以接受的。

10. 证明文句

国外来证有时要求在发票上加注各种费用金额、特定号码、有关证明句，一般可将这些内容打在发票商品栏以下的空白处，通常有以下几种：

①加注运费、保险费和 FOB 金额如信用证 46A 规定发票内容时注明："Commercial invoice indicating breakdown of FOB value、freight and insurance"（商业发票注明 FOB 金额、运费和保险费明细），则受益人在制作发票时要分别列明 FOB 金额、运费和保险费的具体数值，并能机械照打"breakdown of FOB value、freight and insurance"这几个单词。

②注明特定号码如进口许可证号码、配额许可证号码、商品 HS 编码等。受益人在制作发票时要按要求注明相应的号码。

③缮打证明句如有些来证要求在发票上加注非木质包装证明文句，或货物原产于某国的注明文句等。受益人按要求将注明文句打在发票商品栏以下的空白处即可。

针对信用证中的注明文句，受益人应根据实际情况考虑是否接受，如果来证要求过分苛刻，难以办到，应及时要求进口商修改条款。比如来证要求卖方在发票中列明 CFR 价下一系列详细费用，包括成本、海洋运费、内陆运费、包装费、银行费、外包装费、码头和港口费、转运费等，过于烦琐，可要求对方修改。

11. 出单人签名

商业发票只能由信用证中规定的受益人出具，除非信用证另有规定。根据 UCP600 第 18 条规定，商业发票可不必签字，但如果信用证要求出具已签署的发票，那发票就必须由出具人签字。例如，信用证 46A 关于发票的要求是"Signed commercial invoice..."（已签署的商业发票），该发票就必须要有签字，可以手签也可以使用印鉴；如果信用证要求发票上必须加具注明文句，或者受益人自行加具了证明文句，则该发票也必须签署。如信用证规定 "Commercial invoice must to certify that all and each detail stated in this invoice are true and correct and that merchandise to be of Chinese origin"（商业发票须证实所有的及每个在本发票中的细节均真实及正确，且货物原产于中国），这样的发票也必须签署。

12. 发票份数

受益人要按照信用证规定的份数来缮制并提交发票。发票有正副本之分，发票正副本份数的确定方法包括：①若信用证规定"发票若干份"（invoice in X copies），但没明确正副本各几份时，如使用诸如"一式三份"（in triplicate）、"三份"（in three fold）、"三套"（in three copies）等用语要求提交多份单据，则提交至少一份正本，其余使用副本即可满足要求；②若信用证规定"一份发票"（one invoice）或"发票一份"（invoice in one copy）时，则需提交一份正本发票；③若信用证规定"一份发票副本"（one copy of invoice）时，则提一份副本发票即符合要求，当然也可提交一份正本发票，除非信用证明确规定禁止提交正本。发票份数的表示方法，见表 4-1。

表 4-1 发票份数的表示方法

英文表示方法 1	英文表示方法 2	英文表示方法 3	中文表示方法
In Duplicate	In 2 Fold	In 2 Copies	一式两份
In Triplicate	In 3 Fold	In 3 Copies	一式三份
In Quadruplicate	In 4 Fold	In 4 Copies	一式四份
In Quintuplicate	In 5 Fold	In 5 Copies	一式五份
In Sextuplicate	In 6 Fold	In 6 Copies	一式六份
In Septuplicate	In 7 Fold	In 7 Copies	一式七份
In Octuplicate	In 8 Fold	In 8 Copies	一式八份
In Nonuplicate	In 9 Fold	In 9 Copies	一式九份
In Decuplicate	In 10 Fold	In 10 Copies	一式十份

第二节　发票规则解读与案例分析

一、UCP600 对发票的规定

UCP600 对发票最直接的规定在第 18 条，跟发票相关的规定主要体现在第 17 条和第 30 条。

（一）UCP600 第 18 条

UCP600 Article 18 Commercial Invoice（商业发票：）

a. A commercial invoice （商业发票：）

i. must appear to have been issued by the beneficiary（except as provided in article 38）［必须看似由受益人出具（第 38 条规定的情形除外）］；

ii. must be made out in the name of the applicant（except as provided in sub-article 38 g）［必须出具成以申请人为抬头（第 38 条 g 款规定的情形除外）］；

iii. must be made out in the same currency as the credit；and（必须与信用证的货币相同；且）

iv. need not be signed.（无须签名。）

※ **解读**

本款强调了商业发票的 4 个栏目及其填写要求。第一，商业发票的出单人是信用证受益人，通常就是基础合同的卖方。第二，商业发票的受单人，也称抬头，是信用证的申请人，通常就是基础合同的买方。在实务中，发票的抬头一般在其左上角，用"to""consign to""consignee""buyer"等字样引出。第三，商业发票的币种必须与信用证相同。通常看信用证金额栏所显示货币，比如信用证金额用美元（USD）表示，那发票金额也必须显示为美元。如果在显示信用证货币金额的同时，加注了等值的本币金额，则仅视其为一个本币金额注释，银行可以接受。第四，商业发票无须签署。这是一个基本原则，在信用证没有特殊规定的情况下适用，但并不是一个绝对的做法，前面在分析发票"出单人签名"这个栏目时，列举了发票需签署的几种情况，如有"signed"字样，或需加具证明文句时，就必须签署。签署人通常就是受益人自己，除非信用证另有规定。

【CDCS 题目分析】发票一定要手签吗？

※ Question

In accordance with UCP600, all the following statements relating to commercial invoices are correct except that they must _____.

Select one:

A. appear to have been issued by the named beneficiary

B. be made out in the name of the applicant

C. be manually signed by the beneficiary

D. indicate the description of goods corresponding with the documentary credit

※ 解析与答案

本题问的是，根据 UCP600，下面关于商业发票的说法除了哪个选项外，其他都是正确的？也就是找出说法错误的选项。本题很容易判断出答案应为 "C. 必须由受益人手签"。因为根据 UCP600 第 18 条 a 款的规定，发票无须签名。选项 A、B 从第 18 条 a 款的 i、ii 中可直观看出是正确的，选项 D "显示与信用证一致的货物描述"，在第 18 条 c 款中有明确的规定。

b. A nominated bank acting on its nomination, a confirming bank, if any, or the issuing bank may accept a commercial invoice issued for an amount in excess of the amount permitted by the credit, and its decision will be binding upon all parties, provided the bank in question has not honoured or negotiated for an amount in excess of that permitted by the credit. ［按照指定行事的指定银行、保兑行（如有）或开证行可以接受金额大于信用证所允许金额的商业发票，其决定对有关各方均有约束力，只要该银行对超过信用证允许金额的部分未做承付或者议付。］

※ 解读

信用证金额是信用证下可支取款项的最高金额。通常来说，发票金额应该等于或小于（如分批装运情况下）信用证金额。如果受益人提交的发票的金额超过了信用证金额，银行怎么处理？本款专门规定了发票金额超过信用证金额的情况下银行的处理方式。

在解读本款内容之前，先分析一下实务中为什么会出现发票金额超过信用证金额的情况。比如一笔销售合同，金额是 10 万美元，进出口双方约定的付款方式是 20% 前 T/T 预付，剩下的 80% 通过信用证方式支付。在预付款的情况下，信用证金额是 8 万美元，受益人通常的做法是按合同金额即 10 万美元出具发票，按合同金额的 80% 即 8 万美元出具汇票，连同信用证要求的其他单据向银行交单，要求承付或议付。这就出现了发票金额超过信用证金额的情况。

　　根据本款规定，按照指定行事的指定银行、保兑行，以及开证行自己可以接受金额大于信用证所允许金额的商业发票，这是银行的权利；一旦银行决定接受此类发票，该决定不仅对该银行及受益人，而且对信用证下的其他当事人，均具有约束力。比如该信用证是议付信用证，议付行议付货款后向开证行或保兑行交单索偿，只要单据相符，开证行或保兑行就要向议付行履行承付责任，也就是说，议付行接受了金额超过信用证金额的发票，这个决定对开证行或保兑行均具有约束力，开证行或保兑行要向议付行偿付款项；但在本款中就银行接受金额超过信用证金额的发票这一情况，提出了一个前提：银行对超过信用证允许金额的部分未做承付或者议付。比如信用证金额为 8 万美元，发票金额是 10 万美元，议付行仅议付了 8 万美元，超过信用证金额的那 2 万美元未做议付，这样的做法可以接受，并对其他当事人产生约束力。

　　c. The description of the goods, services or performance in a commercial invoice must correspond with that appearing in the credit.（商业发票上的货物、服务或履约行为的描述应该与信用证中的描述一致。）

　　※ 解读

　　本款规定发票上的货物描述，要与信用证中的描述相一致。信用证关于货物的描述出现在 45A 栏。在根据信用证 45A 栏内容填写发票的货物描述时，与信用证的描述一致即可，不需要"如镜像般一致"，即逐字、逐词、逐行地一致，因为"如镜像般一致"过于严苛，会造成实务中不合格的发票增多，影响信用证的使用。

（二）UCP600 第 17 条

Article 17 Original Documents and Copies（正本单据及副本）

　　a. At least one original of each document stipulated in the credit must be presented.（信用证规定的每一种单据须至少提交一份正本。）

　　b. A bank shall treat as an original any document bearing an apparently original signature, mark, stamp, or label of the issuer of the document, unless the document itself indicates that it is not an original.（银行应将任何带有看似出单人的原始签字、标记、印戳或标签的单据视为正本单据，除非单据本身显示其非正本。）

　　c. Unless a document indicates otherwise, a bank will also accept a document as original if it:（除非单据本身另有说明,在以下情况下,银行也将其视为正本单据：）

i. appears to be written, typed, perforated or stamped by the document issuer's hand；or （单据看似由出单人手写、打字、穿孔或盖章；或者）

ii. appears to be on the document issuer's original stationery；or （单据看似使用出单人的原始信纸出具；或者）

iii. states that it is original, unless the statement appears not to apply to the document presented. （单据陈述其为正本单据，除非该声明看似不适用于提交的单据。）

d. If a credit requires presentation of copies of documents, presentation of either originals or copies is permitted. （如果信用证要求提交单据的副本，提交正本或副本均可。）

e. If a credit requires presentation of multiple documents by using terms such as "in duplicate" "in two fold" or "in two copies", this will be satisfied by the presentation of at least one original and the remaining number in copies，except when the document itself indicates otherwise. ［如果信用证使用诸如"一式两份（in duplicate）""两份（in two fold）""两套（in two copies）"等用语要求提交多份单据，则提交至少一份正本，其余使用副本即可满足要求，除非单据本身另有说明。］

※ **解读**

该条款主要规定了信用证项下什么样的单据应视为正本单据，以及信用证规定单据份数但没明确区分正副本单据数量时，受益人怎样交单是符合要求的。本条文的主要内容在前面介绍商业发票缮制要求"12.发票份数"时已经举例说明，在此不再展开分析。

（三）UCP600 第 30 条

Article 30 Tolerance in Credit Amount，Quantity and Unit Prices（信用证金额、数量与单价的浮动）

a. The words "about" or "approximately" used in connection with the amount of the credit or the quantity or the unit price stated in the credit are to be construed as allowing a tolerance not to exceed 10% more or 10% less than the amount, the quantity or the unit price to which they refer. （"约"或"大约"用于信用证金额或信用证规定的数量或单价时，应解释为允许有关金额或数量或单价有不超过 10% 的增减幅度。）

※ 解读

Article 30 a 款在实务中最常见。一般做法是在 MT700 报文中的第 39A 场次注明浮动的比例。由于该场次只是涉及金额的增减幅度，因此如果增减幅度对信用证中的货物或单价数量也适用的话，则需要在 47A 附加条款栏位另行规定，如 "信用证金额和货物数量/单价允许上下 5% 的浮动范围" 或类似表达。

【CDCS 题目分析】信用证中 "about" 代表的增减幅度

※ Question

A credit is issued for an amount of "about USD70 000" allowing for partial shipments. A complying presentation is honoured for USD25 000. An amendment is then issued increasing the credit by USD45 000.

Assuming that the amendment is accepted by the beneficiary, what is the maximum amount that remains to be drawn under the credit?

Select one:

A. USD90 000.

B. USD95 750.

C. USD97 000.

D. USD101 500.

※ 解析与答案

本题中提到：信用证金额为 "约 70 000 美元"，允许分批装运。相符交单兑付 25 000 美元的奖励。信用证修改书将信用证金额增加了 45 000 美元。假设受益人接受了修改，信用证下剩余的最大可支取金额是多少？

本题目考查的是 "about" 一词在信用证中的含义。根据 UCP600 Article 30 a 款规定可知，"约" 或 "大约" 用于信用证金额或信用证规定的数量或单价时，应解释为允许有关金额或数量或单价有不超过 10% 的增减幅度。

根据以上规则来分析本题：信用证原金额为 "about USD70 000"，则信用证最大支取金额为 $70000 \times (1+10\%)$，为 USD77 000。

信用证修改后，增加了 USD45 000，修改后信用证最大支取金额为 $(70000+45000) \times (1+10\%)$，即 USD126 500。信用证已经支取了 USD25 000，剩余的最大可支取金额为 USD101 500，故答案为 D。

b. A tolerance not to exceed 5% more or 5% less than the quantity of the goods is allowed, provided the credit does not state the quantity in terms of a stipulated number of packing units or individual items and the total amount of the drawings does not exceed the amount of the credit. （在信用证未以包装单位件数或货物自身件数的方式规定货物数量时，货物数量允许有 5% 的增减幅度，只要总支取金额不超过信用证金额。）

※ **解读**

Article 30 b 款规定的增减变动涉及的要素是货物数量，条款设定主要是针对以下情况：信用证不允许分批装运，或者对货物数量浮动问题未做规定时，受益人有权根据实际情况对货物的装运数量进行一定范围的调整（不超过 5% 的幅度），以符合贸易的实际情况或满足特定的要求。但 5% 增减幅度的使用需要具备一定的条件：受益人在信用证项下的总支取金额不超过信用证金额（因为超支是一个无可辩驳的不符点）；信用证未以包装单位件数或货物自身件数的方式规定数量，即货物在以"千克""米"等重量、长度类计量单位时方可适用。如果货物数量是以包装单位或自身件数为计量单位时，5% 的增减幅度不适用。

【CDCS 题目分析】5% 增减幅度的适用条件

※Question

A documentary credit specifies the quantity of goods as 5 000 cases of widgets, without further stipulation. In percentage terms, which of the following is the maximum tolerance permitted?

Select one：

A. 0%.

B. 3%.

C. 5%.

D. 10%.

※ 解析与答案

本题中提到：一份跟单信用证中规定货物数量为 5000 箱小器具，没有进一步规定。以百分比表示，以下哪一项是允许的最大增减幅度？

按照上述 UCP600 Article 30 b 款的规定可知，以包装单位件数或货物自身件数的方式规定货物数量时，不适用 5% 的增减幅度，即受益人必须按信用证规定的数量装运货物。本题中的包装单位——箱是一种可数单位，信用证中没有明确规定数量增减幅度，那允许的数量增减幅就是 0%，故此题答案为 A。

c. Even when partial shipments are not allowed, a tolerance not to exceed 5% less than the amount of the credit is allowed, provided that the quantity of the goods, if stated in the credit, is shipped in full and a unit price, if stated in the credit, is not reduced or that sub-article 30 b is not applicable. This tolerance does not apply when the credit stipulates a specific tolerance or uses the expressions referred to in sub-article 30 a. （如果信用证规定了货物数量，而该数量已全部发运，及如果信用证规定了单价，而该单价又未降低，或当第 30 条 b 款不适用时，则即使不允许部分装运，也允许支取的金额有 5% 的减幅。若信用证规定有特定的增减幅度或使用第 30 条 a 款提到的用语限定数量，则该减幅不适用。）

※ **解读**

从本款规定可以看出，第 30 条 a、b、c 三款在适用条件方面是互相排斥的，即如果信用证中有关增减幅适用了 a 款或 b 款的话，c 款将不再适用。

第 30 条 c 款适用于两个条件。一个条件是，"如果信用证规定了货物数量，而该数量已全部发运，及如果信用证规定了单价，而该单价又未降低"。根据常识，信用证金额等于货物单价乘以数量，在货物已经全部发运并且单价没有降低的情况下，两者乘积应该等于信用证金额，为什么会出现支取金额 5% 的减幅呢？国际商会曾在 R367 中就 UCP500 第 39 条 c 款（与 UCP600 第 30 条 c 款的规定没有实质性变化）做出解释，之所以出现这种情况，有两种原因：一是信用证金额因商业原因被整取了；二是与 CFR 或 CIF 价格术语下的预先报价或软报价有关。在 CFR 或 CIF 价格术语下，货物单价（CFR/CIF）在信用证 45A 货物描述场次通过分开列式的方式展现，即分别注明成本、运费或 / 和保费。其中运费或保费有可能是预估的数值，当受益人对于运费或保费金额的预估报价高于货物发运时实际的运费或保费金额，在货物数量全部发运和单价没有降低的情况下，受益人交单时，因所提交的发票中显示了较低的运费或保费，导致发票金额小于信用证规定金额的情况。针对上述情况，按照 c 款的规定，这个时候开证行不能将单价视为已经降低，且发票不存在短支的不符。因此，可以认为，本款中的单价未降低的实质含义应是指货物的 FOB 价格并未降低，总金额减少的原因是实际运费或 / 和保费降低了。

第 30 条 c 款适用的另一个条件是信用证不允许分批装运。如果信用证允许分批装运，只要发票金额在信用证金额范围之内，则一般情况下不会涉及关于支取金额短支的争议。

【CDCS 题目分析】装运数量与支取金额的浮动

※Question

An issuing bank has issued a documentary credit for USD100 000 covering 100 tons of cotton and 100 bales of wool, with partial shipment prohibited. Which of the following would be acceptable to the issuing bank?

Cotton Wool Amount _____.

Select one：

A. 100 tons，95 bales，USD95 000

B. 100 tons，100 bales，USD90 000

C. 100 tons，105 bales，USD100 000

D. 105 tons，100 bales，USD100 000

※ 解析与答案

本题中提到：开证行开立了 100 000 美元的跟单信用证，金额为 100 吨棉花和 100 包羊毛，禁止分批装运。开证行可以接受以下哪项？

本题的判断依据主要是 UCP600 Article 30 b 款和 c 款的规定。

根据 UCP600 Article 30 b、c 的规定，从信用证金额来看，信用证金额不能超支，即不能超过 USD100 000，允许支取的金额有 5% 的减幅，即金额最低为 USD95 000。

从装运数量来看，本题中提到的信用证规定了两种货物数量的计量单位：吨（ton）和包（bale）。从 UCP600 Article 30 b 款规定可知，ton 这一计量单位可以有 5% 的增减幅度，也就是棉花的装运数量允许在 95 ～ 105 吨之间；bale 这一计量单位是以包装件数的方式规定货物数量的，不允许有增减幅度，因此，羊毛的装运数量只能是 100 包。

下面来看四个选项：

A. 羊毛装运数量为 95 包，数量不够，应该装运 100 包，故选项 A 不能接受。

B. 棉花和羊毛的装运数量均符合要求，但支取金额低于 USD95 000，不满足信用证规定，故选项 B 不能接受。

C. 羊毛装运数量为 105 包，超装，不符合信用证规定，故选项 C 不能接受。

D. 棉花和羊毛的装运数量、支取金额均符合规定。本题答案为 D。

二、ISBP745 对发票的规定

ISBP745 对发票的规定主要集中在 C 段（C1—C15）。下面选择部分主要条款进行分析。

（一）C1 段发票名称

Para C1：

a. When a credit requires presentation of an "invoice", without further description, this will be satisfied by the presentation of any type of invoice (commercial invoice, customs invoice, tax invoice, final invoice，consular invoice, etc.). However，an invoice is not to be identified as "provisional" "pro forma" or the like. 〔当信用证要求提交"发票"而未做进一步描述时，提交任何类型的发票（如商业发票、海关发票、税务发票、最终发票、领事发票等）即符合要求。但是，发票不得表明为"临时发票""形式发票"或类似类型。〕

b. When a credit requires presentation of a "commercial invoice", this will also be satisfied by the presentation of a document titled "invoice", even when such document contains a statement that it has been issued for tax purposes. （当信用证要求提交"商业发票"时，提交名称为"发票"的单据也符合要求，即便该单据含有供税务使用的声明。）

※ **解读**

本段强调了两点：一是当信用证要求提交"发票"而未做进一步描述时，受益人可以提交任何类型的发票，比如商业发票、最终发票等，但临时发票和预开发票除外。实践中，临时发票和预开发票的内容可能不是终局性的，而是仅供买方参考，通常被视为非正式发票；二是当信用证要求提交"商业发票"时，受益人可以提交标明名称为"发票"的单据，即便该单据含有供税务使用的声明。

【CDCS 题目分析】"发票"的名称

※Question

A credit that requires presentation of an invoice will be satisfied by which of the following?

1. Commercial invoice.

2. Pro forma invoice.

3. Sales invoice.

4. Tax invoice.

Select one:

A. 1 only.

B. 1 and 3 only.

C. 2 and 4 only.

D. 1，3 and 4 only.

※ 解析与答案

本题问的是，信用证要求提交发票（invoice），下面哪些单据可满足要求？

根据 ISBP745 Para C1 a 款规定可知，如果信用证要求提供发票而没有进一步的说明，则可以提供的发票包括但不限于：商业发票（commercial invoice），海关发票（customs invoice），税务发票（tax invoice），最终发票（final invoice），领事发票（consular invoice）等。但不可以提供以下两种发票：临时发票（provisional invoice）和形式发票（pro forma invoice）。

上述四个选项中，选项 1、4 在 ISBP745 Para C1 中明确提到符合要求，选项 2 中的形式发票明确提到不可提供，选项 3 中的销售发票，虽然在 Para C1 中没有明确提出，但 C1 a 款中"提交任何类型的发票即符合要求"的表述说明其也满足要求，故答案为 D。

※ 拓展分析

根据 ISBP745 Para C1 a 款规定，如果信用证要求提交发票，提交形式发票会产生不符点。反过来说，如果信用证要求提交形式发票，受益人该怎么办？从形式发票的性质来看，它不属于正式发票。鉴于 ISBP 的相关规定及形式发票的性质，如果信用证要求提交形式发票，而受益人又接受了该条款，建议在提交形式发票的同时，再随附一份正式发票。

（二）C2 段发票出具人

Para C2：

a. An invoice is to appear to have been issued by the beneficiary or, in case of a transferred credit, the second beneficiary.（发票应看似由受益人出具，或者在已转让信用证项下由第二受益人出具。）

b. When the beneficiary or the second beneficiary has change its name and the credit mentions the former name, an invoice may be issued in the name of the new entity provided that it identifies "formerly known as (name of the beneficiary or the second beneficiary)" or words of similar effect.［当受益人或第二受益人已变更名称，而信用证提及的是原名称时，只要发票注明该实体"原名称为（第一受益人或第二受益人的名称）"或类似措辞，其就可以新实体的名称出具。］

※ 解读

本段强调了两个内容：一是发票的出具人，即开票人，应该是信用证下的受益人或可转让信用证下的第二受益人。结合 UCP600 第 14 条 j 款的规定，发票上显示受益人名称即可，可以不理会受益人的地址及其他联络细节。如果显示了受益人地址，则要保证位于信用证规定的同一国别。二是当作为发票出具人的受益人或第二受益人因并购、分立等原因变更名称时，发票可以以新实体名称出具，只要其注明了该实体的原名称即可。

（三）C3—C14 段货物、服务或履约行为的描述及发票的其他一般性事项

Para C3:

The description of the goods, services or performance shown on the invoice is to correspond with the description shown in the credit. There is no requirement for a mirror image. For example, details of the goods may be stated in a number of areas within the invoice which, when read together, represent a description of the goods corresponding to that in the credit. （发票显示的货物、服务或履约行为的描述应与信用证中的描述一致，但不要求如镜像一致。例如，货物细节可以在发票的多处显示，当一并解读时，其表明的货物描述与信用证中的描述一致即可。）

※ 解读

本段描述相比 UCP600 第 18 条 c 款"商业发票上的货物、服务或履约行为的描述应该与信用证中的描述一致"，内容有所细化，强调发票上的货物描述与信用证中的规定"不要求如镜像一致"（ no requirement for a mirror image ），并进行了举例说明：货物细节可以分开来在发票的若干地方显示，也就是说，信用证上的货描可以在发票的多处显示，一并解读时，其显示的货描与信用证中的货描一致即可。

实务中发票的"货物描述"栏常用"Description of Goods""Specification"等表示。信用证以 SWIFT 700 开立时，货物描述通常在 45A 场"Description of Goods and/or services and/or performance"中规定，但其内容要比 UCP 和发票意义上的"货物描述"宽泛得多，除了包括货物的品名、品牌、规格、型号、等级等内容外，还会体现货物的数量、单价、总值，以及包装、唛头、原产地、贸易术语、合同号码等信息。

Para C3 中提到的发票显示的货物描述应与信用证中的描述一致，有一点可以肯定的是，二者不需要逐字逐词、排列顺序完全一致，甚至不用非得写在发票的"货物描述"栏下，可以分散在发票的其他地方。但有一个问题，实务中可能会产生疑问：信用证 45A 场中规定的内容，需不需要全部体现在发票上呢？曾有咨询者问：如果信用证 45A 场中规定了货物的包装描述，发票该如何满足？如果是其他额外信息，如"bought/sold"，发票又该如何满足呢？国际商会的答

复是"UCP 关于发票货物描述的条款只涉及货物描述，不涉及货物包装描述。发票的货物包装的描述必须与信用证规定的一致。其余信息只要不矛盾即可接受"。从国际商会的答复可以看出，UCP 或 ISBP 条款中提到的"货物描述"，要比信用证 45A 场 "Description of Goods and/or services and/or performance" 的内涵小，受益人在缮制商业发票时，商业发票的"货物描述"栏可以主要体现货物的品名、品牌、规格、型号、等级等内容，信用证 45A 场的其他内容可以在发票的其他位置体现，不矛盾即可，部分信息也可以不在发票上显示。

Para C4:

The description of goods, services or performance on an invoice is to reflect what has actually been shipped, delivered or provided. For example, when the goods description in the credit indicates a requirement for shipment of "10 trucks and 5 tractors", and only 4 trucks have been shipped, an invoice may indicate shipment of only 4 trucks provided that the credit did not prohibit partial shipment. An invoice indicating what has actually been shipped (4 trucks) may also contain the description of goods stated in the credit, i.e., 10 trucks and 5 tractors. ［发票上的货物、服务或履约行为的描述应当反映实际装运或交付的货物、提供的服务或履约行为。例如，当信用证的货物描述要求装运"10 辆卡车和 5 辆拖拉机"，而仅装运 4 辆卡车时，只要信用证不禁止部分装运，发票可以显示仅装运 4 辆卡车。发票注明实际装运货物（4 辆卡车）的同时，还可以包含信用证规定的货物描述，即 10 辆卡车和 5 辆拖拉机。］

※ 解读

本段强调的核心意思是，发票上的货物描述必须反映货物的实际装运情况。根据本段规定，当货物的实际装运数量与信用证中规定的数量不一致时，发票的货物描述有两种显示形式：一是直接注明实际发运的货物；二是先援引信用证中的货物描述，再注明实际发运的货物。

【国际商会案例 R472】发票数量的显示

※ 案例背景

信用证在 45A 货物描述场规定数量：5000 MT（plus or minus 5pct）。提交的发票首先引述信用证规定的数量："5000 MT（plus or minus 5pct）"，然后再显示实际装运的数量"4787.650 MT"，提交的订单显示数量也为"4787.650 MT"。可以吗？

※ 国际商会意见

国际商会认为发票引述了信用证显示的描述，并标注了与提单相一致的实际装运数量，这种出具方式不应视为不符，可以接受。

※ 点评

本案例中信用证规定的货物数量 5000 MT 后面备注的 "plus or minus 5pct"，是指允许货物数量有 5% 的增减幅度，在发票中不显示也是可以的，该发票也可以只注明实际的装运货物数量，即 "quantity: 4787.650 MT"。

Para C5:

An invoice showing a description of the goods, services or performance that correspondent with that in the credit may also indicates additional data in respect with the goods, services or performance provided that they do not appear to refer to a different nature, classification or category of the goods, services or performance. （发票显示与信用证规定一致的货物、服务或履约行为描述的同时，还可以显示与货物、服务或履约行为相关的额外信息，只要这些信息看似不会指向货物、服务或履约行为的不同性质、等级或类别。）

For example, when a credit requires a shipment of, "Suede Shoes", but the invoice describes the goods as "Imitation Suede Shoes", or when the credit requires "Hydraulic Drilling Rig", but the invoice describes the goods as "Second- Hand Hydraulic Drilling Rig", these description would represent a change in nature, classification or category of the goods. （例如，当信用证要求装运 "绒面革鞋子"，但是发票将货物描述为 "仿造绒面革鞋子"；或当信用证要求 "液压钻机"，但是发票将货物描述为 "二手液压钻机" 时，这些描述表示货物的性质、等级或类别出现了变化。）

※ 解读

本段表明，发票上显示信用证规定以外的额外信息是可以接受的，前提是这些额外信息不会改变货物、服务或履约行为的性质、等级或类别。货物的性质（nature）是指货物固有的客观属性，货物的等级（classification）或类别（category）是根据货物的性质按一定标准进行的分类分级，具有主观性。如果发票上添加的额外信息不改变货物的性质、等级或类别，这些添加可接受；如果发票上添加的额外信息改变了货物的性质、等级或类别，这些添加将被视为发票上的不符点，导致银行的拒付。

【国际商会案例 R456】发票货描添加额外信息，可以吗？

※ 案例背景

信用证在 45A 货物描述场规定的货物为 "Single core copper conductor PVC insulated cable 450/750 volts to BS 6004/1975"，提交的发票显示为 "Single core copper conductor PVC insulated cable 450／750 volts to BS 6004／1975 — Eurocab Brand on reels each 85 yards"。可以接受吗？

※ 国际商会意见

国际商会认为 UCP 并没有规定单据上的货物描述应与信用证规定的货物描述完全一样或仅局限于信用证的规定。该附加内容（Eurocab Brand on reels each 85 yards）并没有改变货物的性质，单据没有不符。

※ 点评

本案例中提交的发票显示了信用证规定的货描信息后，又添加了品牌名称和包装情况等额外信息，这些信息没有改变货物的性质、等级或类别，将不构成矛盾，可以接受。

Para C6：

An invoice is to indicate：（发票应当显示：）

a. the value of the goods shipped or delivered, or services or performance provided.（所装运或交付的货物或所提供的服务或履约行为的价值。）

b. unit price (s), when stated in the credit.［单价（当信用证有规定时）。］

c. the same currency as that shown in the credit.（信用证中表明的相同币别。）

d. any discount or deduction required by the credit.（信用证要求的任何折扣或扣减。）

※ 解读

本段强调发票上应该体现货物的价值、单价（当信用证有规定时），以及信用证要求的折扣或扣减，并且使用与信用证相同的币别。发票作为核心单据，全面反映了贸易合同下的交货情况，同时也是信用证项下受益人支取款项的主要依据，而金额是发票必须体现的一个重要栏目。发票金额以货物价值为基础，经加减计算而最后确定。根据本段规定，信用证要求的金额扣减必须在发票中体现。实务中，金额扣减通常包括卖方给予买方的折扣、给予中间商的佣金，以及买方预付款等。比如，信用证 45A 场规定："The price quoted include a discount of 3% which must be shown on the commercial invoice."（所列价格包含 3% 的折扣，此折扣必须在商业发票上显示），受益人提交的发票必须显示相应的扣减，否则就是成为不符点单据。

Para C7：

An invoice may indicate a deduction covering advance payment, discount, etc., that is not stated in the credit.（发票可以显示信用证未规定的预付款、折扣等的扣减。）

※ **解读**

本段表明，信用证没有规定的扣减，包括预付款、折扣等，也可以显示在发票上，不会构成不符点。实务中，受益人和申请人约定的扣减，不一定体现在信用证中，或者开证后双方才约定扣减，又不想通过信用证修改书的形式体现。很显然，这一规定可以简化受益人和申请人的操作。

Para C8：

When a trade term is stated as part of the goods description in the credit, an invoice is to indicate that trade term, and when the source of the trade term is stated, the same source is to be indicated. For example, a trade term indicated in a credit as "CIF Singapore Incoterms 2010" is not to be indicated on an invoice as "CIF Singapore" or "CIF Singapore Incoterms". However, when a trade terms is stated in the credit as "CIF Singapore" or "CIF Singapore Incoterms", it may also be indicated on an invoice as "CIF Singapore Incoterms 2010" or any other revision. （当信用证规定贸易术语作为货物描述的一部分时，发票应显示该贸易术语，而当信用证规定贸易术语的出处时，发票应显示贸易术语的相同出处。例如，当信用证规定贸易术语为"CIF Singapore Incoterms 2010"时，发票不应显示贸易术语为"CIF Singapore"或"CIF Singapore Incoterms"。但是，当信用证规定贸易术语为"CIF Singapore"或"CIF Singapore Incoterms"时，发票也可以显示贸易术语为"CIF Singapore Incoterms 2010"或任何其他版本。）

※ **解读**

本段专门规定了贸易术语在发票上的显示。贸易术语是国际贸易中非常重要的一个概念，其用三个英文字母或简短的概念，规定了商品的价格构成以及贸易双方的风险、责任、费用等的划分问题。不同的贸易术语，其价格构成不同，买卖双方义务的划分也不同，这就导致同一批货物，同样的装运数量，用不同的贸易术语来报价，货物单价和价值就会不同。因此，发票上在体现货物单价和价值的同时，要显示相应的贸易术语。

本段主要有三层意思：当贸易术语是信用证中货物描述的一部分时，发票必须显示信用证规定的贸易术语；当贸易术语出处与贸易术语本身一同规定在信用证中时，发票必须相应地表明信用证规定的贸易术语出处，如"Incoterms"，如果信用证规定了惯例的版本，则发票中的贸易术语要具体到版本，比如"Incoterms 2010"或"Incoterms 2020"；当信用证没有规定贸易术语的出处时，发票可以表明其出处，也可以不表明。

贸易术语的出处指的是适用的贸易术语相关国际惯例，主要有三个：《1932年华沙—牛津规则》《1990年美国对外贸易定义修订本》《国际贸易术语解释通则》。目前使用最广泛的贸易术语相关惯例是国际商会制定的《国际贸易术语解释通则》（Incoterms），最新版是 Incoterms 2020，共包含 11 个贸易术语，按照适用的运输方式不同，分为两类：仅适用于水上运输类（4 个），适用于任何运输类（7 个）。

【CDCS 题目分析】发票上的货物描述与信用证中货物描述之间的关系

※Question

Documents are presented under a credit issued for USD10 000 which states the following goods description "newly machined engine" and the incoterms as "CIF Felixstowe". Which elements of the following presentations would be considered as discrepant?

1. An invoice indicating samples shipped free of charge.

2. An invoice stating the goods description as "newly machined engine parts".

3. An invoice stating the goods description as "newly machined tractor engine".

4. An invoice stating the incoterms as "CIF Felixstowe (Incoterms® 2010)".

Select one:

A. 1 only.

B. 1 and 2 only.

C. 1 and 3 only.

D. 3 and 4 only.

※ 解析与答案

本题考查的是发票的货物描述。题目中提到，一份金额为 USD10 000 的信用证，提交的单据上的货物描述显示为"newly machined engine"，贸易术语为"CIF Felixstowe"，以下哪些因素将被视为不符点？

根据以上规则来判断题目中的四个选项。

选项 1：发票中表明免费的样品。根据 IBSP745 C12 段 b 款规定可知：发票不得显示信用证未要求的货物、服务及履约行为，哪怕是免费的。所以选项 1 不符。

选项 2：发票中显示的货物描述是"newly machined engine parts"。信用证规定的货物是"newly machined engine"，发票上实际显示的是"newly machined engine parts"，添加的"parts"改变了货物的性质或类别（信用证要求的是发动机，而发票上显示的是发动机部件），按照 IBSP745 C5 段的规定，这是不允许的。

所以选项 2 不符。

选项 3：发票中显示的货物描述是 "newly machined tractor engine"。发票中的货物描述 "newly machined tractor engine"，比信用证规定的货物描述多了 "tractor"，将发动机具体化为一种拖拉机的发动机，比信用证规定的更具体，但没有改变货物描述的性质、等级或类别，仍然是一种发动机。所以选项 3 是相符的。

选项 4：发票中显示的贸易术语是 "CIF Felixstowe（Incoterms® 2010）"。信用证中规定的贸易术语是 " CIF Felixstowe"，发票中的贸易术语加上了其适用的版本号 "Incoterms® 2010"，按照 ISBP745 C8 的规定可知，如果信用证没有显示贸易术语的版本，发票可以显示任何一个版本。所以选项 4 是相符的。

综上所述，四个选项中，选项 1 和 2 不符合信用证要求，故本题答案是 B。

Para C9：

Additional charges and costs, such as those related to documentation, freight or insurance costs, are to be included within the value shown against the stated trade term on the invoice.（与单据、运费或保险费之类相关的额外费用和成本，应包含在发票上所显示的与贸易术语相对应的价值之内。）

※ 解读

本段表明，受益人提交的发票金额可以显示贸易术语范围以内的额外费用和成本。实务中，买卖双方在签订合同及开立信用证的时候，会就使用何种贸易术语做出约定，而每一个贸易术语都代表一定的价格构成，及买卖双方风险、责任、费用的划分。以《国际贸易术语解释通则》中 3 个常用的仅适用于水上运输的贸易术语 FOB、CFR、CIF 为例，它们的价格构成中都包括成本、费用和利润三部分。三者的价格构成可以用表 4-2 表示。

表 4-2　FOB、CFR、CIF 价格构成

贸易术语	成本	费用			利润
	实际采购成本 ＝含税成本－退税收入	国内费用	国外费用		
			国外运费	国外保费	
FOB	√	√	—	—	√
CFR	√	√	√	—	√
CIF	√	√	√	√	√

备注：国内费用包括包装费、仓储费、内陆运费、认证费、港区港杂费、商检报关费、出口捐税、垫款利息、经营管理费、银行费用等；国外费用包括国外运费、国外保险费、佣金等。

CFR 的报价中包括 FOB 价及国外运费，CIF 在此基础上增加国外保险费。如果信用证规定的贸易术语是 FOB，因 FOB 价格构成中不包含国外运费和保险费，受益人提交的发票中就不能显示国外运费和保险费；如果信用证规定的贸易术语是 CIF，则受益人提交的发票可以显示国外运费和保险费，但其必须在贸易术语所显示的金额内。例如：

信用证规定贸易术语为"CIF LONDON"，信用证金额为"USD 10 000.00"，受益人提交的发票显示为：

Cost：USD9000.00

Freight charges：USD800.00

Insurance：USD200.00

Total CIF：USD10 000.00

运费、保险费在 CIF 价值内，上述发票的显示是符合要求的。

实务中，信用证对额外费用和成本的许可，并不仅限于贸易术语本身所代表的价格构成，还体现在信用证的直接规定中，比如在 46A 或 47A 中规定允许在发票上显示认证费或其他额外费用。这种情况下，发票是可以按照信用证规定来显示这些额外费用的。但如果信用证没有说明是否可以接受额外成本或费用，则任何超过信用证和发票中标明的贸易术语相对应价值的发票是不可接受的。

例如，信用证规定的贸易术语是"CIF LONDON"，信用证金额为"USD 10 000.00"，没有说明可以接受额外费用和成本，受益人提交的发票显示为：

Cost：USD9000.00

Freight charges：USD800.00

Insurance：USD200.00

Legalization frees：USD100.00

Total CIF：USD10 100.00

运费、保险费虽然在 CIF 价值内，但多显示了 100 美元的认证费（Legalization frees），发票总价值超过了信用证规定的 CIF 价值，该发票是不可接受的。

Para C10：

An invoice need not be signed or dated.（发票无需签署或注明日期。）

※ **解读**

发票无需签署，这一规定在 UCP600 第 18 条 a 款 iv 项中有明确规定；发票无需注明日期，与 ISBP745 总则部分的第 A11 段的规定相呼应。ISBP745 第 A11 段表明：如信用证没有特别要求，汇票、运输单据、保险单据以外的单据可以注明日期，也可以不注明日期。

【CDCS 题目分析】ISBP745 对发票的要求

※Question

In accordance with ISBP745, which of the following invoices would not be acceptable?

Select one：

A. A document entitled "consular invoice" where the underlying credit requested an "invoice".

B. An invoice describing the goods as "refurbished electric pumps" where the underlying credit details the goods' description as "electric pumps".

C. An invoice that shows a discount for an advance payment.

D. An undated invoice.

※ 解析与答案

本题考查的是 ISBP745 关于发票的要求和规定。根据 ISBP745，下列哪些发票不可接受？

选项 A：信用证要求"invoice"（发票），但单据的名称为"consular invoice"（领事发票）。根据 ISBP745 Para C1：当信用证要求提交"发票"而未做进一步描述时，提交任何类型的发票（如商业发票、海关发票、税务发票、最终发票、领事发票等）即符合要求。但是，发票不得表明"临时发票""形式发票"或类似类型。

按上述 ISBP745 Para C1 的规定，如果信用证要求提交"invoice"，受益人提交"consular invoice"是可以接受的。

选项 B：信用证要求的货物描述细节为"electric pumps"（电动泵），但发票上的货物描述为"refurbished electric pumps"（翻新的电动泵）。"翻新"字样的添加明显改变了信用证货物电动泵的等级和性质，根据 ISBP745 Para C5 的相关规定，这样的发票是不能接受的。

选项 C：发票上显示了预付款扣减。ISBP745 Para C7 的规定，发票可以显示信用证未规定的预付款、折扣等的扣减。因此，这样的发票是可以接受的。

选项 D：未注明日期的发票。ISBP745 Para C10 规定，发票无需签署或注明日期。因此，没有注明日期的发票是可以接受的。

综上所述，选项中的四种发票，除了 B 以外，其他三种都是可以接受的，本题答案为 B。

Para C11：

Any total quantity of goods and their weight or measurement shown on the invoice is not to conflict with the same data appearing on other documents. （发票显示的货物的任何总数量和其重量或尺寸，不应与其他单据显示的同一数据相矛盾。）

※ 解读

本段强调发票上的总数量和其重量或尺寸，与其他单据的同一数据"不得矛盾"。比如发票上显示货物的数量是"1000PCS"，其他单据如装箱单、提单、保险单等显示的货物数量不能与"1000PCS"矛盾。但是不是必须为"1000PCS"呢？

货物数量的构成包括两个要素——数值和计量单位。发票必须显示信用证规定的货物数量，其所用的计量单位通常是货物的销售单位，而其他单据的货物数量有可能是货物的包装单位。比如贸易合同和信用证中规定货物数量是"1000PCS"，已知的包装方式是 100PCS/CTN，其他单据上显示货物数量是"10CTNS"，这是可以接受的，不用必须显示为"1000PCS"，因为单据之间的货物数量并不矛盾。

Para C12：

An invoice is not to indicate：（发票不应显示：）

a. over-shipment (except as provided in UCP600 sub-article 30 b), or ［ 超 装（UCP600 第 30 条 b 款另有规定除外），或者 ］

b. goods, services or performance not called for in the credit. This applies even when the invoice includes additional quantities of goods, services or performance as required by the credit or samples and advertising materials and are stated to be free of charge. （信用证未规定的货物、服务及履约行为。当发票包含信用证所规定货物、服务或履约行为的额外数量，或者样品和广告材料，且注明为免费时，这仍然适用。）

※ 解读

本段表明，发票不得显示货物数量超装，也不得显示信用证未要求的货物、服务及履约行为，哪怕是免费的。

如果信用证明确规定了货物的超装比例，比如"up to 6% of L/C quantity more or less allowed"，或者在货物数量前有"about"或"approximately"等类似措辞时，或者 UCP600 第 30 条 b 款"在信用证未以包装单位件数或货物自身件数的方式规定货物数量时，货物数量允许有 5% 的增减幅度，只要总支取金额不超过信用证金额"情况下，此时在允许超装的幅度之内（分别是 6%、10%、5%），超装是可以的。

发票上如果显示了信用证规定之外的货物，不管免费与否，均不可接受。实务中常见的免费货物包括样品、广告材料、零配件、包装物等。免费货物虽然不影响发票的金额，但可能会影响货物的报关，给买方收货造成麻烦，所以发票上不能显示信用证未规定的货物。

【CDCS 题目分析】发票上可以显示的内容

※ Question

In accordance with ISBP, an invoice may show _____.

1. deduction for a discount not stated in the credit

2. over-shipment of goods provided they are stated to be free of charge

3. shipment of goods not called for in the credit

4. shipment of goods not called for in the credit provided they are stated to be free of charge

Select one:

A. 1 only.

B. 2 only.

C. 1 and 3 only.

D. 2 and 4 only.

※ 解析与答案

本题考查的也是 ISBP745 关于发票的要求和规定。根据 ISBP，发票可以显示哪些内容？

选项 1. 信用证未规定的折扣扣减。

选项 2. 超装的货物，如果注明是免费的。

选项 3. 信用证中未要求的货物。

选项 4. 信用证中未要求的货物，如果注明是免费的。

本题的判断依据主要是 ISBP745 Para C7、C12 的相关规定。

ISBP745 Para C7 规定发票可以显示信用证未规定的预付款、折扣等的扣减。

ISBP745 Para C12 规定发票不应显示超装（UCP600 第 30 条 b 款另有规定除外），或者信用证未规定的货物、服务及履约行为。当发票包含信用证所规定货物、服务或履约行为的额外数量，或者样品和广告材料，且注明为免费时，这仍然适用。

从上述规定可知，选项 1 信用证未规定的折扣扣减可以在发票中显示，选项 2 超装的货物，哪怕是免费的，也不可以在发票中显示；选项 3 信用证未要求的货物，不可以显示；选项 4 信用证未求的货物，哪怕是免费的，也不可以显示。

综上所述，只有选项 1 的内容可以出现在发票上。本题答案为 A。

【CDCS 题目分析】发票的内容和审核原则

※Question

Invoices are not acceptable that _____.

1. indicate a deduction for a discount not stated in the credit

2. cover merchandise not stated in the credit

3. are issued for an amount in excess of the amount permitted by the credit

4. fail to state the credit number

Select one:

A. 2 only.

B. 1 and 2 only.

C. 1 and 3 only.

D. 3 and 4 only.

※ 解析与答案

这道题考查的是发票的内容和审核发票的一些原则。题目问的是什么样的发票是不可接受的。

选项 1. 注明信用证未规定的折扣扣减。ISBP745 Para C7 规定发票可以显示信用证未规定的预付款、折扣等的扣减。所以选项 1 的发票是可以接受的。

选项 2. 包含信用证中未规定的货物。ISBP745 Para C12 规定发票不应显示信用证未规定的货物，哪怕是免费样品。所以选项 2 的发票是不可接受的。

选项 3. 发票金额超过信用证允许金额。UCP600 Article 18 b 款规定：按照指定行事的指定银行、保兑行（如有）或开证行可以接受金额大于信用证所允许金额的商业发票，其决定对有关各方均有约束力，只要该银行对超过信用证允许金额的部分未做承付或者议付。所以选项 3 的发票是可以接受的。

选项 4. 没有显示信用证号码。发票上是否需要显示信用证号码，要看信用证的规定，如果信用证没有要求发票上必须显示信用证号码，那不显示信用证号码的发票是可以接受的。

综上所述，四个选项中的发票，只有选项 2 是不能接受的。本题答案是 A。

Para C13：

The quantity of goods required in the credit may be indicated on an invoice within a tolerance of +/-5%. A variance of up to +5% in the quantity of the goods does not allow the amount demanded under the presentation to exceed the amount of the credit. The tolerance of +/-5% in the quantity of the goods will not apply when：（发票上显示的信用证规定的货物数量可以在 5% 的增减幅度之内。货物数量最多 5% 的幅度变动，并不允许交单项下的支款金额超过信用证金额。货物数量的 5% 增减幅度，不适用于下列情形：）

a. a credit states that the quantity is not to be exceeded or reduced; or （信用证规定货物数量不应超过或减少；或者）

b. a credit states the quantity in terms of a stipulated number of packing units or individual items.（信用证以包装单位或商品件数规定货物数量。）

※ 解读

本段规定与 UCP600 第 30 条 b 款的内容相对应，注意 "默认 5% 增减幅度" 适用的条件：信用证未规定货物数量不得浮动；信用证未以包装单位或商品件数规定货物数量；支款金额不超过信用证金额。

Para C14：

When no quantity of goods is stated in the credit, and partial shipments are prohibited, an invoice issued for an amount up to 5% less than the credit amount will be considered to cover the full quantity and not a partial shipment. （当信用证未规定货物数量，且禁止部分装运时，发票金额在信用证金额的最多 5% 的减幅之内，将被视为发票涵盖全部货物数量，而不被视为部分装运。）

※ 解读

本段规定补充了 UCP600 第 30 条 c 款的内容。本段的结论是在信用证没有规定装运数量时，对于货物全部装运（full shipment）的反推，其适用的前提条件方面符合第 30 条 c 款的规定，一是信用证禁止部分装运（partial shipment），二是发票金额在信用证金额 5% 的减幅范围内，此时的发货将不被视为部分装运，而是视为全部装运。同时也要对比区分本段所暗含的金额 "默认 5% 短支" 与 UCP600 第 30 条 b 款数量 "默认 5% 增减幅度"。

（四）C15 段分期支款或装运

Para C15:

a. i. When a drawing or shipment by instalments within given periods is stipulated in the credit, and any instalment is not drawn or shipped within the given period allowed for that instalment, the credit ceased to be available for that and any subsequent instalment. Given periods are a sequence of dates or timelines that determine a start and end date for each instalment. For example, a credit requiring shipment of 100 cars in March and 100 cars in April is an example of two periods of time that start on 1 March and 1 April and end on 31 March and 30 April respectively.（当信用证规定在特定期间内分期支款或分期装运，且任何一期未在所允许的期间内支款或装运时，信用证对该期及后续任何各期均停止兑用。特定期间，指确定每期开始日期和结束日期的一组日期或时间序列。例如，信用证要求 3 月份装运 100 辆汽车和 4 月份装运 100 辆汽车，这就是分两期装运的例子，一期开始于 3 月 1 日结束于 3 月 31 日，另一期开始于 4 月 1 日结束于 4 月 30 日。）

※ 解读

本段规定基本对应 UCP600 第 32 条"分期支款/装运"的内容。本款解释了特定期间，并举例说明什么是分期装运，并强调在分期支款或分期装运下，必须按信用证规定的时间表支款或装运，否则信用证便会停止兑用，即该期及以后各期的交单都将会被银行认定为不符。

比如，信用证规定货物 5、6、7、8 每月装运 1000 吨，共 4000 吨。受益人 5 月份装运了 1000 吨，6 月份因为货源不足，只装运了 500 吨，7 月份装运了 1500 吨，8 月份装运了 1000 吨。按照本段规定，受益人的交单只有 5 月份是相符的，可以顺利支款，从 6 月份开始，因为受益人没有按期装运，信用证停止兑用，6、7、8 月份的交单都构成不符，银行会拒付。

实务中，因受益人没有按期支款或装运导致的信用证停止兑用，并不是绝对的。比如信用证规定货物 1、2、3 月分三期装运，每月一期。受益人 1 月份没有装运，2 月份装运了，开证行接受了单据并付款，受益人 3 月份按期装运并向银行交单时，开证行以受益人 1 月份未装运为由拒绝付款，可以吗？国际商会在案例 R196 中给出结论：当一期货未装运，开证行同意了后一期装运时，除非开证行另有说明，可以推定该证对以后应发各期已恢复生效。如果不想使该证对以后各期生效，开证行应告知交单者对该期的认可仅适用于该期，而不是该证已整体恢复生效。本例中，开证行对 2 月份的交单付款，又没做特别说明，则意味着该信用证恢复可兑用，所以开证行不可以对 3 月份的交单拒付。

【CDCS 题目分析】分期装运及数量 5% 增减幅度

※Question

A credit requires shipment of 100 000 tonnes of scrap steel to be shipped in five separate shipments of 20 000 tonnes each with shipments to be made in January, February, March, April and May.

Documents are presented in five separate sets evidencing shipment as follows: January 20 000 tonnes; February 21 000 tonnes; March 18 500 tonnes; April 19 500 tonnes and May 20 000 tonnes.

Assuming documents otherwise comply with the credit terms, which of the above presentations would be found to be discrepant?

Select one:

A. February only.

B. March only.

C. March and April only.

D. March, April and May only.

※ 解析与答案

本题主要考查的是对分期装运的理解和默认 5% 数量增减幅度的适用。

题目中提到信用证要求分 5 期装运 100 000 吨废钢（scrap steel），每期 20 000 吨，分别在 1、2、3、4、5 月份装运。5 套单独提交的单据显示货物装运情况为：1 月 20 000 吨；2 月 21 000 吨；3 月 18 500 吨；4 月 19 500 吨；5 月 20 000 吨。

假设其他单据符合信用证条款，上述哪些交单有不符点？

本题货物废钢的计量单位是吨，按照 UCP600 第 30 条 b 款规定，默认数量可以有 5% 的增减幅度，即每个月的发货数量可以在 20 000 吨的基础上增减 1 000 吨，每个月发货数量在 19 000 ～ 21 000 吨区间内是符合信用证要求的。

根据实际交单所反映的装运情况看，1—5 月份中，3 月份的交货数量是 18 500 吨，存在短装现象，不符合信用证的要求。3 月份的交单一定会被银行视为不符而拒付。

同时根据本款的规定："当信用证规定在特定期间内分期支款或分期装运，且任何一期未在所允许的期间内支款或装运时，信用证对该期及后续任何各期均停止兑用。"虽然只有 3 月份的装运不符合信用证要求，但信用证从三月份起就失效了，停止兑用（ceased to be available），即不仅3月份，其后的4、5月份的交单均将被银行视为不符。

综上所述，本题答案是D。

ii. When partial drawings or shipments are allowed, any number of drawings or shipments is permitted within each instalment.（当信用证允许部分支款或装运时，每期之内都允许任意次数的支款或装运。）

※ 解读

本款提到了"每期之内（within each instalment）"，说明其适用的场景是货物允许分期装运；在每一装运期内，如果信用证允许部分支款或装运，而没就具体次数做出规定，则每个装运期内允许任意次数的支款或装运。

比如，信用证规定货物5、6、7每月装运1000吨，共3000吨，允许部分装运。受益人可以在每个月一次性地装运1000吨，也可以在每个月内分多次装运，比如在5月初装运200吨后，向银行交单兑付，5月份的后续时间里可以继续发货并交单，只要保证5月份最终装运了1000吨即可。

如果信用证允许分期装运，但禁止部分装运，则受益人每一期必须一次性装运，信用证才能正常使用。比如信用证规定货物5、6、7每月装运1000吨，禁止部分装运，那受益人必须在这3个月中，每月一次性装运1000吨；如果信用证允许分期装运，也允许部分装运，但限定了部分装运的次数，则受益人每期部分装运次数要符合信用证规定。

b. When a credit indicates a drawing or shipment schedule by only indicating a number of latest dates, and not given periods [as referred to in Paragraph C15 a(i)]:〔当信用证仅以一些最迟日期规定支款或装运的时间表，而不是（第C15段a款i项所涉及的）特定期间时：〕

i. this is not an instalment schedule as envisaged by UCP600 and Article 32 will not apply. The presentation is to otherwise comply with any instructions in respect of the drawing or shipment schedule and UCP600 Article 31；（这不属于UCP600所设想的分期时间表，UCP600第32条不适用。尽管如此，该交单仍应符合信用证中有关支款或装运时间表和UCP600第31条的任何要求；）

ii. when partial drawings or shipments are allowed, any number of drawings or shipments is permitted on or before each latest date for a drawing or shipment to occur.（当信用证允许部分支款或部分装运时，在每一个最迟支款或装运日期的当日或之前，都允许任意次数的支款或装运。）

※ **解读**

本段规定基本对应 UCP600 第 31 条"部分支款 / 装运"的内容。第 C15 段 a 款 i 项所涉及的特定期间强调有始有终，即每期要有开始日期和结束日期，比如规定为 3 月份，开始日期是 3 月 1 日，结束日期是 3 月 31 日，或者明确规定 3 月 1 日至 3 月 20 日这个特定期间；而第 C15 段 b 款则是用"最迟日期（latest date）"规定支款或装运的时间表，比如 before、no later than 等之类敞口的时间，这些只包含最迟日期的时间表不是 UCP600 意义上的分期时间表（instalment shipments），因此也就不适用于 UCP600 第 32 条分期支款或分期发运所规定的"如信用证规定在指定的时间段内分期支款或分期发运，任何一期未按信用证规定期限支取或发运时，信用证对该期及以后各期均告失效"，也就是说一期未按要求发运，只会导致本期交单不符，不会导致信用证失效。当然，后期的装运及交单仍要符合信用证中有关支款或装运时间表和 UCP600 第 31 条的任何要求。

【CDCS 题目分析】以最迟日期的形式规定装运的时间表

※Question

A documentary credit is issued as follows：

Field 45A："500 Cars（200 Type A，150 Type B and 150 Type C）."

"Type A are to be shipped no later than 20 June 20××."

"Type B are to be shipped no later than 15 August 20××."

"Type C are to be shipped no later than 30 September 20××."

The beneficiary makes a presentation on 30 June 20××, which includes one complete set of documents, but two sets of bills of lading issued as follows: one set of onboard bills of lading dated 19 June 20××, covering shipment of 175 Type A cars; and one set of onboard bills of lading dated 21 June 20××, covering shipment of 25 Type A cars.

The documents are discrepant，but which of the following is correct?

Select one：

A. The credit ceases to be available for this drawing and the subsequent instalments.

B. The credit ceases to be available for the subsequent instalments.

C. Late shipment applies because 25 cars were shipped on 21 June，but the credit remains available for the subsequent instalments.

D. Late shipment applies because 25 cars were shipped on 21 June and the credit ceases to be available for the subsequent instalments.

※ 解析与答案

题目中提到：一份跟单信用证的 45A 场显示："500 辆车（200 辆 A 型，150 辆 B 型和 150 辆 C 型）。"

"A 型应不迟于 20×× 年 6 月 20 日发货；"

"B 型将不迟于 20×× 年 8 月 15 日发货；"

"C 型应不迟于 20×× 年 9 月 30 日发货。"

受益人于 20×× 年 6 月 30 日交单，其中包括一套完整的单据，但两套提单出具如下：一套已装船提单日期为 20×× 年 6 月 19 日，装运了 175 辆 A 型汽车；另一套已装船提单日期为 20×× 年 6 月 21 日，装运了 25 辆 A 型汽车。

下列有关单据不符点的表述，哪个选项是正确的？

下面来看四个选项：

A. 信用证对本次支款及后续支款均停止兑用。

B. 信用证对后续支款均停止兑用。

C. 25 辆汽车在 6 月 21 日装运，因发货延迟导致不符，但本信用证对后续支款仍然有效。

D. 25 辆汽车在 6 月 21 日装运，因发货延迟导致不符，并且本信用证对后续支款停止兑用。

本题中的信用证在规定装运时间时，使用的是"不迟于（no later than）"字样，根据第 C15 段 b 款 i 项的规定，"当信用证仅以一些最迟日期规定支款或装运的时间表，这不属于 UCP600 所设想的分期时间表，UCP600 第 32 条不适用"，也就是说如果其中一期未按信用证规定发货，仅会影响本期的支款，后续各期如果发货符合信用证规定，该信用证继续有效。从受益人交单情况可知，25 辆 A 型汽车发货时间比规定的时间 6 月 20 日晚，6 月份的交单不符，会导致银行拒付，但并不影响 8 月份和 9 月份的发货和支款。

所以本题答案为 C。

三、信用证中发票相关的栏目及条款示例

（一）信用证中发票相关的栏目

根据发票的格式与内容，缮制发票的信息来源主要包括信用证中的以下栏目：59 Beneficiary（受益人），50 Applicant（申请人），32B Currency Code,

Amount（货币和金额），31C Date of Issue（开证日期），20 Documentary Credit Number（跟单信用证号码），45A Description of Goods and/or Services（货物／服务描述），46A Documents Required（单据要求），47A Additional Conditions（附件条件），48 Period for Presentation（交单期限）等。

受益人在缮制发票或审核发票的时候，要按照信用证的要求，以及 UCP600 和 ISBP745 的有关规定来进行，做到正确、完整、及时，以保证能从银行顺利支款。

（二）信用证中有关商业发票的条款示例

① Signed commercial invoice in duplicate showing a deduction of USD200.00 being commission.（已签署的商业发票一式二份，显示扣除 200 美元作为佣金。）

操作提示：商业发票一式两份，没有明确正副本，则受益人至少要提交一份正本，即可以一正一副，也可以提交两个正本，但不能提交两个副本；有"signed"字样的发票必须签署。

② 5% discount should be deducted from total amount of the commercial invoice.（商业发票的总金额须扣除 5% 折扣。）

③ Signed commercial invoice one original and two copies showing the deduction of courier charge.（已签署的商业发票，一正二副，显示扣除快递费用。）

④ Manually signed invoice in five folds certifying issuance in strict conformity with S/C No.2022011 of 02.13，2022，and quoting L/C No.（手签发票一式五份，证明严格按照 2022 年 2 月 13 日的 2022011 号合同签发此发票，注明信用证号码。）

操作提示：该发票不仅要签署，而且必须手签；证明的内容基本按条款照抄即可，如 "We hereby certify that issuance is in strict conformity with S/C No.2022011 of 02.13，2022"；发票上应先显示 "L/C No." 字样，然后将信用证的号码写在后面。

⑤ Signed commercial invoice in quintuplicate showing country of origin.（已签署的商业发票一式五份，注明货物的原产国。）

操作提示：具体的原产国要在发票上体现出来，比如原产国是中国，则发票上可以标注："Country of Origin：China"。

⑥ Commercial invoice in five fold quoting L/C number, and certifying that goods shipped are exactly to the samples presented to buyer.（商业发票一式五份，注明信用证号码，并且证明发运货物与已交给买方的样品完全一致。）

操作提示：本条款中虽然没有"signed"字样，但因为需要加具证明，有"certify"

字样，这样的发票也必须签署；证明文句在表述的时候要根据内容进行部分单词替换或时态转换。比如此处发票上的证明文句可以写为"We hereby certify that goods have been shipped are exactly to the samples presented to you."。

⑦ Commercial invoice in triplicate showing breakdown of CIF value.（商业发票一式三份，显示 CIF 价值的细目。）

操作提示：显示"breakdown of CIF value"，就是要求拆分 CIF 价值构成，并在发票上分别显示出来。CIF 价值包含 FOB 价、运费、保险费，注意拆分后的三部分价值加起来一定要和 CIF 总值一致。具体发票中的显示举例如下：

FOB value：USD5 000.00

Freight charges：USD800.00

Insurance premium：USD500.00

CIF value：USD6 300.00

⑧ Commercial invoice in quadruplicate indicating the following：（商业发票一式四份，并证明以下内容：）

A. that each item is labeled "Made in China"；（A. 每件商品标明"中国制造"；）

B. that one set of non-negotiable shipping documents has been airmailed in advance to buyer.（B. 一套副本装运提单已预先航邮寄给买方。）

第五章　运输单据

第一节　运输单据概述

国际贸易中的运输单据是出口商按规定装运货物后，承运人或其代理人签发给出口商的证明文件。运输单据是货物收据，是承运人与托运人之间运输合同的证明，是交接货物、处理索赔与理赔以及向银行结算货款或进行议付的重要单据。UCP称运输单据为表明货物已装船或发运或接受监管的单据。

一、运输单据的分类

根据运输方式的不同，运输单据有不同的类型，包括海运提单、铁路运单、航空运单和邮包收据等。同一种运输方式下，因为具体的运输组织形式的不同，承运人签发的运输单据也不同，比如海洋运输下有提单、海运单、租船合同提单等多种运输单据。UCP600按照承运方式的不同，将运输单据分成7类，现简单介绍如下。

（一）涵盖至少两种不同运输方式的运输单据

涵盖至少两种不同运输方式的运输单据是在多种运输情况下（至少两种）所使用的一种运输单据，是由承运人或其具名代理人签发，用于证明多式运输合同下的货物已由承运人接管并承运，以及承运人据以保证交付货物的运输单据。

这类运输单据的常用名称为多式运输单据或联合运输单据。多式或联合运输单据使用范围广泛，可用于海运、空运、铁路运输、公路运输等的任何两种或以上运输方式，承运人负责安排全程运输并对全程运输负责。多式或联合运输单据以一种运输单据涵盖了多种（至少两种）运输方式，可以减少中间环节，简化托运手续，并能够明确货方与承运人的责任，有利于保障货物安全迅速抵达目的地。

多式或联合运输单据可以是物权凭证，也可以不是物权凭证。当其以可流通形式发出时，是物权凭证；以不可流通形式发出时不是物权凭证，单据上要注明指定的收货人，不能背书转让，交货时不用提交正本单据，交货给证明身份的收货人即可。

在实际业务中，最为常见的是以海运为中心，前或后加公路或铁路的内陆运输构成的多式运输单据。

（二）提单

提单是指用以证明海上货物运输合同和货物已经由承运人接收或者装船，以及承运人保证据以交付货物的单证。

通常认为，提单具有 3 个功能：承运人收到承运货物时签发给托运人的货物收据，是承运人与托运人之间的运输契约的证明，法律上它具有物权凭证的效用；"物权凭证"是提单区别于其他运输单据的一个独特功能，收货人在目的港提取货物时，必须提交正本提单；同时，因为提单代表了货物所有权，除了凭以提货外，提单还可以作为质押向银行申请融资。

UCP400 时期对提单的描述为"海运提单"（marine bill of lading），UCP500 时期为"港至港提单"（a bill of lading covering port-to-port shipment），UCP600 时期直接描述为"提单"（bill of lading）。在实务中，"提单"默认为涵盖单一"海运"的普通的港至港提单。UCP600 意义上的"提单"适用于海洋运输下的班轮运输。

（三）海运单

海运单是证明国际海上货物运输合同和货物由承运人接管或装船，以及承运人保证将货物交给指定的收货人的一种不可流通的单证。

海运单与提单一样，都是海洋运输下的运输单据，从功能上来看，海运单也是货物收据和运输契约证明，但海运单不是物权凭证，收货人提货时不用出示海运单，只要证明身份就可以。海运单的收货人须做成记名式抬头，海运单不可转让。

海运单尤其适用于近洋运输。信用证业务项下，单据流转包括寄单、审单等，时间可能比较长，而从装运港至目的港的运输距离比较短，可能货物已经到达了目的港，但单据还没到买方手中，导致在目的港出现"货等单"的现象，产生滞港费等额外费用。虽然提单下可以做电放，但也会增加风险和费用。而如果使用海运单，只要收货人做了身份证明就可以提货，由此可解决提单的不足。

（四）租船合同提单

在国际航运实务中，按营运的方式可分为班轮运输和不定期船运输。其中班轮运输一般使用提单；不定期船运输也叫租船运输，一般使用租船合同提单。

租船合同提单也称为租船合约提单、租船提单，是在租船运输条件下，货物装船之后，由船长、船东、租船人或者三者的具名代理人签署的受租船合同约束的提单。作为提单的一种，租船提单同样具有物权凭证的功能和作用。租船合同提单适用于海洋运输下的租船运输。租船运输大多涉及大宗物品，货物数量、金额都比较大。

租船合同提单一般是一种略式提单，只列入货名、数量、船名、装货港和目的港等必要项目，而没有全式提单背面的详细条款，但在提单内加批 "AS PER CHARTER PARTY DATED ×××"（根据 ××× 租船合同出立）等字样。租船合同是出租人与承租人按事先同意的条件，以收取租金或运费的方式，将船舶部分或者全部租与承租人运输货物的合同，通常分为航次租船合同、定期租船合同、光船租赁合同三类。大宗商品运输下涉及的租船合同多为航次租船合同。与班轮提单不同的是，租船提单并非一个完整而独立的文件，通常并入租船合同，受租船合同约束。租船提单上印就的运输合约条款和条件要与租船合约合并使用，凡与租船合约不一致或抵触者都是无效的。租船提单有货物装船收据和目的港交付货物保证等功能。

（五）空运单据

空运单据是指在航空运输方式下，作为承运人的航空公司或其代理接受托运人委托，在接管航空运输货物后对其签发的货运单据。空运单据是航空运输合同的证明和货物收据，但不是物权凭证，属于运单类，不属于提单类，收货人提取货物并不以提交该单据为条件，而是凭航空公司发出的提货通知书，只要证明提货者系航空公司运单的收货人即可。

实务中空运单据多以 air waybill、air consignment note 或 house air waybill 具名，可作为核收运费的依据和海关查验放行的基本单据。在空运单据的收货人栏内，必须详细填写收货人的全称和地址，而不能做成指示性抬头。

（六）公路、铁路或内陆水运单据

《国际公路货物运输合同公约》（CMR）中对公路运输单据下的定义：运输合同是承运人收到货物的初步证据和交货凭证。公路运输单据有三种：CMR

国际内陆运输协会运单、公路运单和汽车运输公司提单。在国际公路运输中CMR 国际内陆运输协会运单最为常见。

铁路运输单据是铁路运输方式下，托运人与承运人之间的运输合同是明确双方权利义务关系的书面凭证。铁路运输单据有《关于铁路货物运输的国际公约》（简称《国际货约》）的国际货运协运单和《国际铁路货物联运协定》（简称《国际货协》）的国际铁路货物联运单。我国是《国际货协》的成员国，我国的国际铁路运输业务采用《国际货协》的统一铁路运单。

根据布达佩斯内河运输公约，内陆水运单据是指一种以出具提单、运单或任何其他内陆水运贸易中使用的单据的形式，证明内陆水运合同和货物已经由承运人接管或装船的运输单据。

公路、铁路或内陆水运单据都只是相应的承运人签发给托运人的货运单据，而不是物权凭证。

（七）快递收据、邮政收据或投邮证明

快递收据是由空运公司或快件公司签发给寄件人，表明收到货物并将按约定向指定的收货人交付货物的运输单据。

邮政收据或投邮证明是盖有邮戳的、由邮政当局在收受对外邮寄发送的货物后签发给寄件人的单据。

快递收据、邮政收据或投邮证明仅是货物收据和运输合约，不是物权单据，不可流通转让，直接交货给收件人或收货人。

以下单据虽然与运输有关，但并不是 UCP600 提到的运输单据，不适用于UCP600 运输条款的约束，如：交货单、运输行收货证明、运输行装运证明、运输行运输证明、运输行承运货物收据、大副收据等。

运输单据没有统一的格式，不同的船公司、航空公司等运输部门或承运人，有自己格式的运输单据，但主要内容是相似的，均要满足运输单据的功能。下面以提单和空运单据为例，介绍其内容和缮制要求。

二、提单的内容及其缮制规范

（一）提单内容简介

提单的内容分为固定部分和可变部分。固定部分包括提单背面的运输契约以及提单正面承运人或代理人印就的文字说明，即契约文字，一般包括收货条款、

内容不知悉条款、承认条款和签署条款，这些内容一般不做更改。提单背面是托运人与承运人的运输条款，实际上多是承运人单方面印定的。由于各国航运公司提单的格式不同，其背面条款的规定内容也互不一样，通常包括托运人与承运人的定义、承运人责任条款、运费和其他费用条款、责任限额、共同海损，等等。

可变部分主要包括托运人、收货人、通知人、船名、装运港、卸货港、包装件数、重量、体积等内容。这些内容根据运输的货物、运输时间、当事人等的不同而变化。下面介绍的提单缮制规范是针对提单的可变部分来说的。

（二）提单缮制规范

1. 托运人

根据《海商法》第 42 条释义，托运人是指：①本人或者委托他人以本人名义或者委托他人为本人与承运人订立海上货物运输合同的人；②本人或者委托他人以本人名义或者委托他人为本人将货物交给与海上货物运输合同有关的承运人的人。托运人的确定需要根据合同的订立、履行过程以及承运人签发的单证进行综合判断。

在信用证业务项下，托运人也称发货人，通常填写信用证的受益人，即买卖合同中的卖方。按照 UCP600 第 14 条 k 款的规定，如信用证无相反规定，银行也接受以信用证受益人以外的第三方为托运人或发货人。

2. 收货人

收货人是指有权提取货物的人，也称为提单的抬头，是提单中非常重要的一个栏目，应严格按照信用证规定填制，一般有三种填法，即记名抬头、不记名抬头和指示性抬头。按抬头方式的不同，提单可以分为记名提单、不记名提单和指示提单。记名提单的收货人栏目显示具名的收货人，不得转让；不记名提单的收货人栏目空白或显示"to bearer"，可自由转让；指示提单的收货人栏目显示"to order（of ×××）"，可经背书后转让。在实际业务中，L/C 项下提单多使用指示式。

3. 通知人

通知人是指货到目的港后承运人通知的对象，承运人凭该栏提供的内容通知其办理提货，因此，提单的通知人栏一定要有详细的名称和地址，以便于收货人提货。如果信用证中未规定明确地址，为保持单证一致，可在正本提单中不列明，但要在副本提单上写明通知人的详细地址。

4. 收货地

收货地指承运人的实际收货地点，也是托运人在内陆的发运地。此栏目通常出现在多式联运单据中。但在实际运输业务中，很多船公司通常将港至港海运提单与多式联运提单合用一张单据，当作为港至港海运提单使用时，本栏目可以留空不填。

5. 船名

本栏指由承运人配载的装货的船名，可按配单回单上的船名填写。若货物需转运，则填写第二程船名。

6. 航次

本栏可按配单回单上的航次填写。若货物需转运，则填写第二程航次号。

7. 装货港

本栏要填实际装船起运的港口。如有转运，填中转港名称。信用证项下装货港一定要符合信用证的规定和要求，并根据实际情况变通。比如信用证规定装货港为"中国港口"（Chinese Port），填写时不能照抄，而要按装运的我国某一港口实际名称来填写。

8. 卸货港

本栏要填写货物实际卸下的港口名称。如果信用证规定两个以上港口者，或笼统写"×× 主要港口"，如"European Main Ports"（欧洲主要港口），填写时不能照抄，而要选择其中一个港口或填明具体卸货港名称。

9. 交货地

交货地是指内陆交货地，本栏填写最终目的地名称。此栏目通常出现在多式联运单据中。如果货物的目的地就是目的港，此栏可留空不填。

10. 提单号码

提单号码一般位于提单的右上角，是为便于工作联系和核查，承运人对发货人所发货物承运的编号。其他单据如保险单、装运通知等，B/L No. 往往也是单据内容之一，此时要注意注明的提单号要保持一致。

11. 唛头

唛头，即运输标志，通常由字母、数字及简单的文字组成，其主要作用在于在装卸、运输等过程中便于识别货物，以防错发、错运。标准化唛头包括4项内容：①收货人或买方名称的英文缩写或简称；②参考号，如订单号或发票号等；③目的地名称；④货物件数。

如果信用证中对于唛头有明确规定，则按信用证要求缮打；如果信用证没有规定唛头，则按买卖双方的约定，或由卖方决定缮制，也可填写"N/M"。本栏目会出现在商业发票、装箱单、原产地证书等多种单据上，要注意保持单单一致。

12. 货物包装及件数

本栏按货物装船的实际情况填写总外包装件数，通常包括大小写两种形式。如果货物包括两种或以上不同包装单位，应分别填写不同包装单位的数量，然后再表示总件数。

如果是散装货物，该栏可填写为"In Bulk"，大写件数栏可留空不填。

13. 货物名称／描述

按照《UCP600》的规定，除商业发票外，其他单据中的货物的描述可使用统称，不需要详细列出商品规格等信息，但不能与信用证中货物的描述矛盾。提单上本栏目填写符合信用证规定的货物的统称即可，并与其他单据相一致。

14. 毛重

除非信用证有特别规定，提单上一般只填货物的总毛重和总体积，而不表明净重和单位体积。本栏填写货物的毛重，须同装箱单上货物的总毛重一致。如果货物是裸装，没有毛重，只有净重，则在净重前加注"N.W."字样。本栏一般以公斤为计量单位，保留两位小数。

15. 尺码

本栏填写货物的体积，须同装箱单上货物的总体积相一致。本栏一般以立方米为计量单位，保留三位小数。

16. 运费和费用

除非信用证有特别要求，海运提单通常不需要填写运费具体数额，只需表明运费支付情况。如信用证明确要求注明运费的金额，则按实际运费支付额填写即可。

提单上显示的运费支付情况，要与信用证或合同所用的贸易术语相一致。具体来说，在CIF和CFR条件下，注明"Freight Prepaid"（运费预付）或"Freight

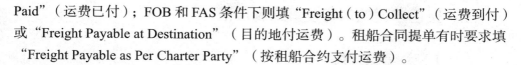

Paid"（运费已付）；FOB 和 FAS 条件下则填"Freight（to）Collect"（运费到付）或"Freight Payable at Destination"（目的地付运费）。租船合同提单有时要求填"Freight Payable as Per Charter Party"（按租船合约支付运费）。

17. 提单的签发地点和签发日期

提单的签发地点一般为货物实际装运的地点，签发日期为货物装船完毕的日期。提单签发日期要与信用证所要求的最后装运期一致或先于装运期，以保证单证相符。如果出口商估计货物无法在信用证规定的装运期前装上船，应尽早通知买方修改信用证，千万不要采取"倒签提单""预借提单"等欺诈行为，以免造成经济损失和不良影响。

18. 正本提单份数

本栏显示的是提单实际签发的或根据要求出具的全套正本提单的份数，一般是 1～3 份，并用大写数字如 One、Two、Three 等表示。信用证支付方法下提单正本的签发份数一般都有明确规定，此时一定要按信用证的规定出具要求的份数。

19. 已装船批注、装运日期

提单应注明货物已装船。在实际业务中，提单上一般都预先印就"已装船"（Shipped on Board）字样，表示货物已装船，在此情况下，签发提单的日期就是装运日期。如果提单上没有预先印就"已装船"字样的，则必须在提单上加注装船批注，来证实货物已装船，此时该装船批注日期即视为装运日期。

20. 承运人或其代理人签字、盖章

提单必须经签署才能生效。根据 UCP600 规定，提单的签署人可以是承运人，或承运人的具名代理人，或船长，或船长的具名代理人。

承运人或船长的任何签字或证实，必须表明"承运人"或"船长"的身份。代理人代表承运人或船长签字或证实时，也必须表明代表的委托人的名称或身份，即注明代理人是代表承运人或船长签字或证实的。

21. 提单背书

提单应按照信用证的具体要求进行背书。一般信用证要求提单进行空白背书的比较多见。对于空白背书，只需要背书人签章并注明背书的日期即可。

有时信用证也要求提单做记名背书，此时则应先写上被背书人的名称，然后再由背书人签署并加盖公章，同时注明背书的日期。

三、空运单据的内容及其缮制规范

（一）空运单据分类

1. 航空主运单

货运代理将揽收后拼装的货物交航空运输公司，由航空运输公司签发的运输单据称为航空主运单，或称航空公司运单，简称 MAWB。航空主运单是航空运输公司据以办理货物运输和交付的依据，是航空公司和托运人订立的运输合同。

航空主运单的发货人是起运港的货运代理，收货人是目的港的货运代理。待航空公司把货物统一运到目的港之后，由目的港的货运代理将货物分别交付给不同的真正最终收货人。

2. 航空分运单

集中托运人在办理集中托运（货运代理将多票货物拼装为一票交付给航空公司承运）业务时签发的航空运单可称作航空分运单，或称代理人运单，简称 HAWB。航空分单的发货人是货物实际的发货人，收货人是实际的最终收货人。

在集中托运的情况下，在起运地货物由集中托运人将货物交付航空运输公司，在目的地由集中托运人或其代理从航空运输公司处提取货物，再转交给收货人。货运代理人采用集中托运的形式向航空公司交付货物时，航空公司按一票货物向货运代理人签发航空主运单。货运代理人再根据不同的客户分别签发不同的分运单给相应的客户。

（二）空运单据的内容及缮制规范

航空运单与海运提单类似，也有正面、背面条款之分。不同的航空公司也会有自己独特的航空运单格式。各航空公司所使用的航空运单大多借鉴国际航空运输协会（International Air Transport Association，IATA）所推荐的标准格式，差别并不大。下面就有关需要填写的栏目进行说明。

1. 航空运单编号

运单编号在航空运单的左右上角及右下角，由航空公司编写。编号由 11 位数字组成，包括航空公司的数字代号和货运单序号及检验号。前三位一般是各国航空公司的代号，航空公司的代号为三位数字，如中国民航的代号为 999。

2. 航空公司的名称

航空运单右上方通常印就航空公司的全称及简称，同时印有"Not Negotiable"（不可转让）字样。

3. 托运人名称和地址

填制托运人全称、地址以及托运人的电话、传真、电传号码等信息。信用证结算方式一般填写受益人名称，如信用证另有规定则按信用证要求填写。

4. 收货人名称及地址

填写收货人的名称和地址。信用证结算方式，有的是以买方为收货人，有的以开证行为收货人，要根据信用证的规定填写。因航空运单不能转让，此栏内不可填写"To Order"字样。

5. 签发运单的承运人的代理人名称和城市

如果运单直接由承运人本人签发，此栏可空白不填。如果运单由承运人的代理人签发，可填写实际代理人名称及城市名。

6. 始发站机场

始发站机场即飞机起飞机场，此栏填写货物始发站的机场名称，并且应填写英文全称，不得简写或使用代码。

7. 运输路线和目的站

至：填写目的站或者第一中转站机场的 IATA 三字代码。
第一承运人：填写第一承运人的全称或者 IATA 两字代码。
至：填写目的站或者第二中转站机场的 IATA 三字代码。
第二承运人：填写第二承运人的全称或者 IATA 两字代码。
至：填写目的站或者第三中转站机场的 IATA 三字代码。
第三承运人：填写第三承运人的全称或者 IATA 两字代码。

8. 币种

填写始发站所在国家的货币的三字代码（由国际标准化组织，即 ISO 规定），如 HKD、USD 等。

9. 运费代号

填写货物运费的支付方式，可在印就的支付方式下面的空格内打"×"作为选择。运费支付方式有以下几种。

a. CA, Partial Collect Credit-Partial Prepaid Cash（部分到付信用卡—部分预付现金）

b. CB, Partial Collect Credit-Partial Prepaid Credit（部分到付信用卡—部分预付信用卡）

c. CC, All Charges Collect（全部货物运费到付）

d. CX, Destination Collect Credit（目的站到付信用卡）

e. NC, No Charge（免费）

f. PP, All Charges Prepaid by Cash（全部货物运费预付现金）

g. PX, All Charges Prepaid by Credit（全部货物运费预付信用卡）

10. 航空运费／声明价值附加费的付款方式

航空运费和声明价值附加费必须同时全部预付或者到付，并在相应的栏目"PPD"（预付）、"COLL"（到付）内填写"×"。

11. 其他费用的付款方式

预付或者到付，要在相应的栏目"PPD"（预付）、"COLL"（到付）内填写"×"。

12. 供运输用声明价值

填写托运人向承运人托运货物声明价值的金额，一般可按发票价值填入。托运人如果不愿意宣布货值，则可在此栏内填写"NVD"（No Value Declaration）字样。

13. 供海关用声明价值

填写托运人向海关申报的货物价值。托运人未办理此声明价值，必须填写"NCV"（No Customs Value）字样，表示没有声明价值。

14. 目的站机场

填写货物目的站机场的名称，应填写英文全称，不得简写或使用代码。如有必要，填写该机场所属国家、州的名称或城市的全称。

15. 航班／日期

填写托运人已经定妥的航班／日期。此日期是预计飞行日期，不是实际飞行日期。

16. 运输处理注意事项

一般填写承运人对货物在仓储和运输过程中处理时所需要注意的事项，包括危险物品、货物标志、货物包装方式、随附货运单的文件的名称、除地址栏以外的其他在目的站的被通知人的名称、地址以及联系方式等，以及需要做特殊说明的其他情况。但必须注意，这些事项应不能超过承运人的仓储、运输能力。

17. 件数／运价点

填写货物的包装件数，当所使用的货物运价种类不同时，应分别填写，并将总件数填写在此处。如果货物运价系分段相加运价，将运价组成点（运价点）的IATA 三字代码填写在件数下面。

18. 毛重

填写货物的总毛重。

19. 毛重的计量单位

填写货物毛重的计量单位，"K"或者"L"，分别表示"千克"或者"磅"。

20. 运价等级

填写所采用的货物运价种类代号。常见的有以下几种。

M—minimum charge，最低运费，也叫起码运费，指运输一票货物所收取的最低费用。

N—normal rate，代表 45 千克以下普通货物运价。使用此运价需满足两个条件：重量在 45 千克以下；既不属于适用特种商品运价的商品，又不属于适用等级货物运价的货物，须是普通货物。

Q—quantity rate，代表 45 千克以上普通货物运价。通常又分为 +45、+100、+300、+500、+1000 等不同级别，一般重量越大，费率越低。Q 运价在实际出货中是最常见的。

C—specific commodity rate，代表特种商品运价，通常适用于那些批量大、季节性强、单位价值低的货物。

S—class rate surcharge，附加等级运价，即高于普通货物运价的等级货物运价。适用于那些比较特殊的货物，如活体动物、动物厩栏、除动物厩栏以外的动物容器、贵重货物、珍贵植物和植物制品、骨灰、灵柩、鲜活易腐物品、枪械、弹药、押运货物、作为货物运输的行李等。一般按照基础运价的 150% 计收。

R—class rate reduction，附减等级运价，即低于普通货物运价的等级货物运价，适用商品主要包括报纸、杂志、书籍及出版物，或者作为货物托运的行李等。

21. 商品代号

应根据下列情况分别填写：

使用指定商品运价时，填写指定商品代号。

使用等级货物运价时，填写所适用的普通货物运价的代号及百分比数。如：填写"R"（表示附减等级运价）；"S"（表示附加等级运价）。

根据从低原则使用重量分界点运价时，填写重量分界点运价代号及分界点重量。

22. 计费重量

填写航空公司据以计收航空运费的货物重量，一般按毛重计费，如按起码运价计收运费，本栏可不填。如体积重量大于实际毛重，则将体积重量填入本栏，所以该重量可能与毛重相同也可能不同。

23. 运价／运费

填写所适用的货物运价。当使用最低运费时，此栏与运价代号"M"对应，填写最低运费；或填写与运价代号"N""Q""C"等对应的运价；当货物为等级货物时，此栏与运价代号"S"或"R"对应，填写附加或附减后的运价。

24. 运费总额

填写根据货物运价和货物计费重量计算出的航空运费额。

25. 货物品名及数量，包括尺寸或体积

填写货物的具体名称及数量，包括每件货物的外包装尺寸或体积，货物尺寸按其外包装的"长 × 宽 × 高 × 件数"的格式填写。

26. 其他费用

填写除运费和声明价值附加费以外的其他费用的项目名称和金额。根据IATA规则，各项费用分别用三个英文字母表示。其中前两个字母是某项费用的代码，如货运单费表示为AW。第三个字母是C或A，分别表示费用应支付给承运人或货运代理人。

部分其他费用的名称及代码表示如下：

AC：animal container fee，动物容器费。

AS：assembly service fee，集装服务费。

AW：air waybill fee，货运单费。

CD：clearance and handling—destination，目的站办理海关手续和处理费。

CH：clearance and handling—origin，始发站办理海关手续和处理费。

FC：charge collect fee，货物运费到付手续费。

GT：government tax，政府税。

IN：insurance premium，代办保险手续费。

LA：live animal，活体动物处理费。

MA：miscellaneous—due agent，代理人收取的杂项费。

MC：miscellaneous—due carrier，承运人收取的杂项费。

MO：miscellaneous，杂项费，如牛栏、马厩的租用费。

MZ：miscellaneous—due issuing carrier，制单承运人收取的杂项费。

PK：packaging，货物包装费。

PU：pick-up，货物提取费。

RA：dangerous goods fee，危险物品处理费。

SD：surface charge—destination，目的站地面运输费。

SR：surface charge—origin，始发站地面运费。

SU：storage—destination，目的站仓储费。

SO：storage—origin，始发站仓储费。

TR：transit，过境费。

TX：taxes，税款。

UH：ULD—handling，集装设备处理费。

27. 航空运费

填写航空运费总额，可以预付或者到付，根据付款方式分别填写。

28. 声明价值附加费

填写按规定收取的声明价值附加费，可以预付或者到付，根据付款方式分别填写。

29. 税款

填写按规定收取的税款额，可以预付或者到付，根据付款方式分别填写，但是，必须同时全部预付或者同时全部到付。

30. 交代理人的其他费用总额

填写交代理人的其他费用总额，可以预付或者到付，根据付款方式分别填写。

31. 交承运人的其他费用总额

填写交承运人的其他费用总额，可以预付或者到付，根据付款方式分别填写。

32. 全部预付货物费用的总额

填写合计的预付货物运费的总额。

33. 全部预付货物费用的总额

填写合计的到付货物运费的总额。

34. 托运人或其代理人签字、盖章

由托运人或其代理人签字、盖章。

35. 签发地点和日期

填写航空运单的签发日期（Date）和地点（Place）。

36. 制单承运人或其代理人签字、盖章

凡是正本须有承运人或其代理人签字、盖章方生效。

第二节　运输单据规则解读与案例分析

一、UCP600 对运输单据的规定

UCP600 第 19 条、20 条、21 条、22 条、23 条、24 条和 25 条对 7 类运输单据进行了专门规定，跟运输单据相关的规定还体现在第 14 条的 j、k、l 款，以及第 26 条、27 条。

（一）UCP600 第 14 条

j. When the addresses of the beneficiary and the applicant appear in any stipulated document, they need not be the same as those stated in the credit or in any other stipulated document, but must be within the same country as the respective addresses mentioned in the credit. Contact details (telefax, telephone, email and the like) stated as part of the beneficiary's and the applicant's address will be disregarded. However, when the address and contact details of the applicant appear as part of the consignee or notify party details on a transport document subject to articles 19, 20, 21, 22, 23, 24 or 25, they must be as stated in the credit. ［当受益人和申请人的地址出现在任何规定的单据中时，无须与信用证或其他规定单据中所载相同，但必须与信用证中规定的相应地址同在一国家。联络细节（传真、电话、电子邮箱及类似细节）作为受益人和申请人地址的一部分时将被不予理会。然而，当申请人的地址和联系细节为按照第 19 条、20 条、21 条、22 条、23 条、24 条或 25 条出具的运输单据中收货人或通知方细节的组成部分时，则必须按照信用证规定予以显示。］

※ **解读**

UCP600 在申请人和受益人的地址上未采用镜像原则，要求单据填写内容和信用证的规定如同镜子的物体和实物一样完全一致，而是通过此条明确对地址等信息做出了忍让，毕竟当事人地址、联系人等发生变化是正常的，而且在信用证项下，单据上有无地址、联系人、电话等联络细节，并不会影响银行对申请人或受益人的识别。

但是对于运输单据而言，UCP600 提出了严格的要求。运输单据中的收货方、通知方是非常重要的当事人信息，该信息的准确与否会决定着物权归属人，以及货物能否及时通知提取。如果申请人的地址和联系细节为运输单据中收货人或通知方细节的组成部分时，受益人必须按照信用证规定予以显示，否则将直接导致单证不符。

k. The shipper or consignor of the goods indicated on any document need not be the beneficiary of the credit.（在任何单据中注明的托运人或发货人无须为信用证的受益人。）

※ **解读**

托运人和发货人是运输领域的当事人，受益人是付款领域信用证业务项下的当事人，UCP600 并不要求托运人或发货人是信用证的受益人。这也是符合实际情况的。比如在有中间商参与的交易下，买方将信用证开给中间商，而货物则直接由生产商发运给买方，此种情况下，信用证的受益人是中间商，提单等运输单据上的托运人或发货人可以是生产商。

l. A transport document may be issued by any party other than a carrier, owner, master or charterer provided that the transport document meets the requirements of articles 19, 20, 21, 22, 23 or 24 of these rules.（运输单据可以由任何人出具，无须

为承运人、船东、船长或租船人，只要其能够满足本惯例第 19 条、20 条、21 条、22 条、23 条或 24 条的要求。）

※ **解读**

此条规定放宽了对运输单据出具方的要求，在信用证没有提出特定要求或说明的情况下，运输单据的出具人不限于承运人、船东、船长或租船人。在实际业务中，运输单据经常由货运代理出具，作为单据的出具方，只要其在出具运输单据时能清晰地显示自己的身份，比如船长、船东或承运人的代理，则由其出具的单据是 UCP600 所许可的。

（二）UCP600 第 19 ~ 25 条

UCP600 规定的运输单据有七类，分别规定在第 19 条到第 25 条，在此仅就部分运输单据进行分析。

1. 第 19 条：涵盖至少两种不同运输方式的运输单据

a. A transport document covering at least two different modes of transport (multimodal or combined transport document), however named, must appear to：［涵盖至少两种不同运输方式的运输单据（多式或联合运输单据），不论其名称如何，必须看似：］

i. indicate the name of the carrier and be signed by：（表明承运人名称并由以下人员签署：）

* the carrier or a named agent for or on behalf of the carrier, or（承运人或其具名代理人，或）

*the master or a named agent for or on behalf of the master.（船长或其具名代理人。）

Any signature by the carrier, master or agent must be identified as that of the carrier, master or agent.（承运人、船长或代理人的任何签字，必须表明其承运人、船长或代理人的身份。）

Any signature by an agent must indicate whether the agent has signed for or on behalf of the carrier or for or on behalf of the master.（代理人的签字必须表明其系代表承运人还是船长签字。）

※ **解读**

UCP600 对运输单据的规定注重功能，不注重名称，只要受益人提交的运输单据满足其功能性要求，则不论如何命名，银行均可以接受。实务中涵盖至少两种不同运输方式的运输单据的常用名称有"多式运输提单""联合运输提单"等。如信用证要求提交多种方式运输单据，则此类运输单据不能表明运输仅由一种运输方式完成，因为功能上不满足要求。

多种方式运输单据的签署人可以是承运人（carrier）、船长（master）或二者的具名代理人（agent）。代理人签署运输单据时，不仅要写明自己的名称，同时要表明其代表的是承运人还是船长，并写明承运人或船长的名字。

【CDCS 题目分析】多式运输单据的签署

※Question

Which of the following parties cannot sign a multimodal transport document?

Select one：

A. An agent of the carrier.

B. The combined transport operator (CTO).

C. The consignor.

D. The multimodal transport operator (MTO).

※ 解析与答案

题目问的是哪一方不能签署多式运输单据。

多式运输单据是涵盖至少两种不同运输方式的运输单据的一种常用名称。根据 UCP 600 Article 19 a（i）款可知，多式运输单据可由承运人或船长，以及他们的代理人签署。

选项 A. 承运人的代理，在 UCP600 Article 19 a（i）款中有明确说法，可以签署。

选项 B 中的联合运输经营人和选项 D 中的多式运输经营人，这两个身份在 Article 19 a（i）款没有提到。在 UCP500 时期曾允许多式运输经营人或其代理人签署多种方式运输单据。我国《海商法》第 102 条第 2 款规定：多式联运经营人是指本人或者委托他人以本人名义与托运人订立多式联运合同的人。《海商法》第 42 条解释了什么是承运人与实际承运人。在多种方式运输方式下，多式运输经营人是与托运人签订运输合同的合同承运人，也可能同时为实际承运人。所以联合运输经营人和多式运输经营人有权利以承运人的身份，或者以承运人代理的身份签署多式运输单据。

选项 C. 发货人。根据 UCP 600 Article 19 a（i）款可知，发货人不能签署多式运输单据，故此题答案为 C。

ii. indicate that the goods have been dispatched, taken in charge or shipped on board at the place stated in the credit, by: * pre-printed wording, or * a stamp or notation indicating the date on which the goods have been dispatched, taken in charge or shipped on board. （通过以下方式表明货物已经在信用证规定的地点发送、接管或已装运：事先印就的文字，或者表明货物已经被发送、接管或装运日期的印戳或批注。）

The date of issuance of the transport document will be deemed to be the date of dispatch, taking in charge or shipped on board, and the date of shipment. However, if the transport document indicates, by stamp or notation, a date of dispatch, taking in charge or shipped on board, this date will be deemed to be the date of shipment. （运输单据的出具日期将被视为发送、接管或装运的日期，也即发运的日期。然而如单据以印戳或批注的方式表明了发送、接管或装运日期，该日期将被视为发运日期。）

※ 解读

在多种方式运输下，运输单据必须表明货物已经发送、接管或已装运，这体现了运输单据的货物收据功能，表明承运人已经按运输单据所载内容收到了货物。同时，运输单据上显示的货物发送、接管或已装运的地点，必须符合信用证的规定。信用证规定的收货地点通常体现在多种方式运输单据的"收货地（place of receipt）"和"装货港（port of loading）"栏位中，通常收货地接管日期在装货港装运日期之前，比如先在乌鲁木齐收货，通过陆路方式运到青岛，然后在青岛港装船。

多种方式运输单据表明货物在信用证规定的地点发送、接管或已装运的方法有两种：一是事先印就的文字，二是印戳或批注。预先印就的日期可视为出具日期，即发运日期；但如果另有印戳或批注，则以印戳日期或批注日期为发运日期。这也就是意味着印戳或批注的效力优于事先印就文字的效力。同时实务中还要考虑，在有批注的情况下，这个批注具体是针对起运地的批注，还是针对装货港的批注。

【国际商会案例 R750/TA701rev】多式联运提单的装船批注

※ 案例背景

信用证要求多式联运提单：

46A：FULL SET OF MULTIMODAL TRANSPORT BILLS OF LADING...

关于收货地、装运港等的要求如下：

44A：PRAGUE, CZECH REPUBLIC（收货地为捷克布拉格）

44E：HAMBURG, GERMANY（装货港为德国汉堡）

44F：ANY PORT IN CHINA（卸货港为中国任意港口）

44C：090331（最迟发运日为 2009 年 3 月 31 日）

受益人提交的多式运输单据显示：

Place of receipt: Prague（收货地为布拉格）

Port of loading: Hamburg，DE（装货港为汉堡 DE）

Port of discharge: Shanghai（卸货港为上海）

Received for shipment...

Dated March 31, 2009.（多式运输提单出具日为 2009 年 3 月 31 日）

Onboard notation: "Shipped on board vessel (x) in Hamburg on 04/04/2009".（并含"2009 年 4 月 4 日在汉堡装上具名船"的已装船批注）

开证行拒付，提出的不符点为：

① Late shipment：（迟装）

② Transport route not per L/C ("Czech Republic" and "China" not stated, "DE" stated i/o "Germany").［运输路线不符合信用证要求（未显示捷克和中国，显示 DE 而非德国）］

开证行所提不符点是否成立？

※ 国际商会意见

对于是否迟装，国际商会指出，在该信用证下，货物的运输开始于布拉格，多式运输提单表明货物于 2009 年 3 月 31 日在起运地布拉格收妥待运；而已装船批注所针对的是汉堡的装船，而非起运地，这个事件后于布拉格收到货物的日期。UCP600 第 19 条 a 款 ii 项规定："表明货物已经在信用证规定的地点发送、接管或已装船……运输单据的出具日期将被视为发送、接管或装船的日期，也即发运的日期。"因此，显示在布拉格收到货物，再由汉堡运到上海的多式运输提单是可接受的，并且以多式运输提单的出具日期为发运日期，即 2009 年 3 月 31 日。

对于运输路线是否符合信用证要求，国际商会指出，在 UCP 以及国际标准银行实务中，没有规定要在显示为收货地、装运港、卸货港或交货地的城市外注明国别，收货地、装货港和卸货港不显示国家名非不符点；使用德国的 ISO 国家代码 DE 来代替德国"Germany"不构成数据矛盾或冲突。

※ 点评

根据 UCP600 中 19 a（ii）的规定，多种方式运输单据可以通过事先印就的文字或者印戳或批注来表明货物已发送、接管或已装运，并且印戳或批注的效力优先于事先印就的文字。本案例中，"2009年4月4日在汉堡装上具名船"的已装船批注针对的是装货港，而不是收货地布拉格，所以依然以运输单据的出具日2009年3月31日作为该批货物的发运日期。

在多式联运的情况下，信用证规定的交货时间是以货物在信用证规定的起运地点被发送、接管或装船的时间为准，后续运输的装卸时间不应作为判断货物是否被按时装运的依据。

本案同时表明，运输单据上的收货地、装运港、卸货港及交货地等地点或港口无需注明其所在的国别，即便信用证规定的地点包含了国别。上述结论已经清晰地反映在ISBP745第E6段f款当中。当然，若涉及同名港口或地点，为避免混淆，妥善的做法是加注国别（ISBP745第E6段g款规定）。

iii. indicate the place of dispatch, taking in charge or shipment and the place of final destination stated in the credit, even if: （表明信用证规定的发送、接管或发运地点，以及最终目的地，即使：）

a) the transport document states, in addition, a different place of dispatch, taking in charge or shipment or place of final destination, or （该运输单据另外还载明了一个不同的发送、接管或发运地点或最终目的地，或者）

b) the transport document contains the indication "intended" or similar qualification in relation to the vessel, port of loading or port of discharge. （该运输单据载有"预期的"或类似的关于船只、装货港或卸货港的限定用语。）

※ 解读

本款规定可总结为以下三项内容。

第一，多种方式运输单据必须表明信用证规定的发送、接管或发运地点，以及最终目的地。多种方式运输单据上这些地点的填写必须反映信用证中规定的运输区段，即运输全程的起点和终点。SWIFT信用证中关于发送、接管或发运地点，以及最终目的地的规定，体现在44A、44B、44E、44F等4个栏位。

44A Place of Taking in Charge/Dispatch From/Place of Receipt——接管地/发送地/收货地，填写多种方式运输下前程运输的收货地，通常是出口国内陆的某个指定收货点。

44B Place of Final Destination/For Transportation to .../Place of Delivery——最终目的地/运往地/交货地，填写多种方式运输下末程运输的目的地，通常是进口国内陆的某个指定交货点。

44E Port of Loading/Airport of Departure——装货港 / 起飞机场，填写单一海运、空运下出口国的港口（海港或空港），或多种方式运输下涉及海运、空运的出口国的港口。

44F Port of Discharge/Airport of Destination——卸货港 / 目的地机场，填写单一海运、空运下进口国的港口（海港或空港），或多种方式运输下涉及海运、空运的进口国的港口。

按照 ICC 意见，判断是否是多种方式运输，主要依据是看信用证 44A、44B、44E、44F 栏位是否给出了其中 3 个或 4 个，如果规定了 3 个或 4 个，则对应的运输单据按照 UCP600 第 19 条审核，如果只规定了 44E、44F 这 2 个栏位，则通常视为要求提交港至港提单、海运单、租船合同提单或空运单据，银行将按照 UCP600 第 20 条、21 条、22 条和 23 条来审核运输单据。

例如信用证中规定：

44A：Jinan, China

44E：Qingdao port

44F：Los Angeles

44B：Las Vegas

对应的多种方式运输单据上相应的栏位填写如下：

Place of Receipt: Jinan，China

Port of Loading: Qingdao port

Port of Discharge: Los Angeles

Place of Final Destination (Place of Delivery): Las Vegas

第二，多种方式运输单据如果另外还载明了与信用证规定不同的发送、接管或发运地点或最终目的地，是可以接受的。国际贸易实际业务中多采用集装箱运输，在多种方式运输下，货物在生产企业装进集装箱后，承运人在工厂所在地接管货物，装上火车、卡车等运输工具，以陆路等方式将货物运到装货港或机场，然后装上船或飞机，再以海运、空运等方式将货物运到卸货港或卸货机场，并运往最终目的地。整个的实际承运过程，可能比信用证中载明的发送、接管或发运地点，以及最终目的地所覆盖的区域范围还要广。对于银行来说，只要多种方式运输单据显示的实际承运区段涵盖了信用证中规定的运输全程，满足了信用证要求收货地或交货地的地理范围，则允许多种方式运输单据上显示信用证规定之外的发送、接管或发运地点或最终目的地。信用证规定的起讫地之外的运输区段，不是信用证审单人员关注的范围。

第三，多种方式运输单据载有"预期的"或类似的关于船只、装货港或卸货港的限定用语，是可以接受的。之所以出现"预期的"船只、装货港或卸货港，是因为在出具多种方式运输单据时，通常尚不能确定收货地之后海运阶段的船名及装卸港口，所以会在船名或装卸港口之前加"预期（intended）"字样。对此，银行是接受的。

iv. be the sole original transport document or, if issued in more than one original, be the full set as indicated on the transport document. （为唯一的正本运输单据，或者，如果出具为多份正本，则为运输单据中表明的全套单据。）

※ **解读**

运输单据须标明正本份数，一份或多份，通常根据信用证规定的份数出具，并提交给银行。比如信用证规定"FULL SET（3 ORIGINALS）……"，则可出具三份正本运输单据，并且受益人在将来交单的时候要将三份正本运输单据全部交给银行。

v. contain terms and conditions of carriage or make reference to another source containing the terms and conditions of carriage (short form or blank back transport document). Contents of terms and conditions of carriage will not be examined. ［载有承运条款和条件，或提示承运条款和条件参见别处（简式/背面空白的运输单据）。银行将不审核承运条款和条件的内容。］

※ **解读**

该条款明确规定银行对运输单据上的承运条款和条件不予审核，这意味着运输单据上印就的承运条款和条件不会作为将来银行拒付的理由。

vi. contain no indication that it is subject to a charter party. （未表明受租船合同约束。）

※ **解读**

如果信用证规定提交多种方式运输单据（多式或联合运输单据），而特殊条款又规定，租船提单可接受则表明该多种方式运输单据受租船合约的约束，如果受益人最终提交的是租船提单，即应按照租船合约（合同）提单标准审核单据。

从UCP600的角度，多种方式运输单据与租船合约（合同）提单审核的差异主要表现为：①租船合约（合同）提单由船长或其具名代理人，或船东或其具名代理人，或租船人或其具名代理人签署，无须表明承运人；多式或联合运输单据须标明承运人名称，须由承运人或其具名代理人，或船长或其具名代理人签署。②租船合约（合同）提单须表明货物已在信用证规定的装货港装上具名船只，卸货港可以显示信用证规定的港口范围或地理区域；多式或联合运输单据须表明信用证规定的发送、接管或发运地点以及最终目的地，同时还可以载明另外一个不同的发送、接管或发运地点或最终目的地。

b. For the purpose of this article, transhipment means unloading from one means of conveyance and reloading to another means of conveyance (whether or not in different modes of transport) during the carriage from the place of dispatch, taking in charge or shipment to the place of final destination stated in the credit.［就本条款而言，转运指在从信用证规定的发送、接管或者发运地点至最终目的地的运输过程中从某一运输工具上卸下货物并装上另一个运输工具的行为（无论其是否为不同的运输方式）。］

※ 解读

在货物的运输过程中，由于运输条件的限制，以及气候、地理等因素的影响，有时候不可避免地需要将货物转运。根据本条规定可知，转运不仅包括货物在同一种运输方式下的不同运输工具之间的转换，比如海运方式下将货物从 A 船换装到 B 船，也包括货物在不同运输方式下的运输工具之间的转换，比如将货物从铁路运输方式下的火车换装到海洋运输下的船舶。在多种方式运输的承运过程中，运输方式和运输工具的转换是必然的，转运自然也是必然会发生的。

c.

i. A transport document may indicate that the goods will or may be transhipped provided that the entire carriage is covered by one and the same transport document.（运输单据可以表明货物将要或可能被转运，只要全程运输由同一运输单据涵盖。）

ii. A transport document indicating that transhipment will or may take place is acceptable, even if the credit prohibits transhipment. （即使信用证禁止转运，注明将要或者可能发生转运的运输单据仍可接受。）

※ 解读

本款表明：多种方式运输下，全程须由同一套多种方式运输单据涵盖。比如全程运输由铁路运输和海洋运输构成，如果出具两套运输单据，分别是铁路运单和海运提单，即使涵盖了信用证规定的全程，也是不符合要求的，必须出具一份涵盖全程的多种方式运输单据；多种方式运输单据注明转运将要发生，或可能发生，是可以接受的，即使信用证禁止转运。全程运输涉及至少两种不同的运输方式，是多种方式运输的一个显著特征，多式运输本身的性质使得多式运输方式下的转运必然产生，并且转运前后的运输方式不同，运输工具也不同。

2. 第 20 条：提单

a. A bill of lading, however named, must appear to：（提单，无论名称如何，必须看似：）

※ 解读

UCP600 第 20 条下的提单，特指港至港提单，适用于单一海洋运输下的班轮运输。港至港提单的功能除了包括货物收据、运输合同的证明外，还有物权凭证，代表货权，这是提单的独特之处。

根据本款规定，只要能满足其功能，提单的名称如何并不为银行等当事人看重，只要信用证规定的运输路径是港至港，并且没有要求租船提单，就可以认为是要求提单。实务中，提单常见的名称包括 bill of lading、marine bill of lading、ocean bill of lading、port-to-port bill of lading 等，还有的船公司将港至港提单和多式联运提单的名称印就在同一张运输单据上，单据名称为 Port-to-Port or Combined Transport Bill of Lading。

如果信用证 46A 中要求全套正本海洋提单（ocean bill of lading），受益人实际交单时提单的名称中没有 "ocean（海洋）" 字样，只要功能满足，银行不能认定该提单不符合信用证要求。

i. indicate the name of the carrier and be signed by：（表明承运人名称，并由下列人员签署：）

• the carrier or a named agent for or on behalf of the carrier, or（承运人或其具名代理人，或者）

• the master or a named agent for or on behalf of the master.（船长或其具名代理人。）

Any signature by the carrier, master or agent must be identified as that of the carrier, master or agent.（承运人，船长或代理人的任何签字必须表明其承运人、船长或代理人的身份。）

Any signature by an agent must indicate whether the agent has signed for or on behalf of the carrier or for or on behalf of the master.（代理人的任何签字必须标明其系代表承运人还是船长签字。）

※ 解读

本款表明，提单必须以签署的形式证实承运责任，签署人可以是承运人或其具名代理人、船长或其具名代理人。有权签字的当事人必须表明其具体身份，代理人的签字同时必须表明其是谁的代理，承运人还是船长。无论哪种方式的签署，提单上都必须表明确切的承运人，因为承运人是承运责任的主体。

ii. indicate that the goods have been shipped on board a named vessel at the port of loading stated in the credit by：（通过以下方式表明货物已在信用证规定的装货港装上具名船只：）

•pre-printed wording, or （预先印就的文字，或）

•an on board notation indicating the date on which the goods have been shipped on board. （注明货物的装运日期的已装船批注。）

The date of issuance of the bill of lading will be deemed to be the date of shipment unless the bill of lading contains an on board notation indicating the date of shipment, in which case the date stated in the on board notation will be deemed to be the date of shipment. （提单的出具日期将被视为发运日期，除非提单载有表明发运日期的已装船批注，此时已装船批注中显示的日期将被视为发运日期。）

If the bill of lading contains the indication "intended vessel" or similar qualification in relation to the name of the vessel, an on board notation indicating the date of shipment and the name of the actual vessel is required. （如果提单载有"预期船只"或类似的关于船名的限定语，则需以已装船批注明确发运日期以及实际船名。）

※ **解读**

本款规定，提单必须表明货物已装船，并且是在信用证规定的装运港和规定的装运日期完成装船。表示的方法有两种：一是预先印就的文字，二是已装船批注，下面分别就这两种方法进行分析。

第一种方法，预先印就的文字。比如在提单上印有"shipped in apparent good order and condition"等类似语句，表示已经将状况良好的货物装船。此时，提单的出具日期将被视为已装船日期，也就是发运日期。

第二种方法，已装船批注。已装船批注要同时包括"已装船"字样和批注日期，此时的批注日期将被视为发运日期。常用的"已装船"英语表达包括"shipped on board""shipped in apparent good order""laden on board""clean on board"等。

如果提单中既有预先印就的文字表示已装船，同时又载有表明发运日期的已装船批注，根据本款规定，已装船批注中显示的日期将被视为发运日期。也就是说，批注的效力先于预先印就文字的效力。

除表明货物已装船和发运日期外，提单还需要注明已装运的具名船只。具名船只必须是实际装运货物的船只，不能是"预期船只"。当提单上载有"预期船只"或类似的关于船名的限定语，提单上需要加装船批注，注明实际装货船只的名字。实际业务中，船名通常标注在提单上的"ocean vessel"栏。

iii. indicate shipment from the port of loading to the port of discharge stated in the credit.（表明货物从信用证规定的装货港发运至卸货港。）

If the bill of lading does not indicate the port of loading stated in the credit as the port of loading, or if it contains the indication "intended" or similar qualification in relation to the port of loading, an on board notation indicating the port of loading as stated in the credit, the date of shipment and the name of the vessel is required. This provision applies even when loading on board or shipment on a named vessel is indicated by preprinted wording on the bill of lading.（如果提单没有表明信用证规定的装货港作为装货港，或者其载有"预期的"或类似的关于装货港的限定语，则需以已装船批注表明信用证规定的装货港、发运日期以及实际船名。即使提单以事先印就的文字表明了货物已装载或装运于具名船只，本规定仍适用。）

※ 解读

本款规定，提单上需要注明装运港和目的港，并且显示货物是从信用证规定的装货港发运至卸货港。信用证中关于装货港和卸货港的规定是在 44E 和 44F 两个栏位，前面曾在多种方式运输单据中介绍过。提单上装货港和卸货港的显示栏位通常是"port of loading"和"port of discharge"。

提单上显示的装货港和卸货港必须是信用证规定范围内的实际港口，并且提单上也不能显示实际上并不存在的港口，否则相关银行有权提出不符点。当然也不能为了保持一致就去机械照抄信用证上的内容，要根据实际情况灵活变通。比如信用证规定装货港是"Chinese main port"，交单人提交的提单不能原文照抄，而应该显示实际装货的港口的具体名称，比如"Qingdao, China"。

【国际商会案例 TA894】提单上的港口是海港还是河港？

※ 案例背景

信用证要求提单，规定货物从任意中国海港发运。所交提单显示，装货港为芜湖，船名为 DE JIN 8。开证行调查发现，芜湖港为河港；提单的实际装货港为上海港，海船名为 MSCRifaya；货物由芜湖港经驳船运至上海港，之后装上海船 MSCRifaya。

※ 国际商会意见

UCP600 不区分船舶类型，也不限定是海港还是河港，UCP600 第 20 条 a（ii）款仅要求，提单须表明货物已在信用证规定的装货港装上具名船只。银行仅基于

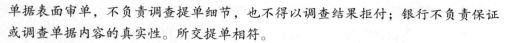

单据表面审单，不负责调查提单细节，也不得以调查结果拒付；银行不负责保证或调查单据内容的真实性。所交提单相符。

※点评

信用证实务中，对于提单港口类型的掌握，只需确认其为实际存在的港口即可，不管其是海港还是河港。货物经内河港通过驳船运至海港，再装上海船运输的模式，广泛存在。此外，很多内河港口都有海运航线，且部分世界著名港口也均为河港。因此，如果刻板地坚持海运提单的装货港和卸货港须为海港，不符合货运实务。一个港口是海港还是河港，缺少统一的判定标准，缺少公认的查询渠道，也超出 UCP600 对审单员的要求。国际商会意见 R495 早就指出，只要提单上的相关栏位显示了规定的港口，则该港口是海港还是淡水港都无关紧要。当信用证明确要求装货港或卸货港为海港时，提单的装货港和卸货港是否只能是海港，之前未有定论。TA894（draft）的结论显然符合货运实务，有助于信用证的使用。

iv. be the sole original bill of lading or, if issued in more than one original, be the full set as indicated on the bill of lading. （为唯一的正本提单，或如果以多份正本出具，为提单中表明的全套正本。）

※解读

实务操作中，为防止提单在流转过程中丢失、被盗、迟延送达或遗失、灭失，正本提单多出具数份（以 3 份为主），以保证有正本可送达收货人手中，以便正常提货、避免货物风险。各国海商法和航运传统做法，都允许一次性签发多份正本提单，每份正本提单的效力是相同的，且只要其中一份正本提单交付提货，剩余的正本均告失效。

提单上要注明正本提单的份数，比如在"number of originals B/L"处填写"three（3）"，就代表正本提单一式三份。在签发了多份正本提单的情况下，任何一份都可以凭以提货。信用证通常会要求受益人向银行提交全套的正本提单。比如信用证 46A 规定"Full set of（3/3）clean on board bill of lading ..."。实务中，对信用证要求 1/3 提单径寄买方的要求，要格外慎重，因为卖方会面临买方不付款就凭正本提单提走货物的风险。

v. contain terms and conditions of carriage or make reference to another source containing the terms and conditions of carriage (short form or blank back bill of lading). Contents of terms and conditions of carriage will not be examined. ［载有承运条款和条件，或提示承运条款和条件参见别处（简式 / 背面空白的提单）。银行将不审核承运条款和条件的内容。］

※ 解读

实务中，根据提单背面是否显示完整的承运条款和条件，可以将提单分为全式提单和简式提单或背面空白的提单。全式提单在提单背面印有详细的承运条款和条件，完整规定了承运人和托运人等运输相关当事人的权利和义务，比如承运人须承担的适航和适货责任、管货责任等。

简式提单的背面会部分显示承运条款和条件，内容比全式提单要简略。背面空白的提单，顾名思义，提单背面没有任何承运条款和条件。简式提单和背面空白的提单上会提示承运条款和条件参见别处，比如承运人的营业场所、网站等。

全式提单和简式提单或背面空白的提单在功能、效力上是完全相同的。但在实际业务中全式提单更为常见。从银行审单的角度来看，不论是全式提单背面载有的承运条款和条件，还是简式提单或背面空白的提单参见别处的承运条款和条件，银行都无须审核。

vi. contain no indication that it is subject to a charter party. （未表明受租船合同约束。）

※ 解读

UCP600 第 20 条所规定的提单，特指港至港提单，适用于班轮运输，承运人和托运人之间并不签署租船合同。签订租船合同是租船运输下的行为，租船运输下签发的运输单据是租船合同（合约）提单，在交单审核时受第 22 条的约束。如果信用证要求提单，但没有说明租船提单可接受，那就不得提交租船提单。

b. For the purpose of this article, transhipment means unloading from one vessel and reloading to another vessel during the carriage from the port of loading to the port of discharge stated in the credit. （就本条而言，转运系指在信用证规定的装货港到卸货港之间的运输过程中，将货物从一船卸下并再装上另一船的行为。）

※ 解读

转运是相对于直达运输而言的一种运输中转模式。在信用证业务中，是否允许转运主要通过"43T：transhipment"（转运）域加以规定，比如注明"allowed"或"not allowed"。如果开证行开出的信用证没有 43T，则默认为允许转运。

根据本款规定可知，提单下的转运特指货物从一船卸下再装上另一船，转运前后的运输工具都是船，并且发生转运的地理区间必须是信用证规定的装货港到卸货港之间的运输过程，如果卸货和重装并非发生在信用证规定的两港之间，则不视为转运。

提单上的转运通常用"port of transhipment, W/T (with transhipment at), in transit to"等字样来表示。比如，信用证44E 规定"Qingdao"，44F 规定"London"，在实际的运输过程中，货物在香港发生了转运，则提单可以通过以下几种方式表示：

① port of loading: Qingdao, port of transhipment: Hong Kong, port of discharge: London

② port of loading: Qingdao, port of discharge: London W/T Hong Kong

③ port of loading: Qingdao, in transit to Hong Kong, port of discharge: London

c. i. A bill of lading may indicate that the goods will or may be transshipped provided that the entire carriage is covered by one and the same bill of lading.（提单可以表明货物将要或可能被转运，只要全程运输由同一提单涵盖。）

ii. A bill of lading indicating that transhipment will or may take place is acceptable, even if the credit prohibits transhipment, if the goods have been shipped in a container, trailer or LASH barge as evidenced by the bill of lading.（即使信用证禁止转运，注明将要或可能发生转运的提单仍可接受，只要其表明货物由集装箱、拖船或子船运输。）

※ 解读

在实际操作中，开证申请人出于对在途货物的运输时间及运输安全考虑，会要求开证行在"43T: Transhipment"中规定"Not Allowed"或"Prohibited"，即禁止转运。在这种情况下，出口商是否必须安排直达运输呢？

按照本款规定可知，在货物由集装箱、拖船或子船运输的情况下，"禁止转运"条款是无效的。

海运方式下，货物经常是装运于集装箱内。集装箱班轮多为大型船舶，目前大型的集装箱船可以装载 10000 多个 TEU 标箱。在集装箱船舶不能靠港时，船公司多利用港口与大型船舶之间接驳的载驳船作为集装箱中转的运输工具，使班轮无需停靠码头也可装卸集装箱，这样可以减少时间延误，降低货损货差风险。在集装箱运输方式下，经常会出现货物在集装箱船和驳船之间卸下和重装的转运行为，这是允许的，即使信用证明确规定禁止转运。

拖船或子船是海运方式下为了在船舶之间或船舶与港口之间接驳货物而适用的运输工具。子船类似于一个漂浮式集装箱，有的自带动力装置，有的则没有，需要靠拖船拖动。货物由拖船或子船运送到大型船舶，或者从大型船舶接货运送到港口，都会发生货物卸下和重装的转运行为，即使信用证禁止转运，这样做也是允许的。

本条款还明确规定，只要提单涵盖了运输全程，提单上可以明确表明"将要或可能发生转运"，银行不会认为单证不符。

d. Clauses in a bill of lading stating that the carrier reserves the right to tranship will be disregarded.（提单中声明承运人保留转运权利的条款将被不予理会。）

※ 解读

在海上航行过程中，船只可能会遭遇海啸、恶劣气候等自然灾害，发生触礁、火灾等意外事故，以及遇到战争等突发事件，船只自身也会发生故障，这些不可抗力、意外故障等发生时，承运人将不得不采取合理措施，将货物改用其他船只或其他运输工具运往目的地，或者将货物卸至岸上暂存。这样就不可避免地发生转运现象。

为了免责，承运人在出具的提单中常常会加注保留转运权利的条款。根据本款规定可知，保留转运权利这类说明将不被银行理会，也就是说，UCP600默认接受此类条款，即使在信用证明确规定禁止转运的情况下，提单上载有"承运人保留转运权利"的条款，银行也不会视其为不符点。

3. 其他运输单据

本部分分析的其他运输单据主要包括海运单，租船合同提单，空运单据，公路、铁路或内陆水运单据，快递收据，邮政收据和投递证明。在此仅就前三种单据的几点注意事项展开分析。

（1）海运单

与提单相比，海运单具有运输合同证明、货物收据的功能，但不是物权凭证。海运单的收货人必须做成记名式抬头，因此海运单不可流通转让，必须由海运单上指定的收货人提货，这一点与海运提单中的记名提单类似。与记名提单不同的是，收货人在提货时不用出示海运单，只需证明身份即可。

海运单有两个明显的特征：一是不可转让性；二是认人不认单。《国际海事委员会海运单统一规则》第7条中要求"承运人凭收货人出示适当身份证明交付货物"。实务中的海运单正面一般都印有"Delivery of the goods will be made to the consignee upon proper proof of identity without the need of surrendering a copy of sea waybill"（在适当地验明收货人身份后，货物将被交付给收货人，而无需提交一份海运单）的字样。

UCP600第24条专门规定了海运单的审核标准，内容和提单高度相似，在此不再解读。

（2）租船合同提单

租船合同提单是在租船运输下根据租船合同所签发的运输单据，跟班轮运输下的班轮提单一样，都属于提单的一种。班轮提单具有运输合同证明、承运人凭以交付货物的物权凭证、承运人出具的货物收据三种法律性质。租船合同提单若发生了转让，则也会同时具备上述三项功能；如果没有发生转让，则只起到物权凭证和货物收据的作用。

Article 22 Charter Party Bill of Lading （租船合同提单）

a. A bill of lading, however named, containing an indication that it is subject to a charter party (charter party bill of lading), must appear to：［表明受租船合同约束的提单（租船合同提单），无论名称如何，必须看似：］

i. be signed by：（由以下人员签署：）

* the master or a named agent for or on behalf of the master, or （船长或其具名代理人，或）

* the owner or a named agent for or on behalf of the owner, or （船东或其具有名代理人，或）

* the charterer or a named agent for or on behalf of the charterer. （租船人或其具名代理人。）

※ 解读

本款首先明确了什么情况下可以提交租船合同提单：信用证明确允许或要求时。实务中租船合同提单并不要求一定要用"Charter Party Bill of Lading"来命名，只要单据上印就"subject to a charter party"   "all terms，conditions and exceptions as per charter party dated ..."   "This B/L is issued pursuant to the terms of charter party dated ..."   "Freight payable as per charter party"等"并入条款"，表明受租船合同约束，就可以被认为是租船合同提单，从而银行将按照 Article 22 的标准来对单据进行审核。

Article 22 b 款规定：银行将不审核租船合同，即使信用证要求提交租船合同。由此可知，虽然租船合同提单上印有"受租船合同约束"字样，交单人也向银行提交了租船合同，但银行对收到的租船合同是不予审核的，即便租船合同上的内容与信用证或其他单据不一致，也不构成不符点。

从本款对于签署人的规定可以看出，租船合同提单不需要注明承运人，这点跟班轮提单不同，而且实务中大多数情况下租船合同提单并不注明承运人名称。承运人的责任其实分散在船东和租船人之间。租船合同提单由船长、船东、租船人，或他们的代理人签署。

iii. indicate shipment from the port of loading to the port of discharge stated in the credit. The port of discharge may also be shown as a range of ports or a geographical area, as stated in the credit. （表明货物从信用证规定的装货港发运至卸货港。卸货港也可显示为信用证规定的港口范围或地理区域。）

※ 解读

在租船运输下，装运的多是大宗货物，租船合同订立的时候，往往尚不能确定货物将具体卖到哪里，从而不能确定实际的卸货港，船只只能以待命的方式装卸货物，船长或船东在随后将得到在哪个港口交货的指示。实务中签发租船合同提单时卸货港通常尚未确定，因此本款规定租船合同提单上的卸货港可以显示信用证规定的地理区域。

对于银行审单人员来说，不需要知道卸货港的具体位置，只需要判断卸货港的地理区域与信用证的规定是否相符即可。

【CDCS 题目分析】运费批注中声明受租船合同约束

※Question

Which of the following statements is incorrect for a credit that is subject to UCP 600? If the credit _____.

Select one：

A. calls for a multimodal transport document made out "to order", an endorsement made by, for or on behalf of the shipper is required

B. calls for one original rail transport document, presentation of a rail transport document marked "duplicate" is acceptable

C. prohibits transhipment, an air transport document may indicate that transhipment will or may take place

D. requires a bill of lading indicating freight prepaid, a notation of freight prepaid as per charter party is acceptable

※ 解析与答案

本题要求根据 UCP600 判断说法错误的选项。

选项 A：要求出具一份以"to order"（凭指示）为抬头的多式运输单据，由"shipper"（托运人）或其代理人做背书。这个说法是正确的。当多式运输单据的收货人即抬头记为"to order"时，相当于"to order of shipper"，即凭托运人指示，该单据在转让时需由托运人做背书。选项 A 表述正确。

选项 B：要求一份铁路运单正本，提交标有"第二联"的铁路运单是可以接受的。这个说法是正确的。UCP600 Article 24 b（ii）规定："A rail transport document marked 'duplicate' will be accepted as an original."（注明"第二联"的铁路运输单据将被作为正本接受）。选项 B 表述正确。

选项 C：禁止转运的情况下，空运单据可以注明将要或可能发生。这个说法是正确的。UCP600 Article 23 c（ii）规定："An air transport document indicating that transhipment will or may take place is acceptable, even if the credit prohibits transhipment."（即使信用证禁止转运，注明将要或可能发生转运的空运单据仍可接受）。选项 C 表述正确。

选项 D：要求一份注明运费预付的提单，运费批注中声明按租船合同预付，是可以接受的。这个说法是错误的。UCP600 Article 20 a（vi）规定：（提单）未表明受租船合同约束。Article 22 a 款规定：表明其受租船合同约束的提单（租船合同提单）……，由这两款规定可知，提单不应包含任何表明受租船合同约束的字样，如果包含了受租船合同约束等字样，提单就变成了租船合同提单。当信用证要求提交提单时，受益人是不能提交租船合同提单的。选项 D 表述错误。此题答案为 D。

（3）空运单据

空运单据不具有物权凭证的性质，收货人通常做成记名式。与提单相比，UCP600 关于空运单据规定的不同之处主要体现在签署人、发运日期、正本份数，以及转运等方面。下面就部分内容做简单介绍。

Article 23 Air Transport Document（空运单据）

a. An air transport document, however named, must appear to：（空运单据，无论名称如何，必须看似：）

i. indicate the name of the carrier and be signed by：（表明承运人名称，并由以下人员签署：）

* the carrier, or （承运人，或）

* a named agent for or on behalf of the carrier. （承运人的具名代理人。）

Any signature by the carrier or agent must be identified as that of the carrier or agent. （承运人或其代理人的任何签字必须标明其承运人或代理人的身份。）

Any signature by an agent must indicate that the agent has signed for or on behalf of the carrier. （代理人的签字必须表明其系代表承运人签字。）

※ 解读

空运单据具有运输合同的反映和货物收据两个功能。实务中，空运单据的名称常显示为"air waybill，缩写为 AWB""air consignment note"等。只要能满足功能，空运单据的名称并没有固定要求。

空运单据的签发人可以是契约承运人或者实际承运人及其代理人，无论如何，都需要表明承运人的名称，同时需要由承运人或其代理进行单据的签署。在运输实务中，各航空公司出具的空运单据表面通常都会清晰表明航空公司的标识和名称等信息，要明确表明其承运人身份。

承运人的代理人可以签署空运单据，但必须表明其代理人的身份，同时要表明其签字代表的是承运人，而不是自己。

【CDCS 题目分析】空运单据的签署与填写

※Question

A documentary credit that prohibits transhipment calls for an air transport document consigned to the applicant, ABC Co. Which of the following presentations would be discrepant?

An air transport document _____.

Select one：

A. indicating that the goods have only been accepted for carriage

B. indicating that transhipment will take place

C. signed by an agent acting on his own behalf

D. showing the notify party as XYZ Co

※ 解析与答案

跟单信用证要求一套空运单据，禁止转运，收货人为开证申请人（ABC Co.）。以下哪些交单存在不符点？

选项 A：空运单据表明货物已经仅被收妥待运。UCP600 Article 23 a（ii）规定：空运单据必须表明货物已被收妥待运。选项 A 的表述增加了"only"一词，并不影响其意思表达，所以是正确的。

选项 B：空运单据表明将要发生转运。UCP600 Article 23 c（ii）规定：即使信用证禁止转运，注明将要或可能发生转运的空运单据仍可接受。选项 B 的表述是正确的。

选项 C：空运单据由代表自己的代理人签署。UCP 600 Article 23 a（i）规定：空运单据由承运人或承运人的具名代理签署；代理人的签字必须表明其系代表承运人签字。选项 C 中代理人代表他自己签署（acting on his own behalf），是错误的，会造成单据不符。

选项 D：显示被通知人为 XYZ Co.。题目中仅对空运单据收货人的填写做出规定，为申请人 ABC Co.，没有规定被通知人。按照 ISBP745 Para H14 规定：当信用证未规定被通知人的细节时，空运单据可以任何方式（除第 H14 段 b 款 ii 项表明的情形外）显示任何被通知人的细节。所以空运单据上可以显示任何其他人作为通知方，包括 XYZ Co.。因此，选项 D 符合信用证要求。

综上所述，只有选项 C 会造成不符点。

ii. indicate that the goods have been accepted for carriage. （表明货物已被收妥待运。）

※ 解读

在提单、海运单等运输单据上，通过注明"已装船"（shipped on board）字样来表示货物已发运，而空运单据下，不需要注明"已装机"来表示货物已发运，受益人完成交货义务的标志是在单据上注明"货物被收妥待运"（have been accepted for carriage）。实务中，航空公司或其代理人通常在接收货物后即签发空运单据，尽管可能受天气等不可抗力的影响，收货后也不一定马上发运。

iii. indicate the date of issuance. This date will be deemed to be the date of shipment unless the air transport document contains a specific notation of the actual date of shipment, in which case the date stated in the notation will be deemed to be the date of shipment. （表明出具日期。该日期将被视为发运日期，除非空运单据载有专门批注注明实际发运日期，此时批注中的日期将被视为发运日期。）

Any other information appearing on the air transport document relative to the flight number and date will not be considered in determining the date of shipment. （空运单据中其他与航班号和航班日期相关的信息将不被用来确定发运日期。）

※ 解读

本款表明，空运单据需要表明出具日期；在没有"实际发运日期"批注的时候，出具日期即货物的发运日期；在有"实际发运日期"批注时，该批注日期为发运日期。跟提单等运输单据一样，空运单据的发运日期也是"批注"优先，即单据批注日期效力大于单据出具日期。

在实务中，很多航空公司在空运单据上印有航班号、航班日期等栏位，这些内容主要供承运人内部使用，不能被视为"实际发运日期"的专项批注，不能被用来确定发运日期。

对此，ISBP745 H8 段有更具体的规定。

ISBP745 Para H8：

a. An air transport document is to indicate a date of issuance. This date will be deemed to be the date of shipment unless an air transport document contains a specific notation of the actual date of shipment. In the latter event, the date stated in the notation will be deemed to be the date of shipment whether that the date is before or after the issuance date of the air transport document. （空运单据应当显示出具日期。该日期将被视为装运日期，除非空运单据含有注明实际装运日期的特定批注。在后一种情况下，该批注日期将视为装运日期，不论其早于或晚于空运单据的出具日期。）

b. In the absence of a specific notation containing the actual date of shipment, any other information appearing on an air transport document relative to this information (including, for example, in a box labeled "For Carrier Use Only", "Required Flight Date" or "Routing and Destination") is to be disregarded in the determination of the date of shipment. ［在未含有注明实际装运日期的特定批注的情形下，确定装运日期时，空运单据上（例如，"仅供承运人使用" "要求的航班日期" 或 "路线和目的地" 栏位中）显示的与装运日期相关的任何其他信息将不予理会。］

根据上述 ISBP745 Para H8 的规定可知，在空运单据上显示的栏位中填写的航班和日期等信息，不视为特定批注，将不予理会。这些栏位包括：

For Carrier Use Only（仅供承运人使用）；

Required Flight Date（要求的航班日期）；

Routing and Destination（路线和目的地）。

空运单据签发后，航班起飞前，可能因为各种原因导致运输的延后或变更，比如由于海关对某票货物产生怀疑，而造成货物不能运输；由于天气原因或机械故障，航班取消或延误等。所以空运单据路径栏位的信息，包括分程承运人、航班、飞行日期并非既成事实，而是存在一定变数的。这些信息只是出票承运人向发货人证明对本批货物的运输已做预先安排，往往会标明 "FOR CARRIER USE ONLY"（仅供承运人使用）。这种安排根据实际情况可能会有变化，因此航班号和航班日期相关的信息是不能被用来确定发运日期的。

【CDCS 题目分析】空运单据发运日期的确定

※Question

On Monday 17 May documents were presented to the confirming bank. The documentary credit expires 15 May at their counters. The latest shipment date is 30

April and it allows 15 days for presentation of documents. The documentary credit calls for an air transport document, but does not require a specific date of dispatch.

The air transport document is issued on 01 May and states in one of the information boxes: flight/date UA900/29 April.

Assuming all other documents comply, which of the following discrepancies would the confirming bank advise to the beneficiary ?

Select one:

A. Documentary credit has expired and late presentation.

B. Documentary credit has expired and late shipment.

C. Late presentation only.

D. Late shipment only.

※ 解析与答案

本题要求找出保兑行通知给受益人的不符点。首先梳理一下题目的内容：

信用证要求：最晚的装运日期是 4 月 30 日，交单期限是 15 天，信用证到期日是 5 月 15 日，在保兑行柜台到期。信用证要求一份空运单据，但没要求具体的起飞时间。

实际交单情况：5 月 17 日单据交给了保兑行；空运单据 5 月 1 日出具，并且在一个信息框显示"航班为 UA900，日期为 4 月 29 日"。

要求：从四个选项中确定不符点。

分析四个选项的内容可知，本题的焦点问题是确定信用证是否已过期，是否延迟交单，是否延迟装运。

要回答这 3 个问题，首先要确定该空运单据的发运日期。

根据题目已知：空运单据的出具日期是 5 月 1 日，空运单据"flight/date"栏位显示"UA900/29 April"，日期是 4 月 29 日。该空运单据的发运日期是 5 月 1 日还是 4 月 29 日呢？

根据 UCP600 第 23 条 a（iii）可知：出具日期可视为发运日期，除非另有批注日期，则以批注日期为发运日期。同时该条款又强调"空运单据中其他与航班号和航班日期相关的信息将不被用来确定发运日期"。

题目中空运单据上"one of the information boxes: flight/date UA900/29 April"中显示的日期，不是含有实际装运日期的特定批注，将被不予理会，因此以出具日期 5 月 1 日为发运日期。

信用证规定最晚的装运日期是 4 月 30 日，实际发运日期是 5 月 1 日，因此卖方晚装运了 1 天。信用证规定交单期限是 15 天，5 月 1 日发运货物，由此确定最晚的交单日期应该是 5 月 16 日。实际交单日期是 5 月 17 日，表面上看构成了延迟交单。但 5 月 17 日是星期一，则 5 月 16 日是星期天，不是银行工作日，交单期可以顺延至其后的第一个工作日，即 5 月 17 日，所以没有延迟交单。

选项 A、C 都提到了晚交单，因此是错误的。

选项 B 和 D 都提到了晚装运，这是正确的；选项 B 同时提到信用证过期。题目中明确说明"The documentary credit expires 15 May at their counters."，信用证的有效期到 5 月 15 日，但 5 月 15 日是星期六，也不是银行工作日，有效期顺延至其后的第一个工作日，即 5 月 17 日，所以信用证没有过期。

综合上述分析，受益人延迟装运，但没有延迟交单，信用证也没有过期。所以本题的正确答案是 D。

iv. indicate the airport of departure and the airport of destination stated in the credit.（表明信用证规定的起飞机场和目的地机场。）

※ **解读**

信用证 44E：Port of Loading/Airport of Departure（装货港 / 起飞机场），44F：Port of Discharge/Airport of Destination（卸货港 / 目的地机场），分别规定空运下的起飞机场和目的地机场，空运单据表明的机场要符合信用证的规定。根据 ISBP745 Para H10 的规定，空运单据的机场名称可以用 IATA 代码代替。

ISBP745 Para H10：

The airport of departure and airport of destination may also be indicated by use of IATA codes instead of evidencing the airport name in full (for example, LAX instead of Los Angels).［出发地机场和目的地机场也可以显示为国际航空协会 IATA 代码，以代替机场全名（例如，LAX 代替洛杉矶机场）。］

用 IATA 代码代替机场全名，虽然不会构成单据的不符点，但会给银行审单带来一定的麻烦，因为银行要确定代码和机场名称之间是否匹配。

v. be the original for consignor or shipper, even if the credit stipulates a full set of originals.（为开给发货人或托运人的正本，即使信用证规定提交全套正本。）

※ **解读**

IAIA 格式下的空运单据一式 12 联，其中只有 1~3 联为正本。

original 1（for issuing carrier），第一联由托运人填写并签署后交承运人即航空公司留存；

original 2（for consignee），第二联由托运人填写并签署后交承运人，承运人签署后随同货物一起交给收货人；

original 3（for shipper/consignor），第三联由托运人填写并签署后交承运人，承运人签署后退给托运人或发货人。

从空运单据正本去向可知，托运人或发货人只能得到第三联 original 3（for shipper/consignor），因此当信用证要求提交全套正本空运单据时，受益人只提交第三联即符合要求；同时，受益人提交的正本空运单据上必须注明"开给托运人或发货人（for shipper/consignor）"，没有如此注明的空运单据，将不被银行接受。

b. For the purpose of this article, transhipment means unloading from one aircraft and reloading to another aircraft during the carriage from the airport of departure to the airport of destination stated in the credit. （就本条而言，转运是指在信用证规定的起飞机场到目的地机场的运输过程中，将货物从一飞机卸下再装上另一飞机的行为。）

c. i. An air transport document may indicate that the goods will or may be transhipped, provided that the entire carriage is covered by one and the same air transport document. （空运单据可以注明货物将要或可能转运，只要全程运输由同一空运单据涵盖。）

ii. An air transport document indicating that transhipment will or may take place is acceptable, even if the credit prohibits transhipment. （即使信用证禁止转运，注明将要或可能发生转运的空运单据仍可接受。）

※ 解读

空运下的转运是同一种运输工具的转换，即从一飞机卸下再装上另一飞机。转运必须发生在信用证规定的起飞机场到目的地机场的运输过程中。

根据本款规定可知，空运方式下，禁止转运条款其实是无效的。空运方式下由于航程远、飞机不能直达等原因，转运普遍存在，全程运输也可能由若干承运人完成。只要空运单据涵盖了信用证要求的运输全程，满足了 UCP600 第 23 条的规定，转运将一概被银行接受，哪怕信用证规定禁止转运。

【CDCS 题目分析】空运单据的审核

※Question

A credit requires presentation of an air transport document covering shipment from London to Tokyo without transhipment. Which of the following would be acceptable？

1. An air transport document indicating the name of the carrier and signed by the carrier indicating the airport of departure as London Heathrow, the airport of destination as Narita Tokyo, and that the goods will be transhipped at Singapore airport.

2. An air waybill signed by the carrier indicating the airport of departure as LHR and airport of destination as Narita Tokyo.

3. A house air waybill which fails to indicate the name of the carrier and signed by the forwarder indicating that they were acting as agents of the carrier, indicating airport of departure as London Heathrow and airport of destination as Narita Tokyo.

4. Two separate air transport documents both issued and signed by the same carrier, one of which evidences shipment from London Heathrow to Singapore and the other of which evidences shipment from Singapore to Narita Tokyo.

Select one：

A. 1 and 2 only.

B. 1 and 4 only.

C. 3 and 4 only.

D. 2 and 3 only.

※ 解析与答案

本题考查的是空运单据的审核。题目要求：信用证要求提交一份空运单据，运输过程从伦敦到东京，不允许转运。问以下哪些说法可以接受。

1. 注明承运人名称并由承运人签署的空运单据，表明起飞机场为伦敦希思罗机场，目的地机场为东京成田机场，货物将在新加坡机场转运。UCP600 Article 23 a（i）规定，空运单据需注明承运人名称，并由承运人或其代理签署；Article 23 c（i）规定空运单据可以注明货物将要或可能转运，只要全程运输由同一空运单据涵盖。所以选项 1 的空运单据是可以接受的。

2. 承运人签署的航空运单，注明起飞机场为 LHR，目的地机场为东京成田机场。根据 ISBP745 Para H10 的规定，起飞机场和目的地机场也可以显示为国际航空协会 IATA 代码，以代替机场全名。LHR，在 IATA 代码中查询，是指伦敦希思罗机场。所以选项 2 的显示也可以接受。

3. 航空分运单未注明承运人名称，由货代签署，表明他们是承运人的代理人，表明起飞机场为伦敦希思罗机场，目的地机场为东京成田机场。UCP600 Article 23 a（i）规定，空运单据必须表明承运人名称。所以选项 3 的空运单据是不能被接受的。

4.两套由同一承运人签署的相互独立的空运单据，其中一份证明从伦敦希思罗机场运往新加坡，另一份证明从新加坡运往东京成田。从 UCP600 Article 23 c 款可知，即使信用证禁止转运，空运单据注明货物将要或可能转运仍可接受，但必须由同一空运单据涵盖运输全程。选项4明确提到提交的是两套独立的空运单据，是不能接受的。

所以选项1、2的空运单据是可以接受的，本题的答案是 A。

（三）UCP600 第 26 条

在运输单据上常见一些批注信息，如"货装舱面"（On Deck）、"托运人装载和计数"（Shipper's Load and Count）、"内容据托运人报称"（Said by Shipper to Contain），以及批注运费之外的费用（Charges Additional to Freight）等。这些批注是否会造成单据不符呢？ UCP600 第 26 条对此做了专门的规定。

a. A transport document must not indicate that the goods are or will be loaded on deck. A clause on a transport document stating that the goods may be loaded on deck is acceptable.（运输单据不得表明货物装于或者将装于舱面。声明货物可能装于舱面的运输单据条款可以接受。）

※ 解读

本条款是关于"货装舱面"批注的规定。在实务中，一般情况下，贸易双方和银行都不愿意接受舱面货物，因为与舱内货物相比，堆放在甲板（舱面）上的货物，容易被风吹、雨淋、日晒，导致货物质量受损；而且舱面货物极易坠入海中，导致货物灭失；在船只遭遇搁浅等事故时，舱面货物往往会被首先抛入海中。

为权衡各当事方利益，UCP600 在本条款中明确规定运输单据可以含有货物可能装于舱面的条款（goods may be loaded on deck），作为承运人的一项免责权利，以防在特殊情况下不得不货装舱面，但如果货物已经或将要装于舱面（goods are or will be loaded on deck），则该单据是不可接受的。

在理解本条款时需要注意两点：第一，时态。"are loaded on deck"（装于舱面）表现在时；"will be loaded on deck"（将装于舱面）为将来时，现在和将来装于舱面均是不可接受的，当然也可以判断出"have been loaded on deck"（已经装于舱面），完成时态的装于舱面也是不能接受的。第二，装于舱面的主语是"goods（货物）"。在现在的运输实务中，货物多是装于集装箱内后再置于甲板之上，"货装舱面"不被接受，"集装箱装舱面"是否可被接受呢？关于这一点，国际商会没有给出明确的说法，建议集装箱运输下，在运输单据上不要出现"container on deck"字样，以免就该批注是否为不符点产生纠纷。

b. A transport document bearing a clause such as "shipper's load and count" and "said by shipper to contain" is acceptable.（载有诸如"托运人装载和计数"或"内容据托运人报称"条款的运输单据可以接受。）

※ **解读**

在集装箱海上运输下，通常是由托运人直接将货物装载并铅封后，再将装有货物的集装箱移交承运人装船。承运人对集装箱内货物内容并不知情，也难以一一核对集装箱内装载货物的重量、体积、数量等内容。为了免除责任，承运人在依据托运人的通知内容在提单上记载货物明细时，会加注"托运人装载和计数"或者"内容据托运人报称"等文句，通常被称为"不知条款"。只要承运人交货时集装箱及其铅封完好无损，"不知条款"对承运人来说是免责条款。根据本款规定，默认接受载有"不知条款"标注的运输单据，银行不会就此提出不符点。

c. A transport document may bear a reference, by stamp or otherwise, to charges additional to the freight.（运输单据上可以以印戳或其他方法提及运费之外的费用。）

※ **解读**

运费之外的费用通常包括超重附加费、超长附加费、转船附加费、燃油附加费、货币贬值附加费等。

如果信用证未禁止，运输单据上可以提及运费之外的费用；当信用证规定运费以外的费用不可接受时，运输单据不应显示运费之外的费用已经或将要产生。否则，将构成不符点。

【CDCS 题目分析】提单上的批注信息

※Question

Which of the following notations appearing on the bill of lading would render the document discrepant?

1. Open top container.

2. Shipped on deck.

3. Shippers load and count.

4. Packaging not sufficient for sea journey.

Select one:

A. 1 and 3 only.

B. 1 and 4 only.

C. 2 and 3 only.

D. 2 and 4 only.

※ 解析与答案

本题要求回答提单上的哪些批注会使单据不符。

选项 1. 开顶集装箱。开顶集装箱也称敞顶集装箱、开顶柜，适合于装载体积比较大的大型货物，或需要吊装的重物，通常用起重机从箱顶上面装卸货物，装载完成后用防水布覆盖顶部。开顶集装箱是集装箱的一种，UCP600 并未就集装箱类型做出禁止性规定，因此，这不会造成单据不符。

选项 2. 货装舱面。UCP600 Article 26 a 款规定，运输单据不得表明货物装于或者将装于舱面。选项 2 的批注会造成单据不符。

选项 3. 托运人装载和计数。这样的标注在提单中比较常见。UCP600 Article 26 b 款规定，载有诸如"托运人装载和计数"或"内容据托运人报称"条款的运输单据可以接受。选项 3 的批注不会造成单据不符。

选项 4. 包装无法满足海运航程。ISBP 745 Para E20 规定，提单不应含有明确声明货物或包装有缺陷状况的条款。例如：提单上载有的"包装无法满足海运航程"或类似条款，即属于明确声明包装有缺陷状况的例子。选项 4 明确声明包装无法满足海运航程，说明包装有缺陷的，会造成单据不符。

综上所述，提单上显示 2 和 4 的批注会造成不符，因此本题的正确答案为 D。

【CDCS 题目分析】运输单据的审核

※Question

Which of the following statements are correct?

1. On deck shipment is only allowed if the credit requires presentation of charter party bills of lading.

2. "Laden on board" does not have the same meaning and effect as "shipped on board".

3. An annotation on the bill of lading that packaging may not be sufficiently robust for the journey is acceptable.

4. Notify party details must always appear on bills of lading issued to order of the shipper.

Select one:

A. 2 only.

B. 3 only.

C. 1 and 2 only.

D. 3 and 4 only.

※ 解析与答案

本题主要考查运输单据内容的审核，要求找出准确的陈述。下面逐一分析 4 个选项。

选项 1：只有在信用证要求提交租船合同提单时才允许装于舱面的运输。UCP600 Article 26 a 款规定，运输单据不得表明货物装于或者将装于舱面。所以除非信用证明确规定接受装于舱面提单，否则将被银行拒付，这与提单类型是没有关系的，所以选项 1 错误。

选项 2："laden on board" 和 "shipped on board" 没有相同的含义和作用。二者都是 "已装船" 的意思，选项 2 的说法是错误的。

选项 3：提单上载有包装可能不够坚固以满足航程的批注是可以接受的。ISBP745 Para E20 b 款规定，提单上载有的 "包装可能无法满足海运航程" 或类似条款，并非明确声明包装有缺陷状况。所以选项 3 的说法是正确的。

选项 4：被通知人的细节必须出现在凭托运人指示为抬头的提单上。ISBP745 Para E14 b 款规定，当信用证未规定被通知人的细节时，提单可以任何方式（除第 E14 段 b 款 ii 项表明的情形外）显示任何被通知人的细节。

所以，提单上的通知人，要根据信用证的规定显示，如果没有规定，是可以以任何方式显示的，故选项 4 是错的。

综上所述，四个选项中只有 3 是对的，故答案是 B。

（二）UCP600 第 27 条

Article 27 Clean Transport Document（清洁运输单据）

A bank will only accept a clean transport document. A clean transport document is one bearing no clause or notation expressly declaring a defective condition of the goods or their packaging. The word "clean" need not appear on a transport document, even if a credit has a requirement for that transport document to be "clean on board".（银行只接受清洁运输单据。清洁运输单据指未载有明确宣称货物或包装有缺陷的条款或批注的运输单据。"清洁" 一词并不需要在运输单据上出现，即使信用证要求运输单据为 "清洁已装船" 的。）

※ 解读

根据本条款规定可知，受益人向银行提交的运输单据必须是 "清洁运输单据"。提单清洁与否，不是看其表面是否有污损，而是看其内容，只要提单上没有明确宣称货物或包装有缺陷的内容，就是清洁提单。运输单据清洁与否既与货物本身有关，也与货物的包装相关。

国际商会出版物第 473 号"清洁运输单据"指出，常见的使运输单据不清洁的条文或批注包括：货物内容渗漏(contents leaking)、货物内容弄污包装(packaging soiled by contents)、包装破碎 / 穿孔 / 撕破 / 损坏（packaging broken/holed/torn/damaged）、包装被玷污（packaging contaminated）、货物被损坏 / 被刮擦（goods damaged/scratched）、货物受摩擦 / 被撕坏 / 变形（goods chafed/torn/deformed）、包装严重凹进（packaging badly dented）等。

运输单据上如果有明确宣称货物或包装有缺陷的"不清洁文句"，将使运输单据成为不清洁运输单据，导致银行拒收。要注意，实务中承运人可能会在运输单据上添加很多条文或批注，并不都属于"不清洁文句"。比如：未加保护、未装箱、部分有保护、使用旧的包装材料、钢铁货物可能生锈等，这些批注不会造成运输单据不清洁。

"清洁"一词并不需要在运输单据上出现，即使信用证要求运输单据为"清洁已装船"的。比如信用证 46A 关于提单的规定是 "full set of clean on board bill of lading ..."，受益人提交的提单上可以没有 "clean" 字样。

【CDCS 题目分析】哪一种运输单据是清洁的？

※Question

Which of the following transport documents can be considered as "clean"?

1. An air waybill indicating that one of the cartons has split open.

2. A bill of lading indicating that a single barrel of oil is leaking.

3. A charter party bill of lading indicating that the packaging may not be suitable for sea shipment.

4. A multimodal transport document indicating that the goods are scratched and dented.

Select one:

A. 1 and 3 only.

B. 2 only.

C. 3 only.

D. 3 and 4 only.

※ 解析与答案

这道题考查的是对清洁运输单据概念的理解。

选项 1. 表明其中一个纸箱已裂开的航空运单。明确宣称包装有缺陷，有这样批注的航空运单属于不清洁运输单据。

选项 2. 表明一桶油渗漏的提单。提单上有关于货物有缺陷的批注，属于不清洁提单。

选项 3. 表明包装可能不适合海运的租船合同提单。ISBP745 Para G18 b 款规定：租船提单上载有的"包装可能无法满足海运航程"或类似条款，并非明确声明包装有缺陷状况，所以不是不清洁条款。

选项 4. 表明货物有划伤和凹痕的多式运输单据。属于明确宣称货物有缺陷，构成不清洁运输单据。

综合上述分析可知，选项 1、2、4 的运输单据上显示货物或包装有缺陷的，都是不清洁的，只有选项 3 符合清洁单据的要求，所以本题答案为 C。

通过本题可知，按照 UCP600 以及 ISBP745 的规定，不论哪一种运输方式，银行都只接受清洁运输单据；当运输单据上载有包装无法满足行程（不论是海、陆、空，或者多种方式运输）的措辞时，运输单据被认为是不清洁的；当运输单据上载有包装可能无法满足行程的措辞时，运输单据将被认为是清洁的。

二、ISBP745 对运输单据的规定

ISBP745 运输单据的审核主要在 D—J 段。具体包括：① D 段多式运输单据（D1—D32）；② E 段提单（E1—E28）；③ F 段不可转让海运单（F1—F25）；④ G 段租船提单（G1—G27）；⑤ H 段空运单据（H1—H27）；⑥ J 段公路、铁路和内陆水路运输单据（J1—J20）。ISBP745 对这些运输单据的规定有很多相同或相似的段落，并且很多内容是对 UCP600 关于运输单据规定的细化，在此，仅选取上述部分运输单据特定的几个方面进行解读。

（一）货代运输单据

ISBP745 关于货代运输单据的规定包括：第 D3/D4 段货代多式运输单据，第 E3/E4 段货代提单，第 F2/F3 段货代不可转让海运单，第 H3/H4 段货代空运单据。上述条款的说辞极其相似，下面以第 E3/E4 段货代提单的内容为例进行分析。

Para E3:

b. When a credit indicates "Freight Forwarder's Bill of Lading is acceptable" or

"House Bill of Lading is acceptable" or words of similar effect, a bill of lading may be signed by the issuing entity without it being necessary to indicate the capacity in which it has been signed or name of the carrier. ［当信用证规定"货运代理人提单可接受"，或"运输行提单可接受"，或类似措辞时，提单可以由出具人签署，且不必注明其签署身份或承运人名称。］

※ 解读

"货运代理人提单可接受"或"运输行提单可接受"，后续分析时简称为"货代提单可接受"。本款表明，在信用证规定"货代提单可接受"时，货代作为货代提单出具人，可以直接以自己的名义签署，并且不必注明其签署身份，也不必注明承运人名称。进一步分析，由货代出具的货代提单，显示的签署人身份，可以是货代，可以是承运人，也可以不显示身份。

在运输实务中，货代公司既可以以无船承运人身份签署货代提单，也可以承运人代理的角色，直接向托运人签署提单。

"货代""货代提单"在信用证业务中属于典型的模糊用语。国际商会在此做的规定，意味着可以货代自身的身份签署提单，无需表明其代理的对象，也无需显示承运人名称。该解释放松了对运输单据签署的要求，其用意是劝阻当事人使用这种模糊用语。

Para E4:

A stipulation in a credit that "Freight Forwarder's Bills of Lading are not acceptable" or "House Bills of Lading are not acceptable" or words of similar effect has no meaning in the context of the title, format, content or signing of a bill of lading unless the credit provides specific requirements detailing how the bill of lading is to be issued and signed. In the absence of these requirements, such a stipulation is to be disregarded, and the bill of lading presented is to be examined according to the requirements of UCP600 Article 20. （信用证规定"货运代理人提单不可接受"，或"运输行提单不可接受"或类似措辞时，除非信用证对提单如何出具和签署做出明确要求，否则，该规定在提单的名称、格式、内容或签署方面没有任何含义。当没有这些要求时，该规定将不予理会，提交的提单应按照 UCP600 第 20 条的要求予以审核。）

※ 解读

UCP600 第 14 条 1 款规定：运输单据可以由任何人出具，无须为承运人、船东、船长或租船人，只要其符合第 19、20、21、22、23 或 24 条的要求。根据上述规定可得出，如果信用证没有特别要求，则任何人出具的运输单据均可接受，包括由货代出具的运输单据。那在信用证中加具"货代提单不可接受"的条款是否有意义呢？

本款规定表明，信用证如果单纯只是加具了"货代提单不可接受"之类的条款，其实是没有意义的。

在运输实务中有货代提单和船东提单的说法，从申请人的角度来说，要求开证行在信用证中如此规定的目的是避免收到货代出具或签发的提单，因为货代的资信不如船公司，货代签发的提单对进口商及融资银行存在不同程度的风险。

但如果在信用证中没有对提单出具和签署格式做出明确要求，银行在审单时对"货代提单不可接受"措辞是可以不予理会的，因为在实务中，提单上显示的签署人，既可能是船公司，也可能是具有货代身份的"无船承运人"。而且，货代的资格和地位与其名称如何称谓没有直接必然的联系。即便其名称中出现"freight forwarder""logistic"等字样，并非一定就是货运代理公司，实务中有些公司开始是货代，但后来取得了承运人资质，还有无船承运人等情况。

信用证业务中银行仅依据单据表面来审核单据，银行在审核运输单据时既没有能力区分，也没有责任区分签字者的身份。信用证在规定"货代提单不可接受"的时候，如果没有同时对提单如何出具和签署做出明确要求，银行将对这一规定不予理会，并按照UCP600第20条的要求审核提单。

【国际商会案例 R734/TA727rev】"货代提单不可接受"，审单银行应如何掌握？

※ 案例背景

信用证47A附加条件中出现如下条款：

1. Forwarder's bill of lading is not acceptable.

2. Transport documents issued by freight forwarders are not acceptable.

3. Transport documents issued or signed by freight forwarders are not acceptable.

这些条款对提单的出具和签署有何影响？审单银行应如何掌握？

※ 国际商会意见

国际商会在分析中说，在UCP600中，"货代提单"没有直接定义，在UCP600和信用证范围内，"货代提单"的术语没有意义，无论其是否被允许。

当信用证中规定"货代提单不可接受"时，这一条款措辞模糊不清，没有明确定义可接受单据的类型。不清楚该信用证是否意在排除UCP第14条1款的内容，或者是否扩展提单的签署方式。单据审核者不会去确认以承运人名义签字者的身份。（UCP600 第 14 条 1 款规定"运输单据可以由任何人出具，无须为承运人、船东、船长或租船人，只要其符合第 19、20、21、22、23 或 24 条的要求"。）

ISBP681 第 72 段（多式或联合运输单据）、第 95 段（提单）、第 138 段（航空运单）（现行的 ISBP745 第 D3/D4 段、第 E3/E4 段、第 F2/F3 段、第 H3/H4 段）其实是在阻止使用如"货运代理提单可接受"的术语，即，如规定可由货运代理人以货运代理人的身份签署，而无须表明其为承运人或具名承运人的代理。而且单据也不必显示承运人名称。

※ 点评

国际商会在本案中明确了"货代提单不可接受"等类似条款没有意义的立场。因为如果信用证本身未能明确到底可或不可接受的是怎样的运输单据，银行不可能也没有义务越过单据表面去核实签发者的身份。申请人在开证时，要尽量避免使用类似措辞，以免因指示不清而导致不希望的结果发生。

（二）装货港及地理范围、多个装货港、卸货港及地理范围

ISBP745 在规定运输单据的审核时，就装货港及地理范围、多个装货港、卸货港及地理范围等内容进行了细致的说明。下面结合国际商会案例和 CDCD 考试练习题进行分析。

1. 装货港及地理范围

Para E6 g 款：

g. When a credit indicates a geographical area or range of ports of loading (for example, "Any European Port" or "Hamburg，Rotterdam，Antwerp port"), a bill of lading is to indicate the actual port of loading, which is to be within that geographical area or range of ports. A bill of lading need not indicate the geographical area. ［当信用证规定装货港的地理区域或港口范围（例如，"任一欧洲港口"或"汉堡、鹿特丹、安特卫普港"）时，提单应显示实际的装货港，且其应当位于该地理区域或港口范围之内。提单无需显示该地理区域。］

※ 解读

本款中提到的装货港的地理区域范围，并不具体列举港口名称，而是以地理区域概述，比如此处提到的"任一欧洲港口"，再比如"中国主要港口""美国西海岸主要港口"等；装运港的港口范围，是具体列明可供选择的港口名称，如此处提到的"汉堡、鹿特丹、安特卫普港"，再比如"天津、青岛、上海港"等

类似的表述。

当信用证规定装货港的地理区域或港口范围时，受益人实际提交的提单不能照抄，而要显示一个实际的、特定的装运港，该港口必须是真实的港口，并且在信用证规定的地理区域或港口范围之内，但不必显示该地理区域。比如：信用证规定"port of loading：China main port"，受益人提交的提单不能照抄，必须显示一个位于中国的具名港口。如果实际装运港是青岛，可以在提单"装运港"栏填写"Qingdao port"，且不用注明"China"字样。

申请人在使用地理区域规定装运港时，要避免出现含义模糊、界限不清的情况。一旦出现对港口归属的不同理解，银行的审单人员没有义务参考外部资源来核实港口是不是信用证规定的地理区域范围。

比如在国际商会 R801/TA796rev 案例中，信用证规定货物从"ANY NORTH EUROPEAN PORT"（任何北欧港口）起运，要求的运输单据为提单，信用证中没有定义北欧地理范围。指定银行收到的提单表明货物从安特卫普（Antwerp）起运。指定银行认为安特卫普属于北欧的范围，但开证行以安特卫普不在信用证规定的地理范围内为由拒付。开证行进一步解释称比利时属于西欧而非北欧。国际商会认为，开证行应确保其所开立的任何信用证或修改书的条款或条件没有模糊不清，也不存在相互矛盾，无需引用外部资源来确定相关事实。本信用证的要求模糊不清，开证申请人和开证行应承担未能明确如何定义"任何北欧港口"的风险。在本案中，单据没有不符。

2. 多个装货港

Para E6 h 款：

h.When a bill of lading indicates more than one port of loading, it is to evidence an on board notation with the relevant on board date for each port of loading, regardless of whether it is pre-printed "received for shipment" or "shipped on board". For example, when a bill of lading indicates that shipment has been effected from Brisbane and Adelaide, a dated on board notation is required for both Brisbane and Adelaide.（当提单显示一个以上的装货港时，无论其是否预先印就"收妥待运"或"已装船"字样，该提单应表明装船批注并注明每个装货港所对应的装船日期。例如，当提单显示从布里斯班港和阿德莱德港装运时，便要求关于布里斯班港和阿德莱德港的注明日期的装船批注。）

※ 解读

本款明确了当提单上显示多个装货港时，装船批注应该包括的内容：具名的装货港，对应的装船日期，即在哪个港口、在什么时间将货物装上船。比如：信用证要求从布里斯班港和阿德莱德港装运货物，提单上显示从布里斯班港和阿德莱德港装船，则同时需要在提单上加注两个带日期的装船批注，表明一部分货物在什么时间在布里斯班港装上了船，剩余货物在另一个时间在阿德莱德港装船，此时将视为全部装运；也有可能提单的装船批注仅显示了两次装船的时间和港口名称，没有分别提及具体货物，此时将视为发生了转船。这两种方式的装船批注都是可以接受的。

本规定不仅适用于提单，也适用于多式运输单据、不可装让海运单、租船提单等运输单据。

【国际商会案例 R723/TA726】租船提单上显示两个装运港的情况下，装船批注的问题

※ 案例背景

信用证规定装货港为 "Any Australian ports"（任何澳大利亚港口），提交的租船提单显示有两个装货港（Melbourne /（and）Brisbane），装船批注有以下两种做法：

① A "shipped on board" charter party bill of lading is presented evidencing the following details:

— Port of loading：Melbourne/Brisbane，Australian Ports

— Shipped on board 31 Aug ××××

② A "shipped on board" charter party bill of lading is presented evidencing the following details:

— Port of loading: Melbourne and Brisbane, Australian Ports

— Shipped on board 31 Aug ××××

在上述情况下，是否应该要求提单注明分别的装船日期以对应货物在每个装运港的实际装船时间？

※ 国际商会意见

国际商会分析说：可以想象，只有在最后的装运完成时，船公司才会签发和/或加注包含日期的已装船批注于租船提单上。银行仅需审核单据的表面。如果只有一个已装船批注，那么对审单者而言，将无法确定该日期是适用于完成装运的日期，还是在第一个港口装船的日期。

国际商会在结论中说，上述租船提单关于装运港和装船时间的两种做法均不可接受。该结论同样适用 UCP600 第 19、20 和 21 条的运输单据。

※ 点评

提单可以显示多个装运港，但应分别批注在不同港口的装船时间，进而确定全部货物完成装运的时间，以计算交单期、付款到期日，并核对保单日期等。比如部分货物 6 月 9 日在 A 港完成装船，剩余货物 6 月 12 日在 B 港完成装船，则可以确定 6 月 12 日为装运日期，后续的交单期和付款到期日的确定都以此为准；如果只有一个包含时间的装船批注，就无法明确完成装运的时间。

3. 卸货港及地理范围

Para E10:

When a credit indicates a geographical area or range of ports of discharge (for example, "Any European Port" or "Hamburg，Rotterdam, Antwerp port"), a bill of lading is to indicate the actual port of discharge, which is to be within that geographical area or range of ports. A Bill of lading need not indicate the geographical area. ［当信用证规定卸货港的地理区域或港口范围（例如，"任一欧洲港口"或"汉堡、鹿特丹、安特卫普港"）时，提单应显示实际的卸货港，且其应位于该地理区域或港口范围之内。提单无需显示该地理区域。］

※ 解读

本段是关于卸货港及地理范围的规定，跟 Para E6 g 款装货港及地理范围的规定相似。受益人实际提交的提单不能照抄，而要显示一个实际的、特定的卸货港，该港口必须是真实的港口，并且在信用证规定的地理区域或港口范围之内，但不必显示该地理区域。

【CDCS 题目分析】提单的卸货港可以显示地理区域吗？

※Question

A credit requires presentation of a bill of lading with shipment to be effected from any European Port to any Indian Port. The beneficiary presents documents including a bill of lading evidencing:

Port of Loading: Rotterdam

Port of Discharge: Any Indian Port

The confirming bank refuses documents on the grounds that a named Indian Port is not stated. The beneficiary argues that the document complies with the wording stated in the credit. You will agree with: _____.

Select one:

A. the confirming bank

B. the beneficiary

※ 解析与答案

题目中提到：信用证要求提交提单，装运区间是从任一欧洲港口到任一印度港口。受益人提交的提单显示：

Port of Loading: Rotterdam

Port of Discharge: Any Indian Port

保兑行拒付单据，理由是没有注明具名的印度港口。受益人辩称单据与信用证措辞相符。你同意保兑行还是受益人的观点？

根据 ISBP745 Para E10 的规定，当信用证规定卸货港的地理区域或港口范围时，提单应显示实际的卸货港。该提单的卸货港栏照抄了信用证中"Any Indian Port"字样，没有注明实际的具名卸货港，是错误的。所以同意保兑行的观点，本题答案为 A。

三、信用证中运输单据相关的栏目及条款示例

（一）信用证中运输单据相关的栏目

信用证中与运输单据缮制与审核相关的栏目主要包括：

① 44A Place of Taking in Charge/Dispatch From/Place of Receipt 接管地 / 发送地 / 收货地。

② 44B Place of Final Destination/For Transportation to .../Place of Delivery 最终目的地 / 运往地 / 交货地。

③ 44E Port of Loading/Airport of Departure 装货港 / 起飞机场。

④ 44F Port of Discharge/Airport of Destination 卸货港 / 目的地机场。

⑤ 43P Partial Shipments 分批装运。

⑥ 43T Transshipment 转运。

⑦ 44C Latest Date of Shipment 最后装运日。

⑧ 44D Shipment Period 装运期间。

⑨ 46A Documents Required 应提交的单据（其中有关于运输单据的规定）。

⑩ 47A Additional Conditions 附加条件（可能会有关于运输的特别说明）。

受益人在缮制运输单据或审核运输单据时，要按照信用证的要求，以及 UCP600 和 ISBP745 的有关规定来进行，做到正确、完整、及时，以保证相符交单，顺利结汇。

（二）信用证中有关运输单据的条款示例

1. Full set of clean on board ocean bills of lading made out to order and blank endorsed, marked freight prepaid, notify applicant.（全套清洁已装船海运提单，做成凭指示，空白背书，标注运费预付，通知申请人。）

说明：根据 UCP600 第 27 条的规定，"清洁"（clean）一词不需要出现在提单上；但"已装船"（on board）字样需要通过批注或预先印就的文字予以满足；提单的抬头即收货人填写为"凭指示"（to order），相当于"凭托运人指示"，这样的提单可以背书转让；标注运费预付，说明基础合同采用的是 CFR、CIF 等由卖方负责支付运费的贸易术语；通知"申请人"（applicant），在填写提单通知人栏目时不能照抄，要写上申请人的具体名称。同时，根据 ISBP745 第 E15 段的规定，当信用证要求提单被通知人为"申请人"时，该提单应相应地显示申请人名称，但无需显示信用证还可能规定的其地址或任何联络细节。

2. 2/3 original clean on board bills of lading made out to ABC Company, marked freight collect, notify applicant and US.［两份（出具三份）正本清洁已装船提单，以 ABC 公司为收货人，标注运费到付，通知申请人和我们。］

说明：正本提单出具了三份，其中两份交给银行，另一份如何处置？在近洋运输中，货物到达卸货港时，单据可能还在银行流转，为了避免货物滞港产生的额外费用，信用证有时会要求将一份正本提单径寄申请人，对受益人来说，这是有一定风险的，因为提单正本具有同等的效力，任何一份被提货使用，其他的就作废了。申请人凭提单提走货物的时候，可能还没有付款。

以 ABC 公司为收货人，这样的提单是记名提单，不能转让，只有由 ABC 公司提货；通知人包括申请人和开证行（US），因此提单应相应地显示申请人和开证行的名称，但无需显示信用证还可能规定的其地址或任何联络细节。

3. B/L must be issued by the carrier or his agent and forwarder's B/L is not acceptable.（提单必须由承运人或者他的代理签署，货代提单不可接受。）

说明：信用证规定了提单的签署人，同时明确说明货代提单不可接受。根据 ISBP745 第 E4 段的规定可知，当信用证只是规定了"货代提单不可接受"等类似措辞，而没有对提单如何出具和签署做出明确要求，该规定将被银行不予置理。

4. Third party as shipper/consignor，short form, sstale and charter party bill of lading are not acceptable. （第三方作为托运人或发货人的提单、简式提单、过期提单和租船提单不可接受。）

说明：第三方作为托运人或发货人的提单是指托运人或发货人既不是受益人也不是申请人的提单；简式提单也称为略式提单，是相对于全式提单而言的，是指提单背面没有关于承运人与托运人及收货人之间的权利、义务等详细条款的提单；过期提单是指晚于装运日后 21 个日历日提交的提单。

5. B/L must not contain a provision that goods may be carried on deck. （提单上不能包含"货物可能装于舱面"的条款。）

6. Transport documents bearing reference by stamp or otherwise to costs additional to the freight charges are not acceptable. （不接受以盖章或其他方式提及运费以外的其他费用的运输单据。）

说明：UCP600 第 26 条 c 款规定，运输单据上可以以印戳或其他方法提及运费之外的费用。本条款是对 UCP600 第 26 条 c 款的排除，受益人在审核运输单据时，要以信用证的规定为准，即不能提及运费以外的其他费用。

7. B/L must indicate that the carrying vessel is a member of an international conference line. （提单必须注明承运船只为国际班轮公会成员。）

8. Transport documents bearing a date of issuance prior to that of the credit is not acceptable. （不接受签发日期早于信用证开证日期的运输单据。）

参 考 文 献

[1]林建煌. 品读 UCP600［M］. 厦门：厦门大学出版社，2017.

[2]林建煌. 品读 ISBP745［M］. 厦门：厦门大学出版社，2013.

[3]Gary Collyer，Ron Katz. ICC 银行委员会意见汇编 1995—2001［M］. 国际商会中国国家委员会，译. 北京：中国民主法制出版社，2003.

[4]Gary Collyer，Ron Katz. 国际商会银行委员会意见汇编 2005—2008［M］. 中国国际商会／国际商会中国国家委员会，译. 北京：中国民主法制出版社，2009.

[5]Gary Collyer，Ron Katz. 国际商会银行委员会意见汇编 2009—2011［M］. 中国国际商会／国际商会中国国家委员会，译. 北京：中国民主法制出版社，2014.

[7]苏宗祥，徐捷. 国际结算［M］. 北京：中国金融出版社，2020.

[8]李一平，徐珺. 信用证审单有问有答 280 例［M］. 北京：中国海关出版社，2010.

[9]何源. 跟单信用证一本通［M］. 北京：中国海关出版社，2012.

[10]陶富. 海运单无须显示正本份数［J］. 中国外汇，2014（6）：34-37.

[11]赵凤雷，周维勇. 多维度解析与中国业务相关的商会意见［J］. 中国外汇，2019（18）：48-50.